U0732000

权威·前沿·原创

皮书系列为
"十二五""十三五"国家重点图书出版规划项目

中国社会科学院创新工程学术出版项目

甘肃蓝皮书

BLUE BOOK OF
GANSU

甘肃县域和农村发展报告
（2018）

ANNUAL REPORT ON THE DEVELOPMENT OF COUNTY
AND RURAL AREA OF GANSU (2018)

主　编／包东红　朱智文　王建兵

社会科学文献出版社
SOCIAL SCIENCES ACADEMIC PRESS (CHINA)

图书在版编目（CIP）数据

甘肃县域和农村发展报告. 2018 / 包东红，朱智文，
王建兵主编. -- 北京：社会科学文献出版社，2018.1
（甘肃蓝皮书）
ISBN 978 - 7 - 5201 - 1901 - 6

Ⅰ. ①甘… Ⅱ. ①包… ②朱… ③王… Ⅲ. ①县级经
济 - 经济发展 - 研究报告 - 甘肃 - 2017 ②农村经济发展 -
研究报告 - 甘肃 - 2017 Ⅳ. ①F127.42 ②F327.42

中国版本图书馆 CIP 数据核字（2017）第 297903 号

甘肃蓝皮书

甘肃县域和农村发展报告（2018）

主　　编／包东红　朱智文　王建兵

出 版 人／谢寿光
项目统筹／邓泳红　吴　敏
责任编辑／吴　敏　吴云苓

出　　版／社会科学文献出版社·皮书出版分社（010）59367127
　　　　　地址：北京市北三环中路甲 29 号院华龙大厦　邮编：100029
　　　　　网址：www. ssap. com. cn
发　　行／市场营销中心（010）59367081　59367018
印　　装／北京季蜂印刷有限公司

规　　格／开本：787mm × 1092mm　1/16
　　　　　印张：18.25　字数：277 千字
版　　次／2018 年 1 月第 1 版　2018 年 1 月第 1 次印刷
书　　号／ISBN 978 - 7 - 5201 - 1901 - 6
定　　价／99.00 元

皮书序列号／PSN B - 2013 - 316 - 5/6

本书如有印装质量问题，请与读者服务中心（010 - 59367028）联系

▲ 版权所有 翻印必究

甘肃蓝皮书编辑委员会

主　任　陈　青

副主任　彭鸿嘉　范　鹏　王福生　陈富荣　马虎成
　　　　　杨咏中　张应华　包东红　都　伟　梁和平
　　　　　杨之春　王永生

总主编　王福生

成　员　朱智文　安文华　马廷旭　王俊莲　王　琦
　　　　　董积生　高应恒　王灵凤　刘玉顺　周小鹃
　　　　　侯万锋

甘肃蓝皮书编辑委员会办公室

主　任　董积生

副主任　侯万锋

《甘肃县域和农村发展报告（2018）》
编辑委员会

主　　任　王福生

副 主 任　朱智文　　安文华　　马廷旭　　王俊莲　　王　琦
　　　　　杨言勇

委　　员　董积生　　李忠东　　王建兵　　何　瑛　　罗　哲
　　　　　胡政平　　高应恒　　王锡斌　　高　军

主　　编　包东红　　朱智文　　王建兵

首席专家　王建兵

主编简介

包东红　甘肃武山人，中共党员，1965 年 8 月出生，1986 年 7 月参加工作，华中科技大学计算机系软件专业毕业，工学学士，经济师（金融），现任甘肃省统计局党组书记、局长，甘肃统计学会第七届理事会会长。历任甘肃省计划委员会副处长；甘肃省以工代赈办公室副主任（正县级）；甘肃省敦煌市市长、市委书记；甘肃省物价局党组成员、副局长；甘肃省发展和改革委员会党组成员、副主任（期间：2009 年 10 月至 2010 年 10 月在上海世博会组委会挂职，任组委会交通保障组副组长）；甘肃省统计局党组副书记、副局长。

朱智文　甘肃省社会科学院副院长，研究员，经济学博士，甘肃省领军人才（第一层次）。西北师范大学和甘肃农业大学硕士研究生导师，省委党校、西北民族大学、甘肃政法学院等多所高校特聘教授。

长期从事宏观经济和区域经济、农村经济问题研究。先后出版《再铸丰碑——中国农村基层民主研究》《西部开发中的"三农"问题研究》等多部著作。其中，《西部开发中的"三农"问题研究》一书在国内比较早地提出了必须高度重视西部地区的"三农"问题，该书被中共中央宣传部、国家新闻出版总署确定为全国迎接十六大重点图书，并获甘肃省社会科学优秀成果一等奖。其主编的"三农谈"丛书获甘肃省社会科学优秀成果二等奖。《"十二五"规划前期若干重大问题研究》获甘肃省科技进步二等奖。多次参加了全省经济发展重大问题的研究和决策咨询。

王建兵　男，汉族，1971 年 1 月出生，甘肃武威人。1996 年本科毕业于甘肃农业大学、2005年获得农业经济硕士学位、2013年获得农学博士学位。主要从事生态经济、农村发展和贫困问题领域的研究工作。1996年至今在甘肃省社会科学院工作，现任甘肃省社会科学院农村发展研究所所长，甘肃省社会科学院贫困问题研究中心主任，研究员。社会主要兼职有甘肃农业大学硕士研究生导师、中国劳动经济学会理事、中国社科农经协作网络理事、甘肃省委讲师团成员、甘肃省委党校特聘教授、甘肃省政协智库专家、定西市牧草联盟特聘专家。主持完成国家社会科学基金西部项目2项，主持或参与完成国家自然科学基金、美国国立健康研究项目、世界银行项目、联合国环境署GEF项目、中科院战略先导科技专项等国际国内项目数十项。在《草地学报》《草业学报》《中国沙漠》《中国农学通报》等国家级、省级刊物上发表学术论文数十篇。连续四年作为首席专家主编"甘肃蓝皮书·县域"，2010年获西部优秀科技图书二等奖和甘肃省社科优秀成果二等奖。

总　序

　　"甘肃蓝皮书"从诞生至今,已走过了十二个春秋,从最初的《甘肃经济社会发展分析与预测》和《甘肃舆情分析与预测》两本,发展壮大到现在基本涵盖哲学社会科学门类、能全面反映甘肃经济社会发展的系列蓝皮书,其社会影响也由最初的甘肃省社科院的科研平台发展成为如今的甘肃省内智库的第一品牌。"甘肃蓝皮书"的诞生与发展,充分展现了传统社会科学研究机构向现代特色智库、高端智库、智能智库转型的创新历程。

　　"甘肃蓝皮书"是我院在"十一五"开局之年的 2006 年,为了贯彻落实中央下发的《关于进一步繁荣发展哲学社会科学的意见》(中发〔2004〕3 号)以及甘肃省委下发的《关于繁荣发展哲学社会科学的实施意见》(省委发〔2004〕33 号),探索服务甘肃经济社会发展的可行路径,倾力打造发挥智库功能为甘肃省委、省政府决策服务的战略平台。《甘肃经济社会发展分析与预测》和《甘肃舆情分析与预测》出版后,引起了社会各界的热烈反响,标志着"甘肃蓝皮书"的正式诞生。截至"十一五"末,"甘肃蓝皮书"规模已由原来的 2 种增加到 5 种,覆盖了经济、政治、社会、文化、县域等研究领域,成为甘肃省委、省政府及有关部门的参考资料和决策依据,成为省内各级人大代表、政协委员、专家学者和社会各界非常重视的进行民主决策、参政议政、科学研究和认识省情的重要参考书。

　　"十二五"期间,省社科院又确定了"拓展合作领域、扩展编研规模、壮大编研队伍、提升编研水平、加强成果转化"的蓝皮书编研思路。我院首倡西北五省区社科院联合编研出版"西北蓝皮书",这一倡议得到了陕西、宁夏、青海、新疆等省区社科院的一致赞同,2011 年首部《中国西北发展报告》诞生。"西北蓝皮书"的编研和出版发行,使我院系列蓝皮书的研究拓展到了"丝绸之路经济带"的国内主要区域。

从 2014 年起，我院持续发挥"甘肃蓝皮书"品牌效应，拓展与省上重要部门和市州的合作。在原有的经济、社会、文化、舆情、县域 5 本蓝皮书的基础上，与省住房和城乡建设厅、省民族事务委员会、酒泉市政府、省商务厅先后合作，编研出版了《甘肃住房和城乡建设发展分析与预测》《甘肃民族地区发展分析与预测》《甘肃酒泉经济社会发展报告》《甘肃商贸流通发展分析与预测》，加上参编"西北蓝皮书"，形成了"5 + 4 + 1"的蓝皮书编研格局，为我院陇原特色新型智库建设起到了很好的作用。2016 年，我院计划建立 5 个县级蓝皮书数据观测点，目前已建立并启用 4 个，这使得"甘肃蓝皮书"的原始数据收集有了自己的渠道，进一步提升了"甘肃蓝皮书"的自主性、原创性与权威性。"甘肃蓝皮书"已经成为服务党委政府决策和全省经济社会发展的甘肃智库的第一品牌、甘肃社会科学界的学术品牌、甘肃文化领域的标志品牌、甘肃一些重要行业及市州工作的展示品牌。

目前，"甘肃蓝皮书"形成了稳定规模、稳定机制，提升质量、提升影响的"双稳定、双提升"编研理念。"甘肃蓝皮书"始终坚持基本编研理念和运行机制。一是始终坚持原创，注重学术观点和科研方法的创新。坚持研究在先，编写在后，在继承中创新，注重连续性；从源头上抓质量，注重可靠性；在深入研究上下功夫，注重科学性；在服务上抓效果，注重影响力。二是始终坚持追踪前沿，注重选题创新。追踪前沿就是让专家学者更多地参与社会实践，发现问题、研究问题、解决问题，最终通过蓝皮书为人们提供正确的指导，显示社科专家服务社会的能力和实力，提高蓝皮书的知名度和美誉度。三是始终坚持打造品牌，创新编研体制机制。十二年来，我们始终把蓝皮书的质量看作蓝皮书的生命线，组织有研究能力的专家开展深入研究，向社会提供事实根据充分、分析深入准确、结论科学可靠、对策具体可行的权威信息与权威性的研究成果。

党的十九大报告指出"加强中国特色新型智库建设"，进一步明确了哲学社会科学"认识世界、传承文明、创新理论、咨政育人、服务社会"的职能定位和重要作用。作为地方社会科学研究机构，应主要围绕本地区经济社会发展实际，开展应用对策研究，发挥好决策咨询、咨政建言、服务地方经济社会发展的作用。目前，我院正全力实施和深化打造特色新型智库的"33971"工程，积极构建发挥甘肃省委、省政府智库服务甘肃经济社会发展作用的长效机制。"甘肃蓝皮书"作为我院打造陇原特色新型智库的核心载体，也将开启服务甘肃省委、省政府决策，为甘肃经济社会发展提供智力支撑的新航程。

在"甘肃蓝皮书"的成长历程中，凝聚着甘肃省委、省政府的重视与关心，饱含着与我们真诚合作的省住房和城乡建设厅、省民族事务委员会、酒泉市政府、省商务厅、省统计局的鼎力支持和帮助，浸润着读者出版集团、社会科学文献出版社和新闻媒体等同仁们的辛劳、奉献和智慧。相信在各方共同努力下，"甘肃蓝皮书"将继续提升品牌影响力，成为更有价值的服务党委政府决策的参考书，成为更多读者喜欢的科辅读物，成为让编研者有更多获得感的科研成果。

此为序。

王福生

2017 年 12 月 8 日

摘　要

"甘肃蓝皮书"《甘肃县域和农村发展报告（2018）》是甘肃省社会科学院和甘肃省统计局合作编写的甘肃省县域经济社会分析的年度报告。本书获准使用2018年"中国社会科学院创新工程学术出版项目"标识，标志着此蓝皮书在工作上了一个新的台阶。

本书包括三部分。一是甘肃县域经济社会发展报告，通过县域经济社会的比较，全面分析了甘肃省77个县（市、区）经济社会发展的现状与特点，并提出相应的对策与建议。二是评价篇，首先，构建了甘肃省县域竞争力评价指标体系，该评价指标体系共包括宏观经济竞争力、产业发展竞争力、基础设施竞争力、社会保障竞争力、公共服务竞争力、生活环境竞争力、社会结构竞争力和科学教育竞争力8个一级指标，21个二级指标和64个三级指标；其次，对2016年甘肃省77个县（市、区）经济社会发展数据进行计量处理和统计分析；最后，对县域发展程度进行打分、排序。三是专题篇，选择当前甘肃县域和农村发展的相关专题和热点进行研究，主要有对农业生产效率评价及提升路径、全面建成小康社会的难点与问题、新发展理念下的县域经济发展模式和实践、现代畜牧业发展体系、农业保险发展问题、县域民营企业发展问题、特色小镇建设、农业土地流转的风险防控、精准扶贫背景下精准退出和稳定退出问题的研究。通过专题研究，以期为甘肃省县域和农村发展提出可参考的建议与对策。

通过对2016年甘肃省77个县（市、区）经济社会发展数据的处理分析，总结出2016年甘肃省县域竞争力发展特征：一是县域经济下行趋稳，结构性改革效果不显著；二是县域经济社会发展水平不均衡，区域共性特征不明显；三是经济社会发展相对较慢，且县域间发展程度不均衡；四是城乡结构进一步优化，但县域城镇化发展水平较低；五是生产生活条件明显改善，但环境保护任务严重；六是县域科教事业投入不均衡，科教创新支撑明显不足。报告提出县域经济社会发展的对策与建议：一是优化和调整县域产业结构，为县域发展提供不懈动力；二是强化县域基础设施建设，夯实县域发展硬实力；三是培育和健全县域营商环境，提升县域发展软实力；四是建立和完善县域公共服务体系，努力推进城乡一体化进程；五是建立产学研协同创新体系，提升县域发展竞争力。

Abstract

"Blue Book of Gansu" *Annual Report on the Development of County and Rural Area of Gansu* (*2018*) is the annual analysis report on economy and society of Gansu county, which was jointly written by the Gansu Academy of Social Sciences and Gansu Province Bureau of Statistics. This book was approved to use 2018 year mark of "Chinese Academy of Social Sciences Innovation Engineering Academic Publication Project", which marking the Blue Book work into a new level.

This book consists of three parts, the first is Report on County Economic and Social Development of Gansu, which analyzes the present situation and characteristics of county economic and social development in 77 counties (cities, areas) in Gansu and put forward corresponding countermeasures and suggestions through the county economic and social comparison; the second part is "Evaluation Articles". Firstly, the evaluation index system of county competitiveness is constructed, the evaluation index system includes macroeconomic competitiveness, industrial development competitiveness, infrastructure competitiveness, social security competitiveness, public service competitiveness, living environment competitiveness, social structure competitiveness and science education competitiveness, a total of eight level 1 indicators and 21 level 2 indicators and 64 level 3 indicators. Followed by the use of 77 counties (cities, areas) economic and social development data of Gansu in 2016 to carry out metering and statistical analysis for county economic and social development. Finally, give the score and sort for the county level of development; the third part is "Feature Articles", selects the relevant topics and hot topics currently of Gansu county and rural development to study, there are study on evaluation of production efficiency and improving path of agriculture, the difficulties and problems of building a well-off society, the county economic development model and practice in the background of new development concepts, the development system of modern animal husbandry, the development of agricultural insurance, the development of private enterprises in counties, the construction of characteristic towns, risk prevention and control of agricultural land circulation, accurate exit and stable exit in the background of precision poverty alleviation. Hope to put forward recommendations and countermeasures for the county and rural development in Gansu through the special study.

Based on the analysis of the economic and social development data of 77 counties in Gansu Province in 2016, this paper summarizes the development characteristics of county-level competitiveness of Gansu in 2016: the first is that county economy slow down and tend to stabilize, the effect of structural reform is not significant; the second is that county level of economic and social development is unbalanced, regional common features are not obvious; the third that is economic and social development is relatively slow, and the level of development is unbalanced between counties; the fourth is that urban and rural structure further optimize, but the level of development of county township is lower; the fifth that is production and living conditions improved significantly, but environmental protection is serious; the sixth is that the investment of science and education business of counties is unbalanced, science and education innovation support is inadequate obviously. Countermeasures and suggestions on county economic and social development: the first is to optimize and adjust the county industrial structure, provide unremitting impetus for county development; the second is to strengthen the county infrastructure construction, consolidate the strength of county development; the third is to cultivate and improve the county business environment, enhance the soft power of county development; the forth to is establish and improve the county public service system, efforts to promote urban and rural integration process; the fifth to is establish the collaborative innovation system of production, teaching and research, enhance the competitiveness of county development.

目 录

Ⅰ 总报告

Ⅱ 评价篇

Ⅲ 专题篇

皮书数据库阅读**使用指南**

CONTENTS

I General Report

II Evaluation Articles

III Feature Articles

总 报 告

General Report

B.1
甘肃省县域经济社会发展报告

王建兵　李忠东　潘从银*

摘　要： 2016 年是"十三五"的开局之年，甘肃省认真贯彻五大发展理念，以习近平总书记视察甘肃时提出的"八个着力"指示为目标，着力加强供给侧结构性改革，不断提高供给体系质量和效率，加快培育县域发展新动能，县域发展态势良好。虽然 2016 年 77 个县（市、区）的人均地方财政收入和新增固定资产较上年略有下降，但县域人均国内生产总值、人均固定资产完成额、城镇居民可支配收入、农村居民人均纯收入、地方财政收入、县域金融机构存款余额、固定资产投资完成额等重要指标都较上年增加显著，县域经济出现止跌趋

---

* 王建兵，甘肃省社会科学院农村发展研究所所长、研究员，博士，研究方向为生态经济和农村发展；李忠东，甘肃省统计局农村处处长；潘从银，甘肃省社会科学院助理研究员，区域经济学硕士。

暖形势。为实现到 2020 年全面建成小康社会的目标，甘肃省县域经济社会发展要从以下几方面发力：一是优化和调整县域产业结构，为县域发展提供不懈动力；二是强化县域基础设施建设，夯实县域发展硬实力；三是培育和健全县域营商环境，提升县域发展软实力；四是建立和完善县域公共服务体系，努力推进城乡一体化进程；五是建立政产学研协同创新体系，提升县域发展竞争力。

关键词： 县域　甘肃省　经济评价

一　甘肃省县域经济社会发展基本情况

"县集而郡，郡集而天下，郡县治，天下无不治"。习近平总书记强调，"在我们党的组织结构和国家政权结构中，县一级处在承上启下的关键环节，是发展经济、保障民生、维护稳定的重要基础，也是干部干事创业、锻炼成长的基本功训练基地"。2016 年是"十三五"规划的开局年，甘肃省按照"五位一体"总体布局和"四个全面"战略布局，认真贯彻五大发展理念，着力加强供给侧结构性改革，不断提高供给体系质量和效率，加快培育县域发展新动能，县域发展态势良好，各项经济社会事业都取得了较大的进步，努力实现"十三五"时期县域经济社会发展的良好开局。

甘肃省现设 14 个市（州），其中有 12 个地级市（兰州、嘉峪关、金昌、白银、武威、酒泉、张掖、天水、定西、平凉、庆阳、陇南）和 2 个自治州（临夏回族自治州和甘南藏族自治州），下辖 86 个县级县（市、区）。根据 2016 年甘肃省统计局的数据，课题组对甘肃省除兰州市 5 区（城关区、七里河区、西固区、安宁区、红古区），金昌市 1 区（金川区），白银市 2 区（白银区、平川区）和天水市 1 区（秦州区）外的 77 个县（市、区）进行了县域经济社会发展的评价与分析。

（一）宏观经济竞争力

1. 经济均量指标

2016 年县域人均国内生产总值为 24860 元，人均地方财政收入 1704 元，人均固定资产完成额 48059 元，城镇居民可支配收入 21900 元，农村居民人均纯收入 8162 元，人均社会消费品零售额 7634 元。人均国内生产总值较上年增加 2.38%，人均地方财政收入较上年减少 5.39%，人均固定资产完成额较上年增加 4.51%，城镇居民可支配收入较上年增加 8.93%，农村居民人均纯收入较上年增加 7.49%，人均社会消费品零售额较上年增加 8.42%。

2. 经济总量指标

2016 年县域国内生产总值为 4344 亿元，地方财政收入 271 亿元，社会消费品零售总额 1662 亿元。县域国内生产总值较上年增加 5.90%，地方财政收入较上年增加 14.83%，社会消费品零售总额较上年增加 9.63%。

3. 金融资本

2016 年县域金融机构存款余额 7655 亿元，金融机构贷款余额 6197 亿元，固定资产投资完成额 7119 亿元，新增固定资产 4005 亿元。金融机构存款余额较上年增长 6.68%，金融机构贷款余额较上年增长 18.40%，固定资产投资完成额较上年增长 11.57%，新增固定资产较上年下降 7.60%。

（二）产业竞争力

1. 产业总量指标

2016 年县域第二产业增加值为 1332 亿元，较上年增加 39.62%；第三产业增加值 2116 亿元，较上年增加 10.61%；规模以上工业总产值 2881 亿元，较上年下降 22.39%。

2. 产业结构

2016 年县域第二产业占 GDP 的比重为 27.62%，较上年下降了 1.53 个百分点；第三产业占 GDP 的比重为 49.37%，较上年增长 1.57 个百分点。

3. 产业效率

县域第二产业近 5 年平均增长速度为 12.32%，较上一个周期增加 7.73 个百分点；县域第三产业近 5 年平均增长速度为 10.86%，较上一个周期增加 5.06 个百分点。

（三）基础设施竞争力

1. 居住条件

2016 年县域城乡住房砖木结构的比重为 35.50%；农村自来水受益村的比重为 91.14%，较上年增长 3.39 个百分点；农村有线电视普及村庄的比重为 54.42%，较上年增长 4.21 个百分点。

2. 交通通信

2016 年县域每百人公共汽车营运车辆数为 0.07 辆；国际互联网用户占总户数比重 37.07%，较上年增长 9.56 个百分点；固定电话用户占总户数比重 30.84%，较上年减少 1.37 个百分点；移动电话用户占总人口比重 64.59%，较上年增长 2.78 个百分点；境内公路密度为 60.07 公里/百平方公里，较上年增长 10.24%。

（四）社会保障竞争力

1. 医疗保险

2016 年县域参加城镇基本医疗保险人数占城镇人口比重为 56.21%；参加农村合作医疗的人数占农村人口的比重 93.70%。

2. 养老保险

2016 年县域参加城镇基本养老保险人数占城镇人口比重为 24.25%，较上年增长 4.97 个百分点；参加农村养老保险人数占农村人口比重 61.58%，较上年增长 0.83 个百分点。

3. 基本生活保障

2016 年县域城镇最低生活保障人口占城镇人口比重（逆指标）

13.25%，较上年下降1.66个百分点；农村最低生活保障人口占农村人口比重（逆指标）17.35%，较上年下降0.47个百分点。

（五）公共服务竞争力

1. 科技服务

2016年县域每万人拥有专业技术人员数155人；每万人专利授权数2.17个，较上年增长26.90%。

2. 文化娱乐

2016年在县域每十万人拥有体育场馆数1.25个，每十万人拥有剧场、影剧院数1.36个；人均拥有公共图书馆图书数5.01册。

3. 医疗卫生

2016年县域每万人拥有医疗卫生机构专业技术人员数42.27人，每万人的医院、卫生院床位数44.40张，每万人拥有执业（助理）医师数17.55人，医院总卫生技术人员数88848人，医院总床位数95365张。

（六）生活环境竞争力

1. 生活环境

2016年县域森林覆盖率22.78%，较上年增长2.71个百分点；污水处理厂集中处理率79.39%，较上年增长9.60个百分点。

2. 环境保护

2016年县域每万元GDP工业二氧化硫排放量0.04吨；每万元GDP氮氧化物排放量0.003吨；每万元GDP烟（粉）尘排放量0.002吨；水土流失综合治理面积7418千公顷。

3. 农业环境

2016年县域单位第一产业增加值使用化肥量42.51公斤/万元（逆指标），单位第一产业增加值使用农药量2.55公斤/万元（逆指标），单位第一产业增加值使用地膜量7.19公斤/万元（逆指标）。

（七）社会结构竞争力

1. 人口结构

2016 年县域非农人口占总人口的比重 22.42%，较上年增长 1.13 个百分点。县域人口占全省人口的比重为 92.29%。

2. 城乡结构

2016 年县域农村从事非农产业的劳动力占农村总劳动力的比重 38.69%。

（八）科学教育竞争力

1. 科教支出

2016 年县域科技支出 4.86 亿元，较上年增长 0.04%；教育支出 351 亿元，较上年增长 2.93%；科技支出占 GDP 的比重 13.21%，较上年下降了 0.18 个百分点，在校学生人均教育经费 14779 元，较上年减少 150 元。

2. 科教资源

2016 年县域每万人普通中学在校生拥有专任中学教师数 1032 人；每万人小学在校生拥有专任小学教师数 871 人；每千户居民拥有普通中学数 0.23 所，每千户居民拥有小学数 1.53 所。

二 甘肃省县域综合竞争力比较

2016 年甘肃省县域竞争力评价指标体系共包括宏观经济竞争力、产业发展竞争力、基础设施竞争力、社会保障竞争力、公共服务竞争力、生活环境竞争力、社会结构竞争力、科学教育竞争力 8 个一级指标。二级指标为 21 个，其中，宏观经济竞争力包含经济均量、经济总量、金融资本 3 个二级指标；产业发展竞争力包含产业总量、产业结构、产业效率 3 个二级指标；基础设施竞争力包含居住条件、交通通信 2 个二级指标；社会保障竞争力包含医疗保险、养老保险、基本生活保障 3 个二级指标；公共服务竞争力包含科技服务、文化娱乐、医疗卫生 3 个二级指标；生活环境竞争力包含生活环境、环境保护、农业环境 3 个二级指标；社会结构竞争力包含人口结构、城乡结构 2 个二级指标；科学教育竞争力包含科教支出、科教资源 2 个二级指标。与二级指标相对应的三级指标有 64 个。

通过对宏观经济竞争力、产业发展竞争力、基础设施竞争力、社会保障竞争力、公共服务竞争力、生活环境竞争力、社会结构竞争力、科学教育竞争力 8 个一级指标进行计算和分析，得出 2016 年甘肃省 77 个县（市、区）的县域竞争力各项前十位的情况（见表 1）。

表 1   甘肃省县域竞争力排名

指标名称	前十强名单
综合竞争力	凉州区、西峰区、甘州区、肃州区、肃北蒙古族自治县、麦积区、崆峒区、敦煌市、肃南县、临夏市
宏观经济竞争力	凉州区、肃州区、西峰区、甘州区、敦煌市、崆峒区、玉门市、麦积区、环县、瓜州县
产业发展竞争力	凉州区、永登县、西峰区、皋兰县、麦积区、榆中县、甘州区、敦煌市、临夏市、肃州区
基础设施竞争力	临泽县、西峰区、民乐县、阿克塞哈萨克族自治县、山丹县、肃州区、临夏市、皋兰县、景泰县、甘州区
社会保障竞争力	肃北蒙古族自治县、民勤县、两当县、金塔县、山丹县、敦煌市、榆中县、成县、灵台县、崇信县
公共服务竞争力	阿克塞哈萨克族自治县、肃北蒙古族自治县、肃南裕固族自治县、碌曲县、肃州区、华亭县、甘州区、西峰区、凉州区、崆峒区
生活环境竞争力	华池县、康县、会宁县、玛曲县、天祝藏族自治县、舟曲县、灵台县、泾川县、徽县、文县
社会结构竞争力	凉州区、临夏市、武都区、永登县、崆峒区、甘州区、肃州区、山丹县、华亭县、临夏县
科学教育竞争力	环县、文县、肃南裕固族自治县、天祝藏族自治县、通渭县、静宁县、礼县、肃北蒙古族自治县、皋兰县、卓尼县

从 2016 年甘肃省县域竞争力综合得分排序来看，排序较上年提升的有 36 个，其中进步明显的县是静宁县、安定区和张家川县。排序较上年下降的有 32 个，退步幅度较大的县是瓜州县、合水县和庆城县。

从 2016 年甘肃省县域竞争力综合得分来看，均值为 69.57，县域竞争力整体处于一般劣势；极差为 7.87，在最大赋值范围内偏离 31.48%，反映出研究县域范围内县域竞争力得分最高县域与得分最低县域存在较大差异，发展相对不均衡；同时，方差为1.97，标准差为1.41，反映出研究县域范围内县域竞争力整体差异不大。结合均值、极差、方差及标准差来看，2016年甘肃省县域竞争力整体在较低水平且存在一定的不均衡性。

从2016年甘肃省县域竞争力水平归类分布来看，绝对优势、一般优势、绝对劣势均为0个，中势24个，一般劣势53个。其中，相对竞争力水平较好的24个县（市、区），除环县、榆中县、静宁县、华亭县、徽县为河东地区，其余均为市（州）所在地域、河西地区和兰州市周边县（市）。所以，2016年甘肃省县域竞争力分布与行政区域分布有较大相关性。随着这几年扶贫开发力度加大，贫困县县域竞争力有上升趋势。

就2016年甘肃省县域竞争力8个一级指标而言，从均值来看，生活环境竞争力均值76.25，处于一般优势；基础设施竞争力均值72.73、社会保障竞争力均值71.84、社会结构竞争力均值70.97，处于中势；产业发展竞争力均值68.98、科学教育竞争力均值67.51、宏观经济竞争力均值65.76，处于一般劣势；公共服务竞争力均值64.15，处于绝对劣势。从极差、方差、标准差来看，县域社会结构、宏观经济、基础设施、社会保障、公共服务均存在较大差异，科学教育、生活环境、产业发展存在一定差异。所以，2016年在甘肃省县域竞争力研究区域内，各县域在要素投入方面存在较大差异。

从13个市（州）（不含嘉峪关市）总体来看，均值为69.67，与77个县（市、区）结果一致，均处在一般劣势。极差、方差、标准差明显缩小，说明在13个市（州）（不含嘉峪关市）之间总体差异不大，结合77个县（市、区）的评价结果，反映出各市（州）所辖县域之间存在较大差异，各市（州）所辖县域之间发展不均衡。从13个市（州）（不含嘉峪关市）县域竞争力8个一级指标极差、方差、标准差来看，与77个县（市、区）相比较明显缩小，但仍然存在一定差异，要素配置不均衡。同时，结合77个县（市、区）评价结果，也说明各市（州）所辖县域之间存在较大差异，各市（州）所辖县域之间要素配置不均衡。

三 甘肃省县域经济社会发展的特点及存在的问题

（一）县域经济下行趋稳，结构性改革效果不显著

从宏观经济分析来看，2016年县域除了人均地方财政收入较上年减少5.39%和新增固定资产较上年下降7.60%外，其他指标都出现了一定幅度的增长。其中，均量指标中，人均国内生产总值较上年增加2.38%，人均固定资产完成额较上年增加4.51%，城镇居民可支配收入较上年增加8.93%，农村居民人均纯收入较上年增加7.49%，人均社会消费品零售额较上年增加8.42%。总量指标中，县域国内生产总值较上年增加5.90%；地方财政收入较上年增加14.83%，社会消费品零售总额较上年增加9.63%。金融资本指标中，金融机构存款余额较上年增长6.68%，金融机构贷款余额较上年增长18.40%，固定资产投资完成额较上年增长11.57%。

从产业竞争力分析来看，产业总量指标中，2016年县域第二产业增加值为1332亿元，较上年增加39.62%，增幅明显；增速较上年翻一番的有25个，其中灵台县、庄浪县、靖远县增速位于前三位；下滑的有10个，其中镇原县、合水县、夏河县下行幅度较大。第三产业增加值2116亿元，较上年增加10.61%；其中有41个的增速高于平均水平，增速前三位的是：灵台县（23.22%）、榆中县（15.33%）和康县（13.57%）。规模以上工业总产值2881亿元，较上年下降22.39%；有36个的规模以上工业总产值低于上一年，其中下滑较大的三个是永昌县、西和县和正宁县。

从产业结构看，2016年县域第二产业占GDP的比重为27.62%，较上年下降了1.53个百分点；第三产业占GDP的比重为49.37%，较上年增长1.57个百分点。县域第二产业近5年平均增长速度为12.32%，较上一个周期增加7.73个百分点。增速高于平均值的县有42个，增速前三位的是和政县（22.38%）、宁县（19.77%）和镇原县（19.47%）；县域第三产业近5年平均增长速度为10.86%，较上一个周期增速5.06%。

从县域均量分布来看，2016 年 77 个县（市、区）中人均国内生产总值超过平均值的有 24 个县（市、区）；人均地方财政收入超过平均值的县有 20 个；人均固定资产完成额超过平均值的有 15 个，城镇居民可支配收入超过平均值的有 29 个，农村居民人均纯收入超过平均值的有 23 个，人均社会消费品零售额超过平均值的有 30 个，县域之间的差异极为显著。

从数量上看，2016 年 77 个县（市、区）国内生产总值超过 100 亿元的县域有 9 个：凉州区（287 亿元）、西峰区（172 亿元）、甘州区（169 亿元）、肃州区（169 亿元）、麦积区（164 亿元）、崆峒区（131 亿元）、玉门市（119 亿元）、敦煌市（106 亿元）和武都区（104 亿元）。较 2015 年的凉州区（261 亿元）、麦积区（163 亿元）、肃州区（161 亿元）、甘州区（157 亿元）、西峰区（155 亿元）、崆峒区（120 亿元）、玉门市（110 亿元）、永登县（104 亿元）、庆城县（103 亿元）和敦煌市（102 亿元），减少了永登县、庆城县，增加了 1 个武都区。2016 年国内生产总值较上年增长的县域有 68 个，其中 52 个县域的增速高于均值，经济运行状况趋暖。

（二）县域经济社会发展水平不均衡，区域共性特征不明显

2016 年甘肃省县域经济社会发展水平不均衡，县域各子系统发展程度差异性较大，不存在明显的区域共性特征。

从均值方面看，在测评的宏观经济竞争力、产业发展竞争力、基础设施竞争力、社会保障竞争力、公共服务竞争力、生活环境竞争力、社会结构竞争力、科学教育竞争力等 8 项指标中，平均得分最高的是生活环境竞争力 76.25 分，其次为基础设施竞争力 72.73 分、社会保障竞争力 71.84 分、社会结构竞争力 70.97 分、产业发展竞争力 68.98 分、科学教育竞争力 67.51 分、宏观经济竞争力 65.76 分和公共服务竞争力 64.15 分（见表 2）。与上一年相比，生活环境竞争力、社会结构竞争力、产业发展竞争力和科学教育竞争力有所提高，但社会保障竞争力、公共服务竞争力依然是县域经济社会发展的主要短板。

从差异方面看，在测评的宏观经济竞争力、产业发展竞争力、基础设施竞争力、社会保障竞争力、公共服务竞争力、生活环境竞争力、社会结构竞争力、科学教育竞争力等 8 项指标中，县域之间发展存在较大差异的指标分别是社会结构竞争力、宏观经济竞争力和基础设施竞争力，其标准差均超过 3（见表 2），反映了县域之间城镇化发展水平、经济发展水平、金融资本运行、基础设施水平等方面都存在较大的差异。

表2　2016 年甘肃省县域社会综合竞争力及子系统比较

指标	综合得分	宏观经济得分	产业发展得分	基础设施得分	社会保障得分	公共服务得分	生活环境得分	社会结构得分	科学教育得分
均　值	69.57	65.76	68.98	72.73	71.84	64.15	76.25	70.97	67.51
极　差	7.87	15.73	14.22	13.66	13.98	17.00	10.67	18.48	10.46
方　差	1.97	9.96	4.15	8.99	6.02	8.31	4.93	11.46	4.30
标准差	1.41	3.16	2.04	3.00	2.45	2.88	2.22	3.38	2.07

（三）经济社会发展相对较慢，且县域间发展程度不均衡

2016 年甘肃省宏观经济竞争力综合得分 65.76，相对于其他竞争力指标，处于一般劣势，其极差（15.73）、方差（9.96）、标准差（3.16）均相对较大，县域之间差异性明显，县域之间发展极不均衡；从 3 个二级指标的极差、方差、标准差来看，差异性最大的是经济均量，均值为 70.58，标准差达到 4.24；经济总量均值为 63.85，标准差达到 3.74；金融资本均值为 64.60，标准差达到 3.87：表明在 77 个县（市、区）之间，经济均量、经济总量、金融资本 3 个要素发展程度存在严重的区域不均衡性。从 77 个县（市、区）宏观经济竞争力水平归类分布来看，行政区域分布特征明显；市（州）所在县域宏观经济竞争力排序一般都比较靠前，民族地区县域宏观经济竞争力相对发展较慢。

从 2016 年居民收入水平看，甘肃省县域城镇居民人均可支配收入 21900 元，较上年增加 8.93%，与全国城镇居民人均可支配收入 33616 元相

比，甘肃省县域城镇居民人均可支配收入只占全国平均水平的65.14%；甘肃省县域农村居民可支配收入8162元，较上年增加7.49%，全国农村居民人均可支配收入12363元，甘肃省县域农村居民可支配收入只占全国平均水平的66.02%。甘肃省县域城镇居民人均可支配收入最高值是阿克塞哈萨克自治县（33610元），最小值是榆中县（15323元），均值为21900元，中位数21242元。甘肃省县域农村人均可支配收入最高值是最低值的5.09倍，较2015年的5.72倍略有缩小。农村人均可支配收入最大值是阿克塞哈萨克自治县（22879元），最小值是东乡县（4497元），中位数为6740元。

县域公共服务竞争力得分64.15，在8个一级竞争力指标中得分最低，且极差（17.00）、方差（8.31）、标准差（2.88）均相对较大，县域之间差异性明显，县域之间发展极不均衡；从3个二级指标的标准差来看，科技服务（3.72）、文化娱乐（3.01）和医疗卫生（3.32）都大于3，表明在77个县（市、区）之间，3个要素发展程度存在严重的区域性差异。每万人拥有执业（助理）医师数县域之间差距最大（标准差为6.17），平均值为17.55人/万人，最高为碌曲县（46.02人/万人），最低为康乐（6.72人/万人）；其次是每万人拥有专业技术人员数，标准差为5.37，平均值为154.72人/万人，最高为碌曲县（524.31人/万人），最低为和政县（1.27人/万人）。低于10人/万人的县还有广河县（2.95人/万人）、景泰县（5.23人/万人）、东乡县（6.38人/万人）和合作市（6.72人/万人）。

（四）城乡结构进一步优化，但县域城镇化发展水平较低

新型城镇化是现代化的必由之路，是最大的内需潜力所在，是经济发展的重要动力，也是一项重要的民生工程。2016年是我国新型城镇化发展中最重要的一年，甘肃省全面落实《关于深入推进新型城镇化建设的若干意见》，以人的城镇化为核心，促进体制机制改革，城镇化水平有了较大提升。但甘肃省整体发展水平较低，相对于发达地区发展较为落后。

纵向比较来看，2016年甘肃城镇化率为44.69%，较上年提高1.5个百分点，与全国和西部其他省份相比差距较大。2016年全国城镇化率为

57.35%，甘肃省比全国低 12.66 个百分点，与全国差距缩小不明显。横向比较来看，同西部 12 省份中排名第 1 的重庆相比，低 17.91 个百分点，居西部第 9 位。2010 年第六次全国人口普查甘肃人口城镇化率为 36.12%，2016 年增速也排名靠前。相比来说，甘肃省城镇化率发展比较快，但由于基数太低，与全国和西部发展较好的重庆、四川、陕西等省份相比，城镇化水平的差距还有进一步拉大的趋势。

表3　2015～2016 年西部 12 省份城镇化率比较

单位：%，百分点

地区	2015 年城镇化率	2016 年城镇化率	较上年增加
重　庆	60.94	62.60	1.66
内蒙古	60.30	61.20	0.90
宁　夏	55.20	56.20	1.00
陕　西	53.92	55.34	1.42
青　海	49.80	50.30	0.5
四　川	47.70	49.21	1.51
新　疆	47.25	48.35	1.10
广　西	47.06	48.08	1.02
甘　肃	43.19	44.69	1.50
云　南	42.90	44.33	1.43
贵　州	42.01	44.15	2.14
西　藏	25.75	26.00	0.25

资料来源：各省份国民经济和社会发展统计公报。

县域内部比较来看，2016 年甘肃省 77 个县（市、区）中非农人口占总人口的比重为 22.42%，较上一年增加了 1.13 个百分点。其中非农人口占总人口的比重最小值为 3.26%（武山县），最大值为 69.27%（阿克塞哈萨克自治县）。

（五）生产生活条件明显改善，但环境保护任务严重

2016 年甘肃省县域生活环境竞争力在 8 个竞争力指标中最具竞争力，

得分为 76.25，处于一般优势；基础设施竞争力排名第二，得分为 72.73，处于中势。

从居住生活条件来看，2016 年甘肃省 77 个县（市、区）县域差异极显著，标准差达到了 4.01。其中，城乡住房砖木结构以上比重均值为 35.50%，最大值为 79.08%（皋兰县），最小值为 6.96%（康县），中位数为 34.88%。县域自来水受益村比重均值为 91.14%，最大值为 100%（有 29 个实现了自来水全覆盖，较上年增加 7 个），最小值为 15.14%（环县），中位数为 97.47%；甘肃省 77 个县（市、区）农村有线电视普及村比重均值为 54.42%，较上年增长 4.21 个百分点，最大值为 100%，有 16 个普及率达到了 100%，有 40 个普及率不足 50%。

从交通通信方面来看，2016 年县域之间发展水平差异也较大，标准差达到了 2.99。77 个县（市、区）国际互联网用户占总户数的比重均值为 37.07%，较上一年增加了 9.56 个百分点，比重在 5% 以下的有 4 个县（积石山县、宕昌县、东乡县和漳县）；移动电话用户占总人口的比重均值为 64.59%，较上一年增加了 2.78 个百分点，中位数 65.87%，达到 100% 的有 7 个，比重小于 5% 的有 2 个县（宕昌县和东乡）。县域境内公路密度均值为 60.07 公里/百平方公里，较上一年增加了 5.58 公里/百平方公里，最小值为 2.54 公里/百平方公里（敦煌市），最大值为 209.67 公里/百平方公里（广河县），中位数为 56.30 公里/百平方公里。

从 2016 年县域单项指标森林覆盖率来看，最小值为 0.37%（皋兰县），最大为 82%（两当县），均值为 22.78%，中位数 17.85%。2015 年县域 77 个县（市、区）共计水土流失治理面积 7418.48 千公顷，其中前三位为天祝县（371 千公顷）、会宁县（366 千公顷）和安定区（288 千公顷）。

从 2016 年县域环境保护的指标来看，大气污染中工业二氧化硫排放量占首位，其次是氮氧化物排放量和烟（粉）尘排放量。工业二氧化硫排放量占前三位的是临夏市、华亭县和靖远县；氮氧化物排放量占前三位的是崆峒区、华亭县和景泰县，烟（粉）尘排放量占前三位的是东乡县、靖远县和华亭县。农村面源污染的三项指标单位中，单位第一产业增加值使用化肥量前三位的是民勤县、静宁县和民乐县；单位第一产业增加值使用农药量前三位的是两当县、宁县和清水县；单位第一产业增加值使用地膜量前三位的是宕昌县、环县和庄浪县。

（六）县域科教事业投入不均衡，科教创新支撑明显不足

2016 年甘肃省县域科学教育竞争力 77 个县（市、区）得分均值为 67.51，较上年增加 1.58，在 8 个竞争力指标比较中处于一般劣势，其极差、方差、标准差均相对较大，县域之间发展很不均衡；科教资源均值为 69.21，处于一般劣势；科教支出均值为 65.82，处于绝对劣势；从二、三级指标的极差、方差、标准差来看，在科教支出、教育资源配置等方面均存在较大差异，县域之间科教支出和科教资源配置存在严重不均衡性。从 77 个县（市、区）科学教育竞争力水平归类分布来看，行政区域分布特征、地理位置特征及贫困特征均不太明显。

2016 年甘肃省 77 个县（市、区）教育投入增幅不大，县域教育支出 351 亿元，教育支出较上年仅增长 2.93%；在校学生人均教育经费 14779 元，较上年减少 150 元。其中，在校学生人均教育经费支出最多的是肃北蒙古族自治县（37825.04 元/人），最少的是积石山保安族东乡族撒拉族自治县（6517.91 元/人）；县域每万人普通中学在校生拥有专任中学教师数 1033 人，县域每万人普通中学在校生拥有专任中学教师数前三位的是华池县、肃南县和积石山县；每万人小学在校生拥有专任小学教师数 871 人，每万人小学在校生拥有专任小学教师数前三位的是碌曲县、天祝县和肃北县；每千户居民拥有普通中学数 0.23 所，每千户居民拥有普通中学数前三位的是通渭县、静宁县和肃北县；每千户居民拥有小学数 1.53 所，每千户居民拥有普通小学数前三位的是卓尼县、积石山县和康乐县。

2016 年甘肃省 77 个县（市、区）科技投入增长明显不足，2016 年甘肃省 77 个县（市、区）科技投入较 2015 年基本持平，2016 年县域科技支出 4.86 亿元，较上年增长 0.04%；77 个县（市、区）中有 32 个 2016 年科技支出低于上年，科技投入标准差达 3.79，县域极不均衡；县域科技支出

占 GDP 的比重较上年略有下降，77 个县（市、区）中有 38 个 2016 年科技支出占 GDP 的比重低于上年。2016 年甘肃省 77 个县（市、区）中县域科技支出最高的三个是环县、民勤县和临夏市；县域科技支出占 GDP 的比重最高的三个是环县、文县和岷县。

2016 年县域每万人拥有专业技术人员数 155 人，县域每万人拥有专业技术人员数最多的三个是碌曲县、肃北县和肃州区。从县域拥有专业技术人员数总量来看，县域拥有专业技术人员数最多的三个是肃州区（16930 人）、甘州区（13897 人）和凉州区（12399 人）；2016 年县域每万人专利授权数 2.17 件，较上年增长 26.90%。每万人专利授权数最多的三个是阿克塞县、肃南县和肃北县。从申报总数上来看，2016 年县域专利授权数最多的三个是凉州区（328 件）、甘州区（180 件）和天祝藏族自治县（139件）。截至 2016 年底，国内（不含港澳台）发明专利拥有量共计 110.3 万件，每万人发明专利拥有量达到 8.0 件。全国每万人发明专利拥有量排名前十位的省（区、市）依次为：北京（76.8 件）、上海（35.2 件）、江苏（18.4 件）、浙江（16.5 件）、广东（15.5 件）、天津（14.7 件）、陕西（7.3 件）、辽宁（6.4 件）、安徽（6.4 件）、山东（6.3 件）。相比而言，甘肃省县域科技创新能力较弱，难以支撑甘肃省跨越式发展和创新创业环境的构建。

三　甘肃省县域发展的对策建议

（一）优化和调整县域产业结构，为县域发展提供不懈动力

实现县域经济的可持续增长，主导（特色）产业是首要因素，要坚持资源开发与市场需求的统一，找准地方特色和市场对接的着力点，主导（特色）产业能充分发掘县域资源和地域空间的比较优势，并推动关联产业的发展，进而形成带动整个县域经济发展的增长极。县域经济的基础是区域内的自然资源，县域主导产业的选择就需要科学评估县域现有资源的特点、

潜力及市场竞争力，做好县域产业发展规划，使特色资源优势转化为产业化经济优势，实现以特色产业带动县域经济的整体发展。

调整县域工业产业布局，加快县域工业园区建设。工业园区是县域工业化进程和农村城镇化改造的结合点，是县域产业布局的重要载体和县域产业集群的最佳平台。加快园区建设，实现产业的集中连片，既能提高基础设施的利用效率，充分发挥各类生产要素的聚集效应，又有利于相关产业协调发展，大大降低企业的生产交易成本。

立足优势和特色，大力发展与农业产业结构调整密切相关的农产品加工龙头企业，提高产品的科技含量。结合甘肃省农业六大支柱产业规划，在抓好生产基地建设的同时，积极支持培育以优势农产品的深加工为主的企业发展。着力加强项目储备、媒体宣传、招商引资、联合开发等各个方面工作，鼓励企业或个人投资兴办一批高起点、高标准的农产品加工企业，使之成为县域工业发展的新亮点和带动农村经济增长、农民增收的"钱袋子"。

县域经济实现快速发展的重要途径之一就是要大力发展民营经济，通过弘扬创业精神、搭建创业平台、培育创业主体、拓展创业空间、加强创业服务等方式，把民营经济作为培育县域经济的增长点和突破口。鼓励和引导在外务工人员回乡创业，鼓励各类人才创办、领办各类涉农企业，鼓励本土大中专学生回乡创业服务。

（二）强化县域基础设施建设，夯实县域发展硬实力

随着工业化、城镇化的推进，甘肃省县域基础设施建设滞后问题日益突出，交通通道不畅，水利基础设施薄弱，市政等领域设施欠账较多，越来越难以满足县域经济发展的需要。要尽快完善交通路网结构，增加高等级公路覆盖率和里程数，实现县县通高速公路和铁路县域全覆盖。着重完善电网综合协调功能，统筹风电、光伏等清洁能源并网等问题，推进县城电力扩容、农村电网升级改造工程，推进城乡电力同网同价，重点是增加县域电网供电能力，提高供电质量。加快覆盖城乡的通信信息服务体系建设，实现城乡互联网宽带、固定移动通信信号全覆盖，着力构建一批智慧城市和智慧农村。

县域城镇化可以促进城乡之间的要素流动，加快城乡二元结构的转化，各个县都应在开放的大格局中依据资源禀赋，选择差异化的战略性和各具特色的发展道路。要加快县域基础设施建设，调整与优化各乡镇的功能结构，建立比较完善的交通、能源、通信、环保和减灾防灾等基础设施体系，形成县（市、区）、乡（镇、街道）、村（社区）三级互动的城镇化协调发展格局。统筹规划、合理布局，不断改善城乡居民的人居环境，促使城镇基础设施和服务向农村延伸。强化县域的集聚功能，鼓励农民进城务工、经商、兴办企业，促进有条件的农村剩余劳动力向县域转移，不断提高县域城镇化率。

加大重点灌区和节水增效工程、小型灌区配套改造力度，提高工程引水灌溉保障率，加强农田水利基础设施建设和草场灌溉设施建设。继续实施农村饮水安全工程，结合安居工程、生态移民工程，推进连片集中供水系统建设，建立较为完善的农村饮水安全保障体系。

（三）培育和健全县域营商环境，提升县域发展软实力

营商环境是县域经济健康发展的助推器，"栽下梧桐树，才能引得凤凰来"，要加强政府在市场经济的管理和宏观调控方面重要作用，全面实行"放管服"改革，要切实转变政府职能，搞好社会化服务。

一是要营造县域经济发展的政策环境。政府要从传统指令性计划管理模式中彻底解脱出来，以市场为导向，通过制定县域经济发展规划，做好组织、协调和监督工作。要大力转变观念，变"权力政府"为"责任政府""服务政府"，站在服务者的角度，着力解决企业的社会化需求；要通过政策创新实现体制创新。以收缩权限、精简机构、提高效率为原则，对公共部门的职能、管理法规和方式进行全面改革，理顺各种关系、调节各种利益、调动各方面积极性；简化办事程序，优化服务流程，对审批服务事项办理时限进行大幅压缩。建立涉企检查审查备案制度，对重点企业检查（安全生产、环保检查除外）实行审查备案制，明确企业无干扰工作日，并推行首查先行责令改正制度。

二是要营造县域发展的金融环境。完善多层次金融市场体系，鼓励和支持金融机构通过资本市场、票据市场、银行间债券市场、银行间同业拆借市场等拓宽融资渠道，增加对本地区的金融服务供给。完善包括市场交易、支付结算和支持保障为重点的金融基础设施建设，提高金融服务质量，优化金融配置资源的效率，增强金融发展后劲。改善金融生态环境，在构建良好的信用体系、金融法治环境和完善金融消费者权益保护等方面抓落实，促进县域经济金融协调发展。

三是着力营造营商服务环境。加强各部门和广大群众对优化营商环境的认识，通过多种渠道加大宣传力度，营造开放包容、互利合作、诚实守信、重商护商的县域营商环境。要不断健全县域教育、医疗等公共服务体系，完善人才入户政策，着力解决好吸引人才、留住人才、用好人才的问题。着力打造宜居、宜业、宜游、宜创的县域城市，引导资金、项目和人才在县域的聚集。建立和完善优化营商环境的县域考核评价制度，引入第三方评价机构，定期对县域有关部门的营商环境状况进行考评，将营商环境工作纳入政府绩效考核体系。

四要着力打造适合企业及企业家发展的人文环境，习近平主席在党的群众路线教育实践活动总结大会上发表的重要讲话中讲道："求木之长者，必固其根本；欲流之远者，必浚其泉源。"同样也适用构建好的营商环境，只有做好与企业发展相关的基础工作，才能稳定招商引资的根本，才能保证县域发展源远流长。鼓励企业在管理中树立"以人为本"的思想，增强企业员工的主人翁意识，提升员工凝聚力和向心力。要建立工资正常增长和保障机制，让职工共享企业发展成果。开展形式多样的文体活动，丰富职工业余生活。建立健全工会等党群组织，从而逐步建立起稳定和谐的劳资关系，调动职工的积极性。加强对员工的人文关怀，既要关注呵护员工的生命和健康，也要关怀员工的精神状态和心理健康。

（四）建立和完善县域公共服务体系，努力推进城乡一体化进程

城乡基本公共服务均等化是实现全面小康建设的关键，其内容包含公

平与效率的问题、经济社会发展问题和区域平衡与稳定的问题，甘肃省县域发展中基本公共服务建设严重滞后和区域差异突出，使县域基本公共服务问题成为县域经济、社会发展中的重要问题。县域公共服务体系的建设，既要不断提升县域基本公共服务的总体水平，又要促进基本公共服务设施和条件在城乡之间的合理分布。要健全和完善城乡社会保障制度，确保进城农民在劳动保障、医疗、子女教育等方面与城镇居民享有同等待遇。逐步提高城乡困难人群的最低保障标准，做到应保尽保，切实保障城乡特困人群的生活。

努力推进城乡教育均衡发展，把非户籍常住人口子女义务教育纳入城乡教育发展规划。大力发展农村教育，特别是农村基础教育，合理配置农村教育资源，不断提升农村教育水平，切实缩小与城市在教育投入与教育质量方面的差距。着力解决制约农村教育科学发展的体制机制，建立长效性保障制度，提升当地居民科学文化素质以促进社会经济的协调发展。继续提高县域公共文化服务设施建设水平，实现公共文化服务的有效覆盖，完善县（市、区）、乡（镇、街道）、村（社区）三级公共文化网络建设，统筹规划和建设基层公共文化服务设施。

规范构建城乡土地交易流转市场，严格城乡土地利用管理制度，严禁囤积占用和未批先建，将违法、闲置、零散和未充分利用的土地回收入储备库，作为城镇建设用地，促进土地资源的集约利用和合理开发。逐步完善土地租、税、费，以及土地置换、农村宅基地管理、集体土地流转管理和开发区用地管理等方面的政策。

着力提升县域信息化服务水平，破解县域经济主体的分散性和封闭性，通过专门机构的市场形势分析和研究，向农民和企业决策者提供可靠准确的市场信息，拓宽产品销售渠道。

（五）建立政产学研协同创新体系，提升县域发展竞争力

建立政产学研协同创新体系，是实施创新驱动和构建"大众创业、万众创新"环境的必由之路和有效途径。县域竞争最终是科技和人才的竞争，

只有建立本土化的政产学研协同机制和人才培养机制才是县域经济可持续发展的保障。

推进科研院所与企业建立新型产学研合作机制和合作模式，一方面，鼓励和支持高校、科研院所专家教授和高端人才带技术、项目、团队和资金自办或合办企业。在体制机制上为高精尖人才松绑，在人事管理、资金管理和项目管理方面为他们创造良好宽松环境，推动院所院校科研成果为地方服务，为地方和企业创新提供技术保障。另一方面，政府要完善市场机制建设，鼓励资本进入科研领域，积极搭建技术交易和成果转化平台，使科技创新成果服务于产业发展。

建立与县域产业结构紧密结合的职业教育模式。要根据县域经济产业结构调整和就业市场需要，调整专业方向，加快发展新兴产业和现代服务业相关专业，开发新的课程和教材，进行现场实践教育，重视实验、实习等实践教学环节，做到"三结合"，即理论与实践相结合，课堂与车间相结合，教育与就业相结合，为企业输送技能适用型人才。

建立科技创新转化为现实生产力的体制机制，打通科技强县、科技惠民的通道。激发和增强高校、科研院所参与地方创新发展的主动性，实现高校、科研院所与地方政府、企业的"互联互通"，大力推动科研成果就地转化并向地方企业与产业聚集。

要推进农村科技超市建设，做好科技惠农兴农工作。将品种、技术、成果信息等科技要素整合到科技超市平台，提供各种农业科技服务，提高农民对科技的认知度与接受度，着力加快科技成果转化与新品种新技术新产品的示范推广，以科技创新促进现代农业的发展。

评价篇

Evaluation Articles

B.2
甘肃省县域竞争力评价指标体系构建

潘从银　李忠东*

摘　要： 本文主要在借鉴了国内外专家学者研究基础之上，确立了甘肃省县域竞争力评价指标体系构建思路，继而构建了甘肃省县域竞争力评价指标体系，并确立了甘肃省县域竞争力评价方法和评价标准。甘肃省县域竞争力评价指标体系主要包含8个一级指标、21个二级指标、64个三级指标。甘肃省县域竞争力评价方法主要确定了评价的时间与地域范围、数据处理方法及指标权重确定方法。甘肃省县域竞争力评价标准仍为5级划分，即绝对优势、一般优势、中势、一般劣势和绝对劣势。

---

* 潘从银，甘肃省社会科学院助理研究员，区域经济学硕士，主要从事农村经济发展研究。李忠东，甘肃省统计局农村处处长。

关键词： 甘肃省　县域竞争力　评价指标

一　甘肃省县域竞争力评价指标体系构建

（一）甘肃省县域竞争力评价指标体系构建思路

县域竞争力由于涉及县域社会、经济、环境等多方面因素影响，涉及面较广，指标选择十分繁杂，课题组在充分把握国家对县域发展的相关政策文件的基础上，在充分借鉴国内外学者对县域竞争力研究的前提下，以准确客观反映甘肃省县域竞争力为原则，综合了学术界、各级管理层面、统计系统等相关人员的意见和建议，结合专家学者对上一年县域评价指标体系的意见和建议，设计和构建了甘肃省县域竞争力评价指标体系。

（二）甘肃省县域竞争力评价指标体系构建说明

2016 年甘肃省县域竞争力评价指标体系共包括宏观经济竞争力、产业发展竞争力、基础设施竞争力、社会保障竞争力、公共服务竞争力、生活环境竞争力、社会结构竞争力、科学教育竞争力 8 个一级指标。二级指标为 21 个，其中：宏观经济竞争力包含经济均量、经济总量、金融资本 3 个二级指标；产业发展竞争力包含产业总量、产业结构、产业效率 3 个二级指标；基础设施竞争力包含居住条件、交通通信 2 个二级指标；社会保障竞争力包含医疗保险、养老保险、基本生活保障 3 个二级指标；公共服务竞争力包含科技服务、文化娱乐、医疗卫生 3 个二级指标；生活环境竞争力包含生活环境、环境保护、农业环境 3 个二级指标；社会结构竞争力包含人口结构、城乡结构 2 个二级指标；科学教育竞争力包含科教支出、科教资源 2 个二级指标。与二级指标相对应的三级指标 64 个（见表 1）。其中 2016 年相对于 2015 年，指标构建方面保持一致（见表 1）。

表 1　2016 年甘肃省县域竞争力评价指标体系

一级指标 (8 个)	二级指标 (21 个)	三级指标(64 个)(2015 年)	三级指标(64 个)(2016 年)	变化情况
宏观经济竞争力	经济均量	①人均国内生产总值(元/人)	①人均国内生产总值(元/人)	未变
		②人均地方财政收入(元/人)	②人均地方财政收入(元/人)	未变
		③人均固定资产完成额(元/人)	③人均固定资产完成额(元/人)	未变
		④城镇居民可支配收入(元/人)	④城镇居民可支配收入(元/人)	未变
		⑤农村居民人均纯收入(元/人)	⑤农村居民可支配收入(元/人)	改变
		⑥人均社会消费品零售额(元/人)	⑥人均社会消费品零售额(元/人)	未变
		⑦国内生产总值 GDP(万元)	⑦国内生产总值 GDP(万元)	未变
	经济总量	⑧地方财政收入(万元)	⑧地方财政收入(万元)	未变
		⑨社会消费品零售总额(万元)	⑨社会消费品零售总额(万元)	未变
		⑩金融机构存款余额(万元)	⑩金融机构存款余额(万元)	未变
	金融资本	⑪金融机构贷款余额(万元)	⑪金融机构贷款余额(万元)	未变
		⑫城镇固定资产投资完成额(万元)	⑫城镇固定资产投资完成额(万元)	未变
		⑬城镇新增固定资产(万元)	⑬城镇新增固定资产(万元)	未变
产业发展竞争力	产业总量	①第二产业增加值(万元)	①第二产业增加值(万元)	未变
		②第三产业增加值(万元)	②第三产业增加值(万元)	未变
		③规模以上工业总产值(万元)	③规模以上工业总产值(万元)	未变
	产业结构	④第二产业占 GDP 的比重(%)	④第二产业占 GDP 的比重(%)	未变
		⑤第三产业占 GDP 的比重(%)	⑤第三产业占 GDP 的比重(%)	未变
	产业效率	⑥第二产业近 5 年平均增长速度(%)	⑥第二产业近 5 年平均增长速度(%)	未变
		⑦第三产业近 5 年平均增长速度(%)	⑦第三产业近 5 年平均增长速度(%)	未变
基础设施竞争力	居住条件	①城乡住房砖木结构以上比重(%)	①城乡住房砖木结构以上比重(%)	未变
		②自来水受益村比重(%)	②自来水受益村比重(%)	未变
		③农村有线电视普及村庄比例(%)	③农村有线电视普及村庄比例(%)	未变
	交通通信	④每百人公共汽车营运车辆数	④每百人公共汽车营运车辆数	未变
		⑤国际互联网用户占总户数比重(%)	⑤国际互联网用户占总户数比重(%)	未变
		⑥固定电话用户占总户数比重(%)	⑥固定电话用户占总户数比重(%)	未变
		⑦移动电话用户占总人口比重(%)	⑦移动电话用户占总人口比重(%)	未变
		⑧境内公路密度(公路里程数/百平方公里)	⑧境内公路密度(公路里程数/百平方公里)	未变

续表

一级指标 (8个)	二级指标 (21个)	三级指标(64个)(2015年)	三级指标(64个)(2016年)	变化情况
社会保障竞争力	医疗保险	①参加城镇基本医疗保险人数占城镇人口比重(%)	①参加城镇基本医疗保险人数占城镇人口比重(%)	未变
		②参加农村合作医疗的人数占农村人口的比重(%)	②参加农村合作医疗的人数占农村人口的比重(%)	未变
	养老保险	③参加城镇基本养老保险人数占城镇人口比重(%)	③参加城镇基本养老保险人数占城镇人口比重(%)	未变
		④参加农村养老保险人数占农村人口比重(%)	④参加农村养老保险人数占农村人口比重(%)	未变
	基本生活保障	⑤城镇最低生活保障人口占城镇人口比重(逆指标)(%)	⑤城镇最低生活保障人口占城镇人口比重(逆指标)(%)	未变
		⑥农村最低生活保障人口占农村人口比重(逆指标)(%)	⑥农村最低生活保障人口占农村人口比重(逆指标)(%)	未变
公共服务竞争力	科技服务	①每万人拥有专业技术人员数(人/万人)	①每万人拥有专业技术人员数(人/万人)	未变
		②每万人专利授权数(个/万人)	②每万人专利授权数(个/万人)	未变
	文化娱乐	③每十万人拥有体育场馆数(个/十万人)	③每十万人拥有体育场馆数(个/十万人)	未变
		④每十万人拥有剧场、影剧院数(个/十万人)	④每十万人拥有剧场、影剧院数(个/十万人)	未变
		⑤人均拥有公共图书馆图书数(册/人)	⑤人均拥有公共图书馆图书数(册/人)	未变
	医疗卫生	⑥每万人拥有医疗卫生机构专业技术人员数(人/万人)	⑥每万人拥有医疗卫生机构专业技术人员数(人/万人)	未变
		⑦每万人的医院、卫生院床位数(张/万人)	⑦每万人的医院、卫生院床位数(张/万人)	未变
		⑧每万人拥有执业(助理)医师数(人/万人)	⑧每万人拥有执业(助理)医师数(人/万人)	未变
		⑨医院总卫生技术人员数(人)	⑨医院总卫生技术人员数(人)	未变
		⑩医院总床位数(张)	⑩医院总床位数(张)	未变

续表

一级指标 （8个）	二级指标 （21个）	三级指标（64个）（2015年）	三级指标（64个）（2016年）	变化情况
生活环境竞争力	生活环境	①森林覆盖率（%）	①森林覆盖率（%）	未变
		②污水处理厂集中处理率（%）	②污水处理厂集中处理率（%）	未变
	环境保护	③每万元GDP工业二氧化硫排放量（吨/万元）（逆指标）	③每万元GDP工业二氧化硫排放量（吨/万元）（逆指标）	未变
		④每万元GDP氮氧化物排放量（吨/万元）（逆指标）	④每万元GDP氮氧化物排放量（吨/万元）（逆指标）	未变
		⑤每万元GDP烟（粉）尘排放量（吨/万元）（逆指标）	⑤每万元GDP烟（粉）尘排放量（吨/万元）（逆指标）	未变
		⑥水土流失综合治理面积（千公顷）	⑥水土流失综合治理面积（千公顷）	未变
	农业环境	⑦单位第一产业增加值使用化肥量（吨/万元）（逆指标）	⑦单位第一产业增加值使用化肥量（吨/万元）（逆指标）	未变
		⑧单位第一产业增加值使用农药量（吨/万元）（逆指标）	⑧单位第一产业增加值使用农药量（吨/万元）（逆指标）	未变
		⑨单位第一产业增加值使用地膜量（吨/万元）（逆指标）	⑨单位第一产业增加值使用地膜量（吨/万元）（逆指标）	未变
社会结构竞争力	人口结构	①非农人口占总人口的比重（%）	①非农人口占总人口的比重（%）	未变
		②县域人口占全省人口比重（%）	②县域人口占全省人口比重（%）	未变
	城乡结构	③农村从事非农产业的劳动力占农村总劳动力的比重（%）	③农村从事非农产业的劳动力占农村总劳动力的比重（%）	未变
科学教育竞争力	科教支出	①科技支出（万元）	①科技支出（万元）	未变
		②教育支出（万元）	②教育支出（万元）	未变
		③科技支出占GDP的比重（%）	③科技支出占GDP的比重（%）	未变
		④在校学生人均教育经费（元/人）	④在校学生人均教育经费（元/人）	未变
	科教资源	⑤每万人普通中学在校生拥有专任中学教师数（人/万人）	⑤每万人普通中学在校生拥有专任中学教师数（人/万人）	未变
		⑥每万人小学在校生拥有专任小学教师数（人/万人）	⑥每万人小学在校生拥有专任小学教师数（人/万人）	未变
		⑦每千户居民拥有普通中学数（所/千户）	⑦每千户居民拥有普通中学数（所/千户）	未变
		⑧每千户居民拥有小学数（所/千户）	⑧每千户居民拥有小学数（所/千户）	未变

二 甘肃省县域竞争力评价方法及评价标准

（一）甘肃省县域竞争力评价时间与地域范围

1. 甘肃省县域竞争力评价时段以甘肃省统计局提供的各县域 2016 年统计数据为依据，评价基准年份为 2016 年。

2. 根据国家统计局农村调查司有关全国县域竞争力所做的测评范围，结合甘肃省统计局的具体要求，课题组对甘肃省除兰州市城关区、七里河区、西固区、安宁区、红古区、嘉峪关市、金川区、白银区、平川区、秦州区之外的 77 个县（市、区）进行了县域竞争力的评价与分析。

（二）甘肃省县域竞争力评价方法

1. 数据的处理。在认真核对原始数据无误的情况下，对每一指标列数据进行标准化处理，使各指标列数据形成无差异的标准化矩阵；在对数据进行标准化处理的基础上，分别以三级指标列为单位进行分值赋值，再进行加权加总得各级指标分值。

2. 指标权重的确定。对于指标权重的确定，课题组是在专家打分的基础上运用层次分析法（Analytical Hierarchy Process，AHP）进行指标权重确定。2016 年评价指标权重相对于 2015 年保持不变。

（三）甘肃省县域竞争力评价标准

甘肃省县域竞争力评价标准为 5 级划分，即绝对优势、一般优势、中势、一般劣势和绝对劣势，其评价的方法是根据 77 个县（市、区）对应指标的分值进行评价（见表 2）。其中：分值小于等于 85、大于等于 80 为绝对优势，分值小于 80、大于等于 75 为一般优势，分值小于 75、大于等于 70 为中势，分值小于 70、大于等于 65 为一般劣势，分值小于 65、大于等于 60 为绝对劣势。

表2 2016年甘肃省县域竞争力评价标准

评价标准	分值	评价标准	分值
绝对优势	≥80，≤85	一般劣势	≥65，<70
一般优势	≥75，<80	绝对劣势	≥60，<65
中势	≥70，<75	—	—

B.3
甘肃省县域竞争力综合评价

潘从银　王建兵 *

摘　要： 本文主要通过构建甘肃省县域竞争力指标体系，利用一定的数理分析方法，对 2016 年甘肃省 77 个县（市、区）经济社会发展数据进行处理分析，得出 2016 年甘肃省县域竞争力发展特征：一是甘肃省县域竞争力整体水平相对较低，较 2015 年相比提升不明显；二是从 8 个一级指标来看，生活环境竞争力处于一般优势；基础设施竞争力、社会保障竞争力、社会结构竞争力处于中势；产业发展竞争力、科学教育竞争力、宏观经济竞争力处于一般劣势；公共服务竞争力处于绝对劣势；三是甘肃省县域竞争力各市（州）及各市（州）所辖县域之间差异性较大，县域竞争力发展很不均衡；四是甘肃省县域竞争力各市（州）及各市（州）所辖县域之间要素配置差异性较大，县域竞争力要素配置很不均衡；五是甘肃省各市（州）及各市（州）所辖县域之间县域竞争力具有一定的行政区域、地理位置、经济发展、经济结构等因素制约下的分布特征；六是甘肃省贫困地区县域竞争力上升趋势变缓，且较近 5 年相比陇南市综合竞争力首次出现下降。

---

* 潘从银，甘肃省社会科学院助理研究员，区域经济学硕士，主要从事农村经济发展研究；王建兵，甘肃省社会科学院农村发展研究所所长，甘肃省社会科学院贫困问题研究中心主任，研究员，农学博士，主要研究领域为生态经济、农村发展和贫困问题。

关键词： 甘肃省 县域 竞争力评价

一 甘肃省县域竞争力综合评价结果

（一）甘肃省县域竞争力综合评价结果

1. 评价结果

通过对宏观经济竞争力、产业发展竞争力、基础设施竞争力、社会保障竞争力、公共服务竞争力、生活环境竞争力、社会结构竞争力、科学教育竞争力8个一级指标进行计算和分析，2016年甘肃省77个县（市、区）县域竞争力综合评价情况见表1。

根据2016年甘肃省县域竞争力综合得分，甘肃省77个县（市、区）处于绝对优势的县（市、区）为0个；处于一般优势的县（市、区）也为0个；处于中势的县（市、区）有24个，包括：凉州区、西峰区、甘州区、肃州区、肃北县、麦积区、崆峒区、敦煌市、肃南县、临夏市、天祝县、阿克塞、民勤县、山丹县、环县、临泽县、榆中县、玉门市、永登县、皋兰县、高台县、静宁县、华亭县、徽县；处于一般劣势的县（市、区）有53个，包括：陇西县、成县、安定区、金塔县、武都区、两当县、民乐县、崇信县、正宁县、庄浪县、临洮县、宁县、迭部县、甘谷县、临夏县、华池县、庆城县、灵台县、永昌县、泾川县、景泰县、瓜州县、镇原县、清水县、文县、通渭县、永靖县、张家川、岷县、靖远县、合水县、康县、武山县、会宁县、和政县、渭源县、碌曲县、康乐县、古浪县、礼县、合作市、秦安县、卓尼县、兵曲县、临潭县、漳县、广河县、西和县、宕昌县、积石山、玛曲县、东乡县、夏河县；处于绝对劣势的县（市、区）也为0个（见表2）。

2. 结果分析

（1）从2016年甘肃省县域竞争力综合得分来看（见表1），均值为

69.57，县域竞争力整体处于一般劣势；极差为 7.87，在最大赋值范围内偏离 31.48%，反映出研究县域范围内县域竞争力得分最高县域与得分最低县域存在较大差异，发展相对不均衡；同时，方差为 1.97，标准差为 1.41，反映出研究县域范围内县域竞争力整体差异不大。结合均值、极差、方差及标准差，2016 年甘肃省县域竞争力整体在较低水平，存在一定不均衡性。

（2）从 2016 年甘肃省县域竞争力水平归类分布来看（见表 2），绝对优势、一般优势、绝对劣势均为 0 个，中势 24 个，一般劣势 53 个。其中，相对竞争力水平较好的 24 个县（市、区），除环县、榆中县、静宁县、华亭县、徽县为河东地区，其余均为市（州）所在地或河西地区及兰州市周边县（市）。所以，2016 年甘肃省县域竞争力分布与行政区域分布有较大相关性；随着这几年扶贫开发力度加大，贫困县县域竞争力有上升趋势。

（3）就 2016 年甘肃省县域竞争力 8 个一级指标而言（见表 1），从均值来看，生活环境竞争力均值 76.25，处于一般优势；基础设施竞争力均值 72.73、社会保障竞争力均值 71.84、社会结构竞争力均值 70.97，处于中势；产业发展竞争力均值 68.98、科学教育竞争力均值 67.51、宏观经济竞争力均值 65.76，处于一般劣势；公共服务竞争力均值 64.15，处于绝对劣势。从极差、方差、标准差来看，所研究县域内，社会结构、宏观经济、基础设施、社会保障、公共服务均存在较大差异，科学教育、生活环境、产业发展存在一定差异。所以，2016 年甘肃省县域竞争力研究区域内各县域要素投入方面存在较大差异。

（4）从排序变动来看，排序上升的有 35 个县（市、区），静宁县上升 21 个位次、安定区上升 18 个位次、张家川上升 13 个位次、迭部县上升 11 个位次；排序未变的有 9 个县（市、区）；排序下降的有 31 个县（市、区），永昌县下降 12 个位次、康县下降 12 个位次、庆城县下降 17 个位次、合水县下降 17 个位次、瓜州县下降 19 个位次（见表 1）。

表1 2016年甘肃省县域竞争力评价

县（市、区）	2016年综合排序	2015年综合排序	排序变化	综合得分	宏观经济得分	产业发展得分	基础设施得分	社会保障得分	公共服务得分	生活环境得分	社会结构得分	科学教育得分
凉州区	1	1	0	74.54	77.83	77.73	75.99	73.32	66.54	76.65	80.35	67.47
西峰区	2	2	0	72.98	73.96	73.36	77.93	73.69	66.65	78.22	74.18	66.15
甘州区	3	3	0	72.32	72.43	71.59	76.53	74.08	66.86	76.83	75.75	65.89
肃州区	4	4	0	72.26	75.69	71.38	77.09	70.09	68.26	75.92	75.55	64.35
肃北县	5	9	4	71.65	68.28	68.00	75.57	77.77	75.71	70.90	69.20	70.07
麦积区	6	7	1	71.51	71.04	72.47	74.08	72.51	63.75	77.50	74.57	66.91
崆峒区	7	6	-1	71.34	71.56	71.31	74.14	71.66	66.54	75.75	75.80	65.45
敦煌市	8	8	0	71.21	71.60	71.51	74.37	75.36	65.62	76.08	71.87	64.62
肃南县	9	14	5	71.18	64.90	68.67	74.79	71.76	72.09	78.63	69.38	71.61
临夏市	10	5	-5	71.06	67.46	71.42	76.75	67.30	64.49	76.34	79.89	66.12
天祝县	11	18	7	71.02	65.80	70.57	74.15	72.35	65.79	79.31	70.28	71.10
阿克塞	12	12	0	70.89	68.16	68.27	77.41	69.89	77.37	70.35	71.25	66.20
民勤县	13	13	0	70.83	67.37	70.03	74.79	76.41	64.58	77.07	67.25	69.83
山丹县	14	11	-3	70.77	65.07	68.52	77.40	75.45	65.73	77.66	75.19	64.78
环 县	15	17	2	70.76	69.87	70.82	69.09	70.87	63.39	74.52	73.34	73.88
临泽县	16	15	-1	70.74	65.25	68.58	78.05	73.10	65.19	76.98	73.39	67.28
榆中县	17	25	8	70.63	67.78	71.81	70.92	74.99	63.72	75.08	71.98	69.87
玉门市	18	10	-8	70.61	71.28	69.54	75.13	71.85	64.76	75.03	71.61	65.93
永登县	19	22	3	70.53	66.38	73.50	71.66	72.49	62.73	75.13	76.44	67.48
皋兰县	20	23	3	70.53	65.17	72.79	76.63	69.97	62.41	72.60	73.37	70.02

续表

县（市、区）	2016年综合排序	2015年综合排序	排序变化	综合得分	2016年县域竞争力								
					宏观经济得分	产业发展得分	基础设施得分	社会保障得分	公共服务得分	生活环境得分	社会结构得分	科学教育得分
高台县	21	16	-5	70.47	65.28	68.52	75.89	73.50	66.24	76.69	72.27	67.63
静宁县	22	43	21	70.12	65.15	67.62	75.65	72.63	64.55	75.79	69.92	70.43
华亭县	23	21	-2	70.11	66.67	67.82	75.09	67.16	67.11	77.47	75.00	66.67
徽　县	24	28	4	70.03	64.49	68.56	72.86	74.27	64.24	78.75	73.89	66.85
陇西县	25	29	4	69.90	66.34	68.75	71.88	72.39	64.52	76.36	71.57	69.13
成　县	26	20	-6	69.87	65.08	69.41	72.63	74.67	65.85	75.40	71.93	66.76
安定区	27	45	18	69.86	67.97	70.33	70.11	71.17	63.01	78.36	71.24	68.12
金塔县	28	26	-2	69.83	66.55	69.18	75.47	75.66	64.24	75.53	69.42	64.46
武都区	29	19	-10	69.83	68.34	70.18	69.21	71.40	61.96	77.11	77.21	65.99
两当县	30	36	6	69.80	62.50	66.99	74.83	75.94	65.28	77.42	69.23	69.15
民乐县	31	32	1	69.73	64.71	68.84	77.62	73.25	63.57	76.36	69.99	64.90
崇信县	32	35	3	69.72	64.35	66.95	73.95	74.28	64.60	77.55	72.72	66.82
正宁县	33	41	8	69.71	65.00	67.44	75.68	73.28	61.81	77.87	71.13	67.20
庄浪县	34	39	5	69.64	64.34	67.16	74.77	73.54	64.37	74.94	72.94	67.45
临洮县	35	40	5	69.63	66.05	69.39	73.07	73.09	62.72	76.84	70.45	66.94
宁　县	36	30	-6	69.50	66.15	69.90	72.37	73.57	61.10	73.21	72.60	67.90
迭部县	37	48	11	69.44	62.90	66.78	75.31	70.68	65.43	77.35	68.82	69.73
甘谷县	38	37	-1	69.43	65.93	68.06	71.83	71.85	62.66	75.67	74.53	67.28
临夏县	39	46	7	69.41	62.97	70.06	73.76	69.76	62.30	76.61	74.72	67.01
华池县	40	33	-7	69.40	65.26	69.65	70.33	71.64	64.44	80.46	64.92	69.78

续表

县（市、区）	2016年综合排序	2015年综合排序	排序变化	综合得分	2016年县域竞争力								
					宏观经济得分	产业发展得分	基础设施得分	社会保障得分	公共服务得分	生活环境得分	社会结构得分	科学教育得分
庆城县	41	24	-17	69.31	66.86	70.58	70.08	73.83	62.50	76.05	69.90	66.39
灵台县	42	42	0	69.29	63.64	66.86	71.82	74.62	63.87	78.80	70.70	67.62
永昌县	43	31	-12	69.29	66.35	68.93	74.76	71.55	63.91	76.39	70.83	63.43
泾川县	44	34	-10	69.25	64.85	67.45	72.56	71.52	63.56	78.77	71.29	66.73
景泰县	45	49	4	69.24	65.07	67.69	76.60	71.27	61.62	73.47	68.73	68.88
瓜州县	46	27	-19	69.24	69.00	68.60	75.63	73.53	64.82	69.79	67.54	64.55
镇原县	47	52	5	69.21	66.21	69.19	71.05	72.31	62.24	73.15	72.74	67.99
清水县	48	51	3	69.17	64.12	68.07	73.58	72.65	61.96	76.25	68.55	69.09
文　县	49	47	-2	69.10	63.78	68.47	69.85	70.10	60.37	78.71	69.74	72.64
通渭县	50	55	5	69.08	63.66	68.90	69.60	71.09	63.50	76.00	70.75	70.79
永靖县	51	50	-1	69.05	64.07	69.23	70.89	70.69	64.85	75.22	70.17	68.86
张家川县	52	65	13	69.03	63.28	68.11	74.76	68.99	63.05	76.42	70.70	67.95
岷　县	53	57	4	69.00	64.12	67.76	72.84	70.69	62.91	77.13	68.86	68.86
靖远县	54	54	0	68.94	65.58	67.80	71.69	72.72	63.90	74.99	67.80	68.23
合水县	55	38	-17	68.87	64.91	68.51	73.17	72.99	63.03	76.57	69.04	64.82
康　县	56	44	-12	68.83	63.55	68.02	69.52	73.69	64.29	79.82	67.64	67.45
武山县	57	53	-4	68.79	64.66	67.39	71.14	72.29	62.44	76.54	71.48	66.88
会宁县	58	59	1	68.78	65.25	68.24	66.23	70.91	63.98	79.59	68.87	69.89
和政县	59	62	3	68.57	62.62	70.37	71.84	67.26	61.38	75.67	74.15	66.67
渭源县	60	61	1	68.56	63.36	67.70	71.41	72.73	63.02	77.29	67.02	67.88
碌曲县	61	58	-3	68.47	62.85	67.16	69.56	72.32	69.15	78.61	62.47	68.55

续表

县(市、区)	2016年综合排序	2015年综合排序	排序变化	综合得分	2016年县域竞争力							
					宏观经济得分	产业发展得分	基础设施得分	社会保障得分	公共服务得分	生活环境得分	社会结构得分	科学教育得分
康乐县	62	67	5	68.41	62.50	69.66	71.65	71.57	62.15	77.35	67.22	66.74
古浪县	63	70	7	68.40	64.75	67.99	70.80	69.01	62.65	76.83	69.18	67.33
礼县	64	56	−8	68.40	64.02	68.34	64.39	73.03	61.34	77.22	71.92	70.24
合作市	65	63	−2	68.33	65.26	68.87	71.92	68.98	62.09	77.00	68.04	65.38
秦安县	66	68	2	68.25	65.44	68.07	70.31	72.18	62.14	71.57	69.95	67.31
卓尼县	67	73	6	68.23	62.77	65.98	71.37	69.94	64.52	78.29	64.31	70.02
舟曲县	68	60	−8	68.22	62.67	66.28	68.68	71.42	63.99	79.02	72.34	65.97
临潭县	69	66	−3	68.21	62.78	66.87	71.09	69.50	63.52	77.07	67.61	68.85
漳县	70	64	−6	68.12	62.99	68.75	70.72	70.98	61.19	74.14	73.89	64.84
广河县	71	72	1	68.01	62.82	69.00	74.46	67.80	61.09	75.28	69.27	64.85
西和县	72	69	−3	67.76	63.26	68.12	70.01	68.43	61.12	76.44	70.39	66.09
宕昌县	73	71	−2	67.49	62.97	68.02	69.66	70.82	62.07	72.23	68.97	66.57
积石山	74	77	3	67.03	62.29	68.82	68.63	63.80	61.68	73.56	69.88	67.83
玛曲县	75	76	1	66.74	63.08	63.51	69.07	71.71	65.28	79.58	61.87	63.64
东乡县	76	74	−2	66.70	62.10	69.39	68.02	65.16	60.57	71.29	69.41	67.51
夏河县	77	75	−2	66.67	62.94	65.35	66.42	70.59	61.96	77.00	66.01	66.05
均值				69.57	65.76	68.98	72.73	71.84	64.15	76.25	70.97	67.51
极差				7.87	15.73	14.22	13.66	13.98	17.00	10.67	18.48	10.46
方差				1.97	9.96	4.15	8.99	6.02	8.31	4.93	11.46	4.30
标准差				1.41	3.16	2.04	3.00	2.45	2.88	2.22	3.38	2.07

资料来源：根据《甘肃发展年鉴》（2016）和甘肃省统计局提供的数据处理所得。

表2 2016年甘肃省县域竞争力水平归类分布一览

评价标准	县域名称	个数
绝对优势	—	0
一般优势	—	0
中势	凉州区、西峰区、甘州区、肃州区、肃北县、麦积区、崆峒区、敦煌市、肃南县、临夏市、天祝县、阿克塞、民勤县、山丹县、环县、临泽县、榆中县、玉门市、永登县、皋兰县、高台县、静宁县、华亭县、徽县	24
一般劣势	陇西县、成县、安定区、金塔县、武都区、两当县、民乐县、崇信县、正宁县、庄浪县、临洮县、宁县、迭部县、甘谷县、临夏县、华池县、庆城县、灵台县、永昌县、泾川县、景泰县、瓜州县、镇原县、清水县、文县、通渭县、永靖县、张家川、岷县、靖远县、合水县、康县、武山县、会宁县、和政县、渭源县、碌曲县、康乐县、古浪县、礼县、合作市、秦安县、卓尼县、舟曲县、临潭县、漳县、广河县、西和县、宕昌县、积石山、玛曲县、东乡县、夏河县	53
绝对劣势	—	0

（二）甘肃省市（州）县域竞争力综合评价结果

1.评价结果

2016年甘肃省13个市（州）（不含嘉峪关市）县域竞争力综合评价情况如表3所示。

2016年甘肃省13个市（州）（不含嘉峪关市）县域竞争力综合得分：武威市71.20、张掖市70.87、酒泉市70.81、兰州市（不含5区）70.56，处于中势；庆阳市69.97、平凉市69.93、天水市（不含秦州区）69.36、金昌市（不含金川区）69.29、定西市69.16、陇南市69.01、白银市（不含白银区、平川区）68.99、临夏州68.53、甘南州68.04，处于一般劣势；13个市（州）（不含嘉峪关市）县域竞争力综合得分均无处于绝对优势、一般优势、绝对劣势的情况（见表4）。

2.结果分析

（1）从13个市（州）（不含嘉峪关市）总体来看，均值为69.67，与77个县（市、区）结果一致，均处在一般劣势；极差、方差、标准差明显缩小，说明在13个市（州）（不含嘉峪关市）之间总体差异不大，结合77

表3 2016年甘肃省13个市（州）县域竞争力评价

市（州）	2016年综合排序	2015年综合排序	排序变化	综合得分	2016年县域竞争力								
					宏观经济得分	产业发展得分	基础设施得分	社会保障得分	公共服务得分	生活环境得分	社会结构得分	科学教育得分	
武威市	1	3	2	71.20	68.94	71.58	73.93	72.77	64.89	77.46	71.76	68.93
张掖市	2	2	0	70.87	66.27	69.12	76.71	73.52	66.61	77.19	72.66	67.02
酒泉市	3	1	-2	70.81	70.08	69.50	75.81	73.45	68.68	73.37	70.92	65.74
兰州市（不含5区）	4	5	1	70.56	66.44	72.70	73.07	72.48	62.95	74.27	73.93	69.12
庆阳市	5	4	-1	69.97	67.28	69.93	72.46	72.77	63.14	76.26	70.98	68.01
平凉市	6	6	0	69.93	65.80	67.88	74.00	72.20	64.94	77.01	72.62	67.31
天水市（不含秦州区）	7	9	2	69.36	65.74	68.69	72.62	71.74	62.67	75.66	71.63	67.57
金昌市（不含金川区）	8	7	-1	69.29	66.35	68.93	74.76	71.55	63.91	76.39	70.83	63.43
定西市	9	10	1	69.16	64.93	68.80	71.37	71.74	62.98	76.59	70.54	68.08
陇南市	10	8	-2	69.01	64.22	68.46	70.33	72.48	62.95	77.01	71.21	67.97
白银市（不含白银区，平川区）	11	11	0	68.99	65.30	67.91	71.50	71.63	63.16	76.02	68.47	69.00
临夏州	12	12	0	68.53	63.36	69.74	72.00	67.92	62.31	75.17	71.84	66.95
甘南州	13	13	0	68.04	63.16	66.35	70.43	70.64	64.49	77.99	66.43	67.27
均值				69.67	65.99	69.20	73.00	71.92	64.13	76.18	71.06	67.42
极差				3.16	6.92	6.35	6.39	5.60	6.37	4.62	7.50	5.70
方差				0.95	3.94	2.62	3.89	2.08	3.31	1.70	3.60	2.33
标准差				0.97	1.99	1.62	1.97	1.44	1.82	1.30	1.90	1.53

注：不包含嘉峪关市。
资料来源：根据《甘肃发展年鉴》（2016）和甘肃省统计局提供的数据处理得出。

个县（市、区）的评价结果，反映出各市（州）所辖县域之间存在较大差异，各市（州）所辖县域之间发展不均衡（见表3）。

（2）从13个市（州）（不含嘉峪关市）县域竞争力8个一级指标极差、方差、标准差来看，与77个县（市、区）相比较明显缩小，但仍然存在一定差异，要素配置不均衡；同时结合77个县（市、区）评价结果，也说明各市（州）所辖县域之间存在较大差异，各市（州）所辖县域之间要素配置不均衡（见表3）。

（3）从排序变动来看，排序上升的有4个市（州），排序未变的有5个市（州），排序下降的有4个市（州）（见表3）。

表4　2016年甘肃省13市（州）县域竞争力水平归类分布一览

评价标准	市(州)名称	个数
绝对优势	—	0
一般优势	—	0
中势	武威市、张掖市、酒泉市、兰州市(不含5区)	4
一般劣势	庆阳市、平凉市、天水市(不含秦州区)、金昌市(不含金川区)、定西市、陇南市、白银市(不含白银区、平川区)、临夏州、甘南州	9
绝对劣势	—	0

注：不包含嘉峪关市。

二　甘肃省县域竞争力子系统评价分析

（一）甘肃省县域宏观经济竞争力子系统评价分析

1. 甘肃省县域宏观经济竞争力子系统评价结果

（1）评价结果

通过对经济均量、经济总量、金融资本3个二级指标进行计算和分析，2016年甘肃省77个县（市、区）县域宏观经济竞争力评价情况如表5所示。

　　根据2016年甘肃省县域宏观经济竞争力得分，甘肃省77个县（市、区）处于绝对优势的县（市、区）为0个。处于一般优势的县（市、区）也有2个：凉州区、肃州区。处于中势的县（市、区）有6个：西峰区、甘州区、敦煌市、崆峒区、玉门市、麦积区。处于一般劣势的县（市、区）有33个：环县、瓜州县、武都区、肃北县、阿克塞、安定区、榆中县、临夏市、民勤县、庆城县、华亭县、金塔县、永登县、永昌县、陇西县、镇原县、宁县、临洮县、甘谷县、天祝县、靖远县、秦安县、高台县、合作市、华池县、会宁县、临泽县、皋兰县、静宁县、成县、景泰县、山丹县、正宁县。处于绝对劣势的县（市、区）有36个：合水县、肃南县、泾川县、古浪县、民乐县、武山县、徽县、崇信县、庄浪县、岷县、清水县、永靖县、礼县、文县、通渭县、灵台县、康县、渭源县、张家川、西和县、玛曲县、漳县、宕昌县、临夏县、夏河县、迭部县、碌曲县、广河县、临潭县、卓尼县、舟曲县、和政县、两当县、康乐县、积石山、东乡县（见表6）。

　　（2）结果分析

　　2016年甘肃省县域宏观经济竞争力77个县（市、区）得分均值为66.76，处于一般劣势，其极差、方差、标准差均相对较大，差异性较大，77个县（市、区）之间发展很不均衡；经济均量均值为70.58，处于中势；金融资本均值为64.60、经济总量均值为63.85，处于绝对劣势；从3个二级指标的极差、方差、标准差来看，都存在较大差异，在77个县（市、区）之间，3个要素配置严重失衡（见表5）。

　　从77个县（市、区）宏观经济竞争力水平归类分布来看，行政区域分布特征明显；市（州）所在贫困县域宏观经济竞争力提升较快，其他贫困县宏观经济竞争力提升相对较慢（见表6）。

　　从排序变化来看，排序上升的为27个县（市、区），其中上升较快的为：合作市、环县、阿克塞。排序较变的为23个县（市、区）；排序下降的为25个县（市、区），其中下降较快的为：临夏市、徽县、高台县、华池县（见表5）。

表5 2016年甘肃省县域宏观经济竞争力评价

县（市、区）	2016年排序	2015年排序	排序变化	得分	宏观经济竞争力		
					经济均量	经济总量	金融资本
凉州区	1	1	0	77.83	72.23	80.25	78.89
肃州区	2	2	0	75.69	76.22	73.12	79.09
西峰区	3	3	0	73.96	73.78	72.05	76.97
甘州区	4	4	0	72.43	72.69	73.91	70.00
敦煌市	5	5	0	71.60	79.96	67.75	70.42
崆峒区	6	6	0	71.56	71.75	71.45	71.56
玉门市	7	8	1	71.28	78.13	67.04	71.94
麦积区	8	7	-1	71.04	70.92	73.24	67.83
环 县	9	17	8	69.87	72.35	71.08	65.98
瓜州县	10	9	-1	69.00	76.99	64.56	69.00
武都区	11	12	1	68.34	69.10	67.21	69.40
肃北县	12	10	-2	68.28	90.02	60.58	61.71
阿克塞	13	19	6	68.16	91.09	60.42	60.64
安定区	14	14	0	67.97	69.55	65.90	69.77
榆中县	15	15	0	67.78	68.94	66.77	68.34
临夏市	16	11	-5	67.46	70.90	67.55	64.46
民勤县	17	13	-4	67.37	71.30	65.06	67.55
庆城县	18	16	-2	66.86	71.36	65.59	65.01
华亭县	19	21	2	66.67	72.51	63.64	66.36
金塔县	20	24	4	66.55	74.61	63.63	64.21
永登县	21	23	2	66.38	68.43	65.86	65.46
永昌县	22	22	0	66.35	71.98	64.50	64.45
陇西县	23	20	-3	66.34	68.77	64.83	66.59
镇原县	24	28	4	66.21	69.50	64.16	66.55
宁 县	25	27	2	66.15	69.92	64.72	65.15
临洮县	26	26	0	66.05	68.50	64.18	66.80
甘谷县	27	31	4	65.93	68.76	64.99	64.97
天祝县	28	29	1	65.80	70.71	64.24	64.06
靖远县	29	33	4	65.58	69.15	64.46	64.31
秦安县	30	30	0	65.44	68.76	64.76	63.69
高台县	31	25	-6	65.28	71.96	63.78	61.97
合作市	32	50	18	65.26	72.42	62.45	63.51
华池县	33	18	-15	65.26	72.55	63.44	61.92

续表

县（市、区）	2016 年排序	2015 年排序	排序变化	得分	宏观经济竞争力		
					经济均量	经济总量	金融资本
会宁县	34	37	3	65.25	67.30	64.12	65.24
临泽县	35	32	−3	65.25	71.75	62.97	63.25
皋兰县	36	35	−1	65.17	69.69	63.51	63.90
静宁县	37	38	1	65.15	68.64	63.75	64.34
成 县	38	34	−4	65.08	69.24	63.14	64.51
景泰县	39	41	2	65.07	70.34	63.40	63.20
山丹县	40	36	−4	65.07	71.01	63.31	62.75
正宁县	41	45	4	65.00	70.11	61.98	65.27
合水县	42	39	−3	64.91	70.78	62.50	63.61
肃南县	43	40	−3	64.90	76.06	61.35	60.92
泾川县	44	42	−2	64.85	69.31	63.32	63.44
古浪县	45	47	2	64.75	68.22	63.24	64.13
民乐县	46	46	0	64.71	69.88	63.27	62.54
武山县	47	44	−3	64.66	68.67	63.55	62.99
徽 县	48	43	−5	64.49	69.04	62.27	64.01
崇信县	49	48	−1	64.35	71.93	61.51	62.31
庄浪县	50	51	1	64.34	68.57	62.63	63.40
岷 县	51	53	2	64.12	67.75	62.10	64.14
清水县	52	55	3	64.12	68.39	62.18	63.48
永靖县	53	49	−4	64.07	68.27	62.22	63.36
礼 县	54	52	−2	64.02	67.44	62.17	63.94
文 县	55	54	−1	63.78	67.99	61.39	63.87
通渭县	56	56	0	63.66	67.53	61.84	63.18
灵台县	57	57	0	63.64	68.44	61.75	62.46
康 县	58	58	0	63.55	68.05	60.95	63.70
渭源县	59	60	1	63.36	67.83	61.44	62.52
张家川	60	62	2	63.28	67.80	61.32	62.44
西和县	61	59	−2	63.26	67.38	61.44	62.56
玛曲县	62	65	3	63.08	70.75	60.59	60.43
漳 县	63	64	1	62.99	67.94	60.90	62.01
宕昌县	64	61	−3	62.97	67.54	61.16	61.89
临夏县	65	63	−2	62.97	67.14	61.66	61.47

续表

县(市、区)	2016年排序	2015年排序	排序变化	得分	宏观经济竞争力		
					经济均量	经济总量	金融资本
夏河县	66	66	0	62.94	69.37	60.71	60.94
迭部县	67	67	0	62.90	69.51	60.30	61.28
碌曲县	68	71	3	62.85	70.63	60.16	60.39
广河县	69	69	0	62.82	67.19	61.04	61.85
临潭县	70	70	0	62.78	68.18	60.57	61.58
卓尼县	71	68	−3	62.77	68.67	60.46	61.31
舟曲县	72	72	0	62.67	68.11	60.44	61.47
和政县	73	73	0	62.62	67.07	60.63	61.90
两当县	74	76	2	62.50	68.93	60.05	60.82
康乐县	75	75	0	62.50	67.08	60.90	61.08
积石山	76	74	−2	62.29	66.85	60.85	60.67
东乡县	77	77	0	62.10	66.37	60.42	61.08
均　值				65.76	70.58	63.85	64.60
极　差				15.73	24.72	20.20	18.71
方　差				9.96	17.96	13.99	15.00
标准差				3.16	4.24	3.74	3.87

数据来源：根据《甘肃发展年鉴》(2016)和甘肃省统计局提供的数据处理得出。

表6　2016年甘肃省县域宏观经济竞争力水平归类分布一览

评价标准	县域名称	个数
绝对优势	—	0
一般优势	凉州区、肃州区	2
中势	西峰区、甘州区、敦煌市、崆峒区、玉门市、麦积区	6
一般劣势	环县、瓜州县、武都区、肃北县、阿克塞、安定区、榆中县、临夏市、民勤县、庆城县、华亭县、金塔县、永登县、永昌县、陇西县、镇原县、宁县、临洮县、甘谷县、天祝县、靖远县、秦安县、高台县、合作市、华池县、会宁县、临泽县、皋兰县、静宁县、成县、景泰县、山丹县、正宁县	33
绝对劣势	合水县、肃南县、泾川县、古浪县、民乐县、武山县、徽县、崇信县、庄浪县、岷县、清水县、永靖县、礼县、文县、通渭县、灵台县、康县、渭源县、张家川、西和县、玛曲县、漳县、宕昌县、临夏县、夏河县、迭部县、碌曲县、广河县、临潭县、卓尼县、舟曲县、和政县、两当县、康乐县、积石山、东乡县	36

2. 甘肃省市（州）县域宏观经济竞争力子系统评价分析

（1）评价结果

2016年甘肃省13个市（州）（不含嘉峪关市）县域宏观经济竞争力综合评价情况如表7所示。

2016年甘肃省13个市（州）（不含嘉峪关市）县域宏观经济竞争力得分：酒泉市70.08，处于中势；武威市68.94、庆阳市67.28、兰州市（不含5区）66.44、金昌市（不含金川区）66.35、张掖市66.27、平凉市65.80、天水市（不含秦州区）65.74、白银市（不含白银区、平川区）65.30，处于一般劣势；定西市64.93、陇南市64.22、临夏州63.36、甘南州63.16，处于绝对劣势；13个市（州）（不含嘉峪关市）县域宏观经济竞争力得分均无处于绝对优势、一般优势的情况（见表8）。

（2）结果分析

从13个市（州）（不含嘉峪关市）宏观经济竞争力总体来看，均值为65.99，与77个县（市、区）结果一致，均处在一般劣势；经济总量均值为70.61，处于中势；金融资本均值为64.81、经济均量均值为64.21，处于绝对劣势；极差、方差、标准差明显缩小，仍然相对较大，说明在13个市（州）（不含嘉峪关市）之间存在一定差异，结合77个县（市、区）的评价结果，反映出各市（州）所辖县域之间存在较大差异，各市（州）所辖县域之间发展不均衡（见表7）。

从13个市（州）（不含嘉峪关市）县域宏观经济竞争力3个二级指标极差、方差、标准差来看，与77个县（市、区）相比较明显缩小，但仍然存在较大差异，要素配置很不均衡；同时结合77个县（市、区）评价结果，也说明各市（州）所辖县域之间存在较大差异，各市（州）所辖县域之间要素配置很不均衡（见表7）。

从排序变化来看，排序上升的有2个市（州）：兰州市（不含5区）、平凉市。排序未变的有9个市（州）；排序下降的有2个市（州）：张掖市、天水市（不含秦州区）（见表7）。

表7 2016 年甘肃省13 个市（州）县域宏观经济竞争力评价

市（州）	2016 年排序	2015 年排序	排序变化	得分	宏观经济竞争力		
					经济均量	经济总量	金融资本
酒泉市	1	1	0	70.08	81.00	65.30	68.14
武威市	2	2	0	68.94	70.61	68.20	68.66
庆阳市	3	3	0	67.28	71.29	65.69	66.31
兰州市（不含5 区）	4	6	2	66.44	69.02	65.38	65.90
金昌市（不含金川区）	5	5	0	66.35	71.98	64.50	64.45
张掖市	6	4	-2	66.27	72.23	64.77	63.57
平凉市	7	8	1	65.80	70.17	64.01	64.84
天水市（不含秦州区）	8	7	-1	65.74	68.88	65.01	64.23
白银市（不含白银区、平川区）	9	9	0	65.30	68.93	63.99	64.25
定西市	10	10	0	64.93	68.27	63.03	65.00
陇南市	11	11	0	64.22	68.30	62.20	63.86
临夏州	12	12	0	63.36	67.61	61.91	61.98
甘南州	13	13	0	63.16	69.71	60.71	61.37
均　值				65.99	70.61	64.21	64.81
极　差				6.92	13.40	7.49	7.29
方　差				3.94	11.85	3.73	4.37
标准差				1.99	3.44	1.93	2.09

资料来源：根据《甘肃发展年鉴》（2016）和甘肃省统计局提供的数据处理得出。

表8 2016 年甘肃省13 个市（州）县域宏观经济竞争力水平归类分布一览

评价标准	市（州）名称	个数
绝对优势	—	0
一般优势	—	0
中势	酒泉市	1
一般劣势	武威市、庆阳市、兰州市（不含5 区）、金昌市（不含金川区）、张掖市、平凉市、天水市（不含秦州区）、白银市（不含白银区、平川区）	8
绝对劣势	定西市、陇南市、临夏州、甘南州	4

注：不含嘉峪关市。

（二）甘肃省县域产业发展竞争力子系统评价分析

1. 甘肃省县域产业发展竞争力子系统评价结果

（1）评价结果

通过对产业总量、产业结构、产业效率3个二级指标进行计算和分析，2016年甘肃省77个县（市、区）县域产业发展争力评价情况如表9所示。

根据2016年甘肃省县域产业发展竞争力得分，甘肃省77个县（市、区）处于绝对优势和一般优势的县（市、区）有1个：凉州区。处于中势的县（市、区）有18个：永登县、西峰区、皋兰县、麦积区、榆中县、甘州区、敦煌市、临夏市、肃州区、崆峒区、环县、庆城县、天祝县、和政县、安定区、武都区、临夏县、民勤县。处于一般劣势的县（市、区）有57个：宁县、康乐县、华池县、玉门市、成县、东乡县、临洮县、永靖县、镇原县、金塔县、广河县、永昌县、通渭县、合作市、民乐县、积石山、漳县、陇西县、肃南县、瓜州县、临泽县、徽县、山丹县、高台县、合水县、文县、礼县、阿克塞、会宁县、西和县、张家川、清水县、秦安县、甘谷县、宕昌县、康县、肃北县、古浪县、华亭县、靖远县、岷县、渭源县、景泰县、静宁县、泾川县、正宁县、武山县、碌曲县、庄浪县、两当县、崇信县、临潭县、灵台县、迭部县、舟曲县、卓尼县、夏河县。处于绝对劣势的县（市、区）有1个：玛曲县（见表10）。

（2）结果分析

2016年甘肃省县域产业发展竞争力77个县（市、区）得分均值为68.98，处于一般劣势，其极差、方差、标准差均相对较大，存在一定差异，77个县（市、区）之间发展相对不均衡；产业效率均值为74.68、产业结构均值为70.17，处于中势，产业总量均值为63.81，处于绝对劣势；从3个二级指标的极差、方差、标准差来看，产业总量和产业效率都存在较大差异，在77个县（市、区）之间，这2个要素配置严重失衡，产业结构相对配置较均衡（见表9）。

从77个县（市、区）产业发展竞争力水平归类分布来看，行政区域分布特征明显；市（州）所在贫困县域产业发展竞争力提升较快，其他贫困县宏观经济竞争力提升相对较慢（见表10）。

从排序变化来看，排序上升的为36个县（市、区），其中上升较快的为：康乐县、积石山、和政县、肃南县、临夏县、东乡县、永靖县。排序未变的为3个县（市、区）。排序下降的为36个县（市、区），其中下降较快的为：宕昌县、西和县、肃北县、合水县、永昌县、华池县（见表9）。

表9 2016年甘肃省县域产业发展竞争力评价

县（市、区）	2016年排序	2015年排序	排序变化	得分	产业发展竞争力		
					产业总量	产业结构	产业效率
凉州区	1	1	0	77.73	85.00	70.39	75.37
永登县	2	4	2	73.50	71.38	72.40	77.44
西峰区	3	3	0	73.36	76.43	73.23	69.40
皋兰县	4	5	1	72.79	66.06	71.70	82.85
麦积区	5	2	−3	72.47	72.39	72.90	72.13
榆中县	6	18	12	71.81	66.93	71.20	78.92
甘州区	7	8	1	71.59	71.88	70.40	72.39
敦煌市	8	16	8	71.51	67.73	72.04	76.01
临夏市	9	7	−2	71.42	64.55	73.87	78.12
肃州区	10	11	1	71.38	70.94	71.50	71.86
崆峒区	11	12	1	71.31	69.18	71.90	73.57
环县	12	14	2	70.82	64.52	72.08	77.96
庆城县	13	9	−4	70.58	65.63	71.77	76.01
天祝县	14	25	11	70.57	64.19	71.50	78.16
和政县	15	41	26	70.37	60.66	69.80	83.89
安定区	16	20	4	70.33	65.98	71.44	75.03
武都区	17	10	−7	70.18	65.70	71.55	74.79
临夏县	18	39	21	70.06	61.83	70.68	80.43
民勤县	19	29	10	70.03	64.87	68.23	78.70
宁县	20	26	6	69.90	63.63	69.78	78.39
康乐县	21	61	40	69.66	60.81	70.08	81.03
华池县	22	6	−16	69.65	64.32	72.50	73.88
玉门市	23	17	−6	69.54	71.82	72.51	63.54
成县	24	13	−11	69.41	64.24	71.07	74.64

续表

县（市、区）	2016年排序	2015年排序	排序变化	得分	产业发展竞争力		
					产业总量	产业结构	产业效率
东乡县	25	44	19	69.39	60.73	69.73	80.62
临洮县	26	37	11	69.39	63.92	70.12	75.96
永靖县	27	42	15	69.23	62.61	71.11	76.19
镇原县	28	32	4	69.19	62.78	69.07	77.85
金塔县	29	28	−1	69.18	64.43	69.65	75.06
广河县	30	40	10	69.00	61.02	71.72	76.90
永昌县	31	15	−16	68.93	65.61	70.17	72.12
通渭县	32	45	13	68.90	61.85	70.11	77.08
合作市	33	23	−10	68.87	62.41	73.75	72.60
民乐县	34	43	9	68.84	64.00	68.44	75.71
积石山	35	74	39	68.82	60.44	70.06	78.74
漳县	36	30	−6	68.75	60.96	69.28	78.60
陇西县	37	34	−3	68.75	64.36	70.22	73.11
肃南县	38	60	22	68.67	62.83	70.97	74.16
瓜州县	39	49	10	68.60	65.12	71.09	70.77
临泽县	40	38	−2	68.58	63.90	68.68	74.74
徽县	41	47	6	68.56	62.92	69.61	75.04
山丹县	42	36	−6	68.52	62.84	69.97	74.66
高台县	43	31	−12	68.52	63.38	68.39	75.51
合水县	44	21	−23	68.51	62.55	70.78	74.20
文县	45	33	−12	68.47	61.76	70.31	75.59
礼县	46	51	5	68.34	61.67	69.24	76.35
阿克塞	47	56	9	68.27	61.42	73.44	72.23
会宁县	48	35	−13	68.24	63.63	69.09	73.54
西和县	49	19	−30	68.12	61.49	70.70	74.39
张家川	50	48	−2	68.11	61.26	70.29	75.06
清水县	51	50	−1	68.07	61.97	69.67	74.62
秦安县	52	57	5	68.07	62.62	69.08	74.32
甘谷县	53	59	6	68.06	63.56	69.06	73.05
宕昌县	54	24	−30	68.02	61.13	70.11	75.12
康县	55	22	−33	68.02	61.32	70.04	74.93
肃北县	56	27	−29	68.00	61.94	73.65	70.44
古浪县	57	53	−4	67.99	63.15	68.32	74.12

县（市、区）	2016年排序	2015年排序	排序变化	得分	产业发展竞争力		
					产业总量	产业结构	产业效率
华亭县	58	52	−6	67.82	63.49	70.52	70.88
靖远县	59	46	−13	67.80	63.40	67.88	73.58
岷　县	60	58	−2	67.76	61.80	69.03	74.45
渭源县	61	65	4	67.70	61.16	68.22	75.90
景泰县	62	54	−8	67.69	63.23	70.28	71.03
静宁县	63	63	0	67.62	62.04	67.11	75.57
泾川县	64	62	−2	67.45	61.99	66.80	75.38
正宁县	65	73	8	67.44	60.92	67.98	75.60
武山县	66	70	4	67.39	62.38	67.22	74.24
碌曲县	67	55	−12	67.16	60.26	68.69	74.84
庄浪县	68	66	−2	67.16	61.38	67.32	74.69
两当县	69	77	8	66.99	60.05	68.58	74.65
崇信县	70	69	−1	66.95	61.48	68.83	72.35
临潭县	71	67	−4	66.87	60.64	71.20	70.85
灵台县	72	68	−4	66.86	61.01	66.57	74.96
迭部县	73	75	2	66.78	60.30	70.24	71.97
舟曲县	74	71	−3	66.28	60.44	69.88	70.45
卓尼县	75	76	1	65.98	60.46	69.22	70.10
夏河县	76	64	−12	65.35	60.50	68.97	68.18
玛曲县	77	72	−5	63.51	60.53	68.06	62.92
均　值				68.98	63.81	70.17	74.68
极　差				14.22	24.95	7.30	20.96
方　差				4.15	16.59	2.84	12.21
标准差				2.04	4.07	1.68	3.49

资料来源：根据《甘肃发展年鉴》（2016）和甘肃省统计局提供的数据处理得出。

表10　2016年甘肃省县域产业发展竞争力水平归类分布一览

评价标准	县域名称	个数
绝对优势	—	0
一般优势	凉州区	1
中势	永登县、西峰区、皋兰县、麦积区、榆中县、甘州区、敦煌市、临夏市、肃州区、崆峒区、环县、庆城县、天祝县、和政县、安定区、武都区、临夏县、民勤县	18

评价标准	县域名称	个数
一般劣势	宁县、康乐县、华池县、玉门市、成县、东乡县、临洮县、永靖县、镇原县、金塔县、广河县、永昌县、通渭县、合作市、民乐县、积石山、漳县、陇西县、肃南县、瓜州县、临泽县、徽县、山丹县、高台县、合水县、文县、礼县、阿克塞、会宁县、西和县、张家川、清水县、秦安县、甘谷县、宕昌县、康县、肃北县、古浪县、华亭县、靖远县、岷县、渭源县、景泰县、静宁县、泾川县、正宁县、武山县、碌曲县、庄浪县、两当县、崇信县、临潭县、灵台县、迭部县、舟曲县、卓尼县、夏河县	57
绝对劣势	玛曲县	1

2. 甘肃省市（州）县域产业发展竞争力子系统评价分析

（1）评价结果

2016 年甘肃省 13 个市（州）（不含嘉峪关市）县域产业发展竞争力综合评价情况如表 11 所示。

2016 年甘肃省 13 个市（州）（不含嘉峪关市）县域产业发展竞争力得分：兰州市（不含 5 区）72.70、武威市 71.58，处于中势；庆阳市 69.93、临夏州 69.74、酒泉市 69.50、张掖市 69.12、金昌市（不含金川区）68.93、定西市 68.80、天水市（不含秦州区）68.69、陇南市 68.46、白银市（不含白银区、平川区）67.91、平凉市 67.88、甘南州 66.35，处于一般劣势；13 个市（州）（不含嘉峪关市）县域产业发展竞争力得分均无处于绝对优势、一般优势和绝对劣势的情况（见表 12）。

（2）结果分析

从 13 个市（州）（不含嘉峪关市）产业发展竞争力总体来看，均值为 69.20，与 77 个县（市、区）结果一致，均处在一般劣势；产业效率均值为 74.68、产业结构均值为 70.15，处于中势；产业总量均值为 64.38，处于绝对劣势；产业结构和产业效率极差、方差、标准差明显缩小，但产业总量极差、方差、标准差仍然相对较大，说明在 13 个市（州）（不含嘉峪关市）之间存在一定差异，结合 77 个县（市、区）的评价结果，反映出各市（州）所辖县域之间存在较大差异，各市（州）所辖县域之间发展不均衡（见表 11）。

从 13 个市（州）（不含嘉峪关市）县域产业发展竞争力 3 个二级指标极差、方差、标准差来看，与 77 个县（市、区）相比较明显缩小，但产业总量仍然存在较大差异，要素配置很不均衡，产业结构相对差异性较小，相对均衡；同时结合 77 个县（市、区）评价结果，也说明各市（州）所辖县域之间存在较大差异，各市（州）所辖县域之间要素配置很不均衡（见表 11）。

从排序变化来看，排序上升的有 5 个市（州）：临夏州、武威市、庆阳市、张掖市、定西市。排序未变的有 5 个市（州）；排序下降的有 3 个市（州）：金昌市（不含金川区）、陇南市、天水市（不含秦州区）（见表 11）。

表 11 2016 年甘肃省 13 个市（州）县域产业发展竞争力评价

市（州）	2016 年排序	2015 年排序	排序变化	得分	产业发展竞争力		
					产业总量	产业结构	产业效率
兰州市（不含 5 区）	1	1	0	72.70	68.12	71.77	79.73
武威市	2	3	1	71.58	69.30	69.61	76.59
庆阳市	3	4	1	69.93	65.10	70.90	75.41
临夏州	4	10	6	69.74	61.58	70.88	79.49
酒泉市	5	5	0	69.50	66.20	71.98	71.41
张掖市	6	7	1	69.12	64.81	69.47	74.53
金昌市（不含金川区）	7	2	−5	68.93	65.61	70.17	72.12
定西市	8	9	1	68.80	62.86	69.78	75.74
天水市（不含秦州区）	9	8	−1	68.69	64.03	69.70	73.90
陇南市	10	6	−4	68.46	62.25	70.13	75.05
白银市（不含白银区、平川区）	11	11	0	67.91	63.42	69.09	72.72
平凉市	12	12	0	67.88	62.94	68.43	73.91
甘南州	13	13	0	66.35	60.69	70.00	70.24
均　值				69.20	64.38	70.15	74.68
极　差				6.35	8.61	3.55	9.50
方　差				2.62	6.26	1.02	8.01
标准差				1.62	2.50	1.01	2.83

资料来源：根据《甘肃发展年鉴》（2016）和甘肃省统计局提供的数据处理得出。

表12　2016年甘肃省13个市（州）县域宏观经济竞争力水平归类分布一览

评价标准	市（州）名称（个数）	个数
绝对优势	—	0
一般优势	—	0
中势	兰州市(不含5区)、武威市	2
一般劣势	庆阳市、临夏州、酒泉市、张掖市、金昌市(不含金川区)、定西市、天水市(不含秦州区)、陇南市、白银市(不含白银区、平川区)、平凉市、甘南州	11
绝对劣势	—	0

注：不含嘉峪关市。

（三）甘肃省县域基础设施竞争力子系统评价分析

1.甘肃省县域基础设施竞争力子系统评价结果

（1）评价结果

通过对居住条件、交通通信2个二级指标进行计算和分析，2016年甘肃省77个县（市、区）县域基础设施争力评价情况如表13所示。

根据2016年甘肃省县域基础设施竞争力得分，甘肃省77个县（市、区）处于绝对优势的县（市、区）为0个；处于一般优势的县（市、区）有20个，包括临泽县、西峰区、民乐县、阿克塞、山丹县、肃州区、临夏市、皋兰县、景泰县、甘州区、凉州区、高台县、正宁县、静宁县、瓜州县、肃北县、金塔县、迭部县、玉门市、华亭县；处于中势的县（市、区）有43个，包括两当县、民勤县、肃南县、庄浪县、永昌县、张家川、广河县、敦煌市、天祝县、崆峒区、麦积区、崇信县、临夏县、清水县、合水县、临洮县、徽县、岷县、成县、泾川县、宁县、合作市、陇西县、和政县、甘谷县、灵台县、靖远县、永登县、康乐县、渭源县、卓尼县、武山县、临潭县、镇原县、榆中县、永靖县、古浪县、漳县、华池县、秦安县、安定区、庆城县、西和县；处于一般劣势的县（市、区）有13个，包括文县、宕昌县、通渭县、碌曲县、康县、武都区、环县、玛曲县、舟曲县、积石山、东乡县、夏河县、会宁县；处于绝对劣势的县（市、区）有1个：

礼县（见表14）。

（2）结果分析

2016年甘肃省县域基础设施竞争力77个县（市、区）得分均值为72.73，处于中势，其极差、方差、标准差均相对较大，差异性较大，77个县（市、区）之间发展很不均衡；居住条件均值为76.01，处于一般优势；交通通讯均值为68.74，处于一般劣势；从2个二级指标的极差、方差、标准差来看，均存在较大差异，在77个县（市、区）之间，居住条件配置存在严重失衡，交通通信配置存在较大失衡（见表13）。

从77个县（市、区）基础设施竞争力水平归类分布来看，行政区域分布特征、地理位置特征及贫困特征均不太明显（见表14）。

从排序变化来看，排序上升的有31个县（市、区），上升较快的县（市、区）有：陇西县、天祝县、静宁县、张家川、卓尼县、金塔县、麦积区、合作市、景泰县、正宁县、迭部县、安定区；排序未变的有8个县（市、区）；排序下降的有38个县（市、区），下降加快的县（市、区）有：康县、崇信县、永靖县、武都区、岷县、积石山、敦煌市、崆峒区、广河县、玉门市（见表13）。

表13　2016年甘肃省县域基础设施竞争力评价

县（市、区）	2016年排序	2015年排序	排序变化	得分	基础设施竞争力	
					居住条件	交通通信
临泽县	1	10	9	78.05	81.43	73.93
西峰区	2	1	−1	77.93	80.55	74.74
民乐县	3	6	3	77.62	82.95	71.10
阿克塞	4	2	−2	77.41	80.27	73.90
山丹县	5	4	−1	77.40	82.26	71.46
肃州区	6	5	−1	77.09	80.13	73.37
临夏市	7	3	−4	76.75	79.88	72.91
皋兰县	8	12	4	76.63	84.38	67.17
景泰县	9	20	11	76.60	80.68	71.61
甘州区	10	7	−3	76.53	79.81	72.52
凉州区	11	14	3	75.99	80.26	70.78

续表

县(市、区)	2016年排序	2015年排序	排序变化	得分	基础设施竞争力	
					居住条件	交通通信
高台县	12	8	−4	75.89	80.38	70.42
正宁县	13	24	11	75.68	80.90	69.29
静宁县	14	29	15	75.65	78.60	72.04
瓜州县	15	15	0	75.63	79.13	71.36
肃北县	16	23	7	75.57	78.87	71.53
金塔县	17	30	13	75.47	77.79	72.62
迭部县	18	28	10	75.31	81.83	67.34
玉门市	19	9	−10	75.13	80.32	68.78
华亭县	20	18	−2	75.09	78.60	70.81
两当县	21	13	−8	74.83	78.72	70.07
民勤县	22	31	9	74.79	78.81	69.87
肃南县	23	21	−2	74.79	80.27	68.08
庄浪县	24	26	2	74.77	76.26	72.96
永昌县	25	25	0	74.76	79.38	69.12
张家川	26	41	15	74.76	78.15	70.61
广河县	27	17	−10	74.46	76.21	72.33
敦煌市	28	16	−12	74.37	78.55	69.25
天祝县	29	45	16	74.15	77.71	69.79
崆峒区	30	19	−11	74.14	77.58	69.92
麦积区	31	44	13	74.08	77.29	70.17
崇信县	32	11	−21	73.95	74.22	73.61
临夏县	33	33	0	73.76	77.10	69.68
清水县	34	32	−2	73.58	78.12	68.03
合水县	35	27	−8	73.17	77.03	68.44
临洮县	36	40	4	73.07	77.27	67.94
徽县	37	37	0	72.86	74.94	70.31
岷县	38	22	−16	72.84	78.72	65.66
成县	39	34	−5	72.63	72.01	73.40
泾川县	40	35	−5	72.56	76.19	68.13
宁县	41	39	−2	72.37	77.34	66.30
合作市	42	54	12	71.92	76.91	65.81
陇西县	43	60	17	71.88	74.30	68.92
和政县	44	48	4	71.84	73.82	69.41
甘谷县	45	36	−9	71.83	72.14	71.44
灵台县	46	42	−4	71.82	75.73	67.04
靖远县	47	55	8	71.69	75.46	67.07
永登县	48	43	−5	71.66	76.37	65.89

续表

县(市、区)	2016年排序	2015年排序	排序变化	得分	基础设施竞争力	
					居住条件	交通通信
康乐县	49	50	1	71.65	75.30	67.18
渭源县	50	47	−3	71.41	75.04	66.98
卓尼县	51	65	14	71.37	77.85	63.45
武山县	52	49	−3	71.14	71.65	70.53
临潭县	53	62	9	71.09	74.10	67.42
镇原县	54	56	2	71.05	74.94	66.30
榆中县	55	51	−4	70.92	70.94	70.89
永靖县	56	38	−18	70.89	74.98	65.89
古浪县	57	59	2	70.80	73.19	67.89
漳 县	58	53	−5	70.72	72.50	68.53
华池县	59	58	−1	70.33	71.77	68.57
秦安县	60	69	9	70.31	71.93	68.33
安定区	61	71	10	70.11	72.86	66.75
庆城县	62	67	5	70.08	74.11	65.15
西和县	63	66	3	70.01	74.59	64.42
文 县	64	57	−7	69.85	73.94	64.85
宕昌县	65	64	−1	69.66	76.22	61.63
通渭县	66	73	7	69.60	71.99	66.67
碌曲县	67	63	−4	69.56	73.41	64.85
康 县	68	46	−22	69.52	70.76	68.01
武都区	69	52	−17	69.21	72.46	65.23
环 县	70	70	0	69.09	67.33	71.25
玛曲县	71	74	3	69.07	71.14	66.55
舟曲县	72	68	−4	68.68	70.85	66.02
积石山	73	61	−12	68.63	72.01	64.49
东乡县	74	72	−2	68.02	72.30	62.79
夏河县	75	75	0	66.42	69.52	62.62
会宁县	76	76	0	66.23	64.88	67.88
礼 县	77	77	0	64.39	64.20	64.62
均 值				72.73	76.01	68.74
极 差				13.66	20.18	13.10
方 差				8.99	16.06	8.92
标准差				3.00	4.01	2.99

资料来源：根据《甘肃发展年鉴》(2016)和甘肃省统计局提供的数据处理得出。

表14　2016年甘肃省县域基础设施竞争力水平归类分布一览

评价标准	县域名称	个数
绝对优势	—	0
一般优势	临泽县、西峰区、民乐县、阿克塞、山丹县、肃州区、临夏市、皋兰县、景泰县、甘州区、凉州区、高台县、正宁县、静宁县、瓜州县、肃北县、金塔县、迭部县、玉门市、华亭县	20
中势	两当县、民勤县、肃南县、庄浪县、永昌县、张家川、广河县、敦煌市、天祝县、崆峒区、麦积区、崇信县、临夏县、清水县、合水县、临洮县、徽县、岷县、成县、泾川县、宁县、合作市、陇西县、和政县、甘谷县、灵台县、靖远县、永登县、康乐县、渭源县、卓尼县、武山县、临潭县、镇原县、榆中县、永靖县、古浪县、漳县、华池县、秦安县、安定区、庆城县、西和县	43
一般劣势	文县、宕昌县、通渭县、碌曲县、康县、武都区、环县、玛曲县、舟曲县、积石山、东乡县、夏河县、会宁县	13
绝对劣势	礼县	1

2. 甘肃省市（州）县域基础设施竞争力子系统评价分析

（1）评价结果

2016年甘肃省13个市（州）（不含嘉峪关市）县域基础设施竞争力综合评价情况见表15。

2016年甘肃省13个市（州）（不含嘉峪关市）县域基础设施竞争力得分：张掖市76.71、酒泉市75.81，处于一般优势；金昌市（不含金川区）74.76、平凉市74.00、武威市73.93、兰州市（不含5区）73.07、天水市（不含秦州区）72.62、庆阳市72.46、临夏州72.00、白银市（不含白银区、平川区）71.50、定西市71.37、甘南州70.43、陇南市70.33，处以中势；13个市（州）（不含嘉峪关市）县域基础设施竞争力得分均无处于绝对优势、一般劣势和绝对劣势的情况（见表16）。

（2）结果分析

从13个市（州）（不含嘉峪关市）基础设施竞争力总体来看，均值为73.00，与77个县（市、区）结果一致，均处在中势；居住条件均值为76.37，处于一般优势；交通通信均值为68.88，处于一般劣势；极差、方差、标准差明显缩小，但仍然相对较大，说明在13个市（州）（不含嘉峪关市）之间存在一定差异，结合77个县（市、区）的评价结果，反映出各市（州）所辖县域之间存在较大差异，各市（州）所辖县域之间发展不均衡（见表15）。

从13个市（州）（不含嘉峪关市）县域基础设施竞争力2个二级指标极差、方差、标准差来看，与77个县（市、区）相比较明显缩小，但居住条件仍然存在较大差异，要素配置很不均衡，交通通信相对差异性较小，相对均衡；同时结合77个县（市、区）评价结果，也说明各市（州）所辖县域之间存在一定差异，各市（州）所辖县域之间要素配置不均衡（见表15）。

从排序变化来看，排序上升的有4个市（州），为：天水市（不含秦州区）、白银市（不含白银区、平川区）、武威市、甘南州；排序未变的有6个市（州）；排序下降的有3个市（州）：陇南市、临夏州、兰州市（不含5区）。

表15　2016年甘肃省13个市（州）县域基础设施竞争力评价

市（州）	2016年排序	2015年排序	排序变化	得分	基础设施竞争力	
					居住条件	交通通信
张掖市	1	1	0	76.71	81.18	71.25
酒泉市	2	2	0	75.81	79.30	71.55
金昌市（不含金川区）	3	3	0	74.76	79.38	69.12
平凉市	4	4	0	74.00	76.74	70.65
武威市	5	6	1	73.93	77.49	69.58
兰州市（不含5区）	6	5	-1	73.07	77.23	67.98
天水市（不含秦州区）	7	9	2	72.62	74.88	69.85
庆阳市	8	8	0	72.46	75.50	68.75
临夏州	9	7	-2	72.00	75.20	68.08
白银市（不含白银区、平川区）	10	12	2	71.50	73.67	68.85
定西市	11	11	0	71.37	74.67	67.35
甘南州	12	13	1	70.43	74.45	65.51
陇南市	13	10	-3	70.33	73.09	66.95
均　值				73.00	76.37	68.88
极　差				6.39	8.09	6.04
方　差				3.89	5.99	3.02
标准差				1.97	2.45	1.74

资料来源：根据《甘肃发展年鉴》（2016）和甘肃省统计局提供的数据处理得出。

表16　2016年甘肃省13个市（州）县域基础设施竞争力水平归类分布一览

评价标准	市（州）名称	个数
绝对优势	—	0
一般优势	张掖市、酒泉市	2
中势	金昌市（不含金川区）、平凉市、武威市、兰州市（不含5区）、天水市（不含秦州区）、庆阳市、临夏州、白银市（不含白银区、平川区）、定西市、甘南州、陇南市	11
一般劣势	—	0
绝对劣势	—	0

注：不含嘉峪关市。

（四）甘肃省县域社会保障竞争力子系统评价分析

1. 甘肃省县域社会保障竞争力子系统评价结果

（1）评价结果

通过对医疗保险、养老保险、生活基本保障3个二级指标进行计算和分析，2016年甘肃省77个县（市、区）县域社会保障竞争力评价情况见表17。根据2016年甘肃省县域社会保障竞争力得分，甘肃省77个县（市、区）处于绝对优势的县（市、区）为0个；处于一般优势的县（市、区）有6个，包括：肃北县、民勤县、两当县、金塔县、山丹县、敦煌市；处于中势的县（市、区）有56个，包括：榆中县、成县、灵台县、崇信县、徽县、甘州区、庆城县、西峰区、康县、宁县、庄浪县、瓜州县、高台县、凉州区、正宁县、民乐县、临泽县、临洮县、礼县、合水县、渭源县、靖远县、清水县、静宁县、麦积区、永登县、陇西县、天祝县、碌曲县、镇原县、武山县、秦安县、甘谷县、玉门市、肃南县、玛曲县、崆峒区、华池县、康乐县、永昌县、泾川县、舟曲县、武都区、景泰县、安定区、通渭县、漳县、会宁县、环县、宕昌县、岷县、永靖县、迭部县、夏河县、文县、肃州区；处于一般劣势的县（市、区）有14个，包括：皋兰县、卓尼县、阿克塞、临夏县、临潭县、古浪县、张家川、合作市、西和县、广河县、临夏市、和政县、华亭县、东乡县；处于绝对劣势的县（市、区）有1

个，为：积石山（见表18）。

（2）结果分析

2016年甘肃省县域社会保障竞争力77个县（市、区）得分均值为71.84，处于中势，其极差、方差、标准差均相对较大，差异性较大，77个县（市、区）之间发展很不均衡；基本生活保障均值为77.60、医疗保险均值为75.87，处于一般优势；养老保险均值分为64.91，处于绝对劣势；从3个二级指标的极差、方差、标准差来看，都存在较大差异，在77个县（市、区）之间，3个要素配置较大失衡（见表17）。

从77个县（市、区）社会保障竞争力水平归类分布来看，行政区域分布特征、地理位置特征及贫困特征均不太明显（见表18）。

从排序变化来看，排序上升的有40个县（市、区），上升较快的县（市、区）为：清水县、玛曲县、徽县、静宁县、秦安县、安定区、合水县、永靖县、靖远县、景泰县；排序未变的有5个县（市、区）；排序下降的有32个县（市、区），下降较快的县（市、区）为：通渭县、崆峒区、张家川、永昌县、瓜州县、临夏县、肃南县、泾川县（见表17）。

表17　2016年甘肃省县域社会保障竞争力评价

县（市、区）	2016年排序	2015年排序	排序变化	得分	社会保障竞争力		
					医疗保险	养老保险	基本生活保障
肃北县	1	2	1	77.77	81.15	72.84	80.88
民勤县	2	4	2	76.41	76.13	75.89	77.99
两当县	3	11	8	75.94	81.43	68.78	79.28
金塔县	4	5	1	75.66	80.95	66.19	84.00
山丹县	5	6	1	75.45	80.76	67.99	79.75
敦煌市	6	1	-5	75.36	80.66	66.16	83.17
榆中县	7	9	2	74.99	80.36	65.79	82.66
成　县	8	14	6	74.67	80.73	65.52	80.85
灵台县	9	10	1	74.62	81.13	65.25	80.34
崇信县	10	13	3	74.28	78.94	66.39	80.72
徽　县	11	33	22	74.27	78.80	66.88	79.97
甘州区	12	7	-5	74.08	77.82	66.34	82.07

续表

县(市、区)	2016 年排序	2015 年排序	排序变化	得分	社会保障竞争力		
					医疗保险	养老保险	基本生活保障
庆城县	13	15	2	73.83	78.97	65.51	80.17
西峰区	14	8	-6	73.69	76.59	65.93	83.42
康　县	15	16	1	73.69	78.22	67.08	77.86
宁　县	16	19	3	73.57	78.57	65.39	79.92
庄浪县	17	17	0	73.54	79.88	63.99	79.98
瓜州县	18	3	-15	73.53	82.03	65.78	72.03
高台县	19	12	-7	73.50	75.74	67.00	82.01
凉州区	20	18	-2	73.32	75.54	66.09	83.32
正宁县	21	20	-1	73.28	75.47	67.56	80.32
民乐县	22	24	2	73.25	73.60	69.02	81.01
临泽县	23	23	0	73.10	76.10	66.16	81.01
临洮县	24	21	-3	73.09	76.91	65.24	81.15
礼　县	25	29	4	73.03	79.25	62.95	80.76
合水县	26	40	14	72.99	78.09	65.37	78.04
渭源县	27	31	4	72.73	78.61	65.74	74.98
靖远县	28	38	10	72.72	80.40	62.84	77.08
清水县	29	52	23	72.65	79.59	63.21	77.65
静宁县	30	47	17	72.63	75.91	65.41	80.53
麦积区	31	34	3	72.51	76.65	63.86	81.54
永登县	32	37	5	72.49	74.39	64.64	84.38
陇西县	33	30	-3	72.39	76.67	64.04	80.51
天祝县	34	32	-2	72.35	78.99	65.80	72.16
碌曲县	35	25	-10	72.32	81.40	61.43	75.94
镇原县	36	36	0	72.31	77.26	63.13	80.78
武山县	37	46	9	72.29	75.99	64.17	81.12
秦安县	38	55	17	72.18	78.28	63.07	78.21
甘谷县	39	44	5	71.85	75.76	64.02	79.69
玉门市	40	42	2	71.85	76.60	66.59	72.85
肃南县	41	28	-13	71.76	72.90	66.55	79.89
玛曲县	42	65	23	71.71	79.82	61.71	75.47
崆峒区	43	22	-21	71.66	73.85	64.50	81.61
华池县	44	41	-3	71.64	74.78	66.04	76.59
康乐县	45	43	-2	71.57	76.21	64.35	76.74
永昌县	46	26	-20	71.55	73.88	65.09	79.77
泾川县	47	35	-12	71.52	72.94	65.48	80.77

续表

县（市、区）	2016 年排序	2015 年排序	排序变化	得分	社会保障竞争力		
					医疗保险	养老保险	基本生活保障
舟曲县	48	45	-3	71.42	79.15	64.91	68.99
武都区	49	39	-10	71.40	76.04	63.85	77.22
景泰县	50	60	10	71.27	74.01	64.09	80.14
安定区	51	66	15	71.17	74.52	64.44	77.92
通渭县	52	27	-25	71.09	75.12	63.68	77.84
漳　县	53	54	1	70.98	73.87	66.03	75.13
会宁县	54	58	4	70.91	76.82	63.15	74.59
环　县	55	63	8	70.87	72.75	65.83	77.21
宕昌县	56	61	5	70.82	73.79	65.88	74.75
岷　县	57	50	-7	70.69	75.52	63.51	75.41
永靖县	58	70	12	70.69	76.59	63.15	73.98
迭部县	59	48	-11	70.68	75.18	64.44	74.16
夏河县	60	57	-3	70.59	74.65	65.13	73.41
文　县	61	62	1	70.10	77.53	63.36	68.71
肃州区	62	51	-11	70.09	69.46	64.29	82.94
皋兰县	63	59	-4	69.97	70.78	63.41	81.45
卓尼县	64	67	3	69.94	74.73	64.41	71.45
阿克塞	65	56	-9	69.89	72.76	62.94	78.07
临夏县	66	53	-13	69.76	74.51	64.40	70.99
临潭县	67	64	-3	69.50	72.97	65.29	70.98
古浪县	68	69	1	69.01	69.64	63.76	78.28
张家川	69	49	-20	68.99	75.21	60.83	72.86
合作市	70	72	2	68.98	72.97	63.36	72.23
西和县	71	74	3	68.43	72.30	60.30	76.96
广河县	72	76	4	67.80	70.80	61.28	74.86
临夏市	73	73	0	67.30	71.13	62.50	69.26
和政县	74	68	-6	67.26	69.05	64.89	68.44
华亭县	75	71	-4	67.16	63.05	64.89	79.94
东乡县	76	75	-1	65.16	68.81	61.56	65.05
积石山	77	77	0	63.80	63.77	60.14	71.15
均　值				71.84	75.87	64.91	77.60
极　差				13.98	18.98	15.75	19.33
方　差				6.02	14.55	5.68	18.23
标准差				2.45	3.81	2.38	4.27

资料来源：根据《甘肃发展年鉴》（2016）和甘肃省统计局提供的数据处理得出。

表18　2016年甘肃省县域社会保障竞争力水平归类分布一览

评价标准	县域名称	个数
绝对优势	—	0
一般优势	肃北县、民勤县、两当县、金塔县、山丹县、敦煌市	6
中势	榆中县、成县、灵台县、崇信县、徽县、甘州区、庆城县、西峰区、康县、宁县、庄浪县、瓜州县、高台县、凉州区、正宁县、民乐县、临泽县、临洮县、礼县、合水县、渭源县、靖远县、清水县、静宁县、麦积区、永登县、陇西县、天祝县、碌曲县、镇原县、武山县、秦安县、甘谷县、玉门市、肃南县、玛曲县、崆峒区、华池县、康乐县、永昌县、泾川县、舟曲县、武都区、景泰县、安定区、通渭县、漳县、会宁县、环县、宕昌县、岷县、永靖县、迭部县、夏河县、文县、肃州区	56
一般劣势	皋兰县、卓尼县、阿克塞、临夏县、临潭县、古浪县、张家川、合作市、西和县、广河县、临夏市、和政县、华亭县、东乡县	14
绝对劣势	积石山	1

2. 甘肃省市（州）县域社会保障竞争力子系统评价分析

（1）评价结果

2016年甘肃省13个市（州）（不含嘉峪关市）县域社会保障竞争力综合评价情况见表19。2016年甘肃省13个市（州）（不含嘉峪关市）县域社会保障竞争力得分：张掖市73.52、酒泉市73.45、庆阳市72.77、武威市72.77、陇南市72.48、兰州市（不含5区）72.48、平凉市72.20、天水市（不含秦州区）71.74、定西市71.74、白银市（不含白银区、平川区）71.63、金昌市（不含金川区）71.55、甘南州70.64，处于中势；临夏州67.92，处于一般劣势；13个市（州）（不含嘉峪关市）县域社会保障竞争力得分均无处于绝对优势、一般优势和绝对劣势的情况（见表20）。

（2）结果分析

从13个市（州）（不含嘉峪关市）社会保障竞争力总体来看，均值为71.92，与77个县（市、区）结果一致，均处在中势；基本生活保障均值为78.12、医疗保险均值为75.75，处于一般优势；养老保险均值为64.98，处于绝对劣势；基本生活保障，极差、方差、标准较大，说明在13个市（州）（不含嘉峪关市）之间差异较大，各市（州）之间相对不均衡，结合

77 个县（市、区）的评价结果，反映出各市（州）所辖县域之间存在较大差异，各市（州）所辖县域之间发展不均衡（见表19）。

从 13 个市（州）（不含嘉峪关市）县域社会保障竞争力 3 个二级指标极差、方差、标准差来看，与 77 个县（市、区）相比较明显缩小，但基本生活保障和养老保险仍然存在一定差异，要素配置不均衡；同时结合 77 个县（市、区）评价结果，也说明各市（州）所辖县域之间存在一定差异，各市（州）所辖县域之间要素配置不均衡（见表19）。

从排序变化来看，排序上升的有 6 个市（州）：陇南市、天水市（不含秦州区）、张掖市、庆阳市、兰州市（不含 5 区）、白银市（不含白银区、平川区）；排序未变的有 3 个市（州）；排序下降的有 4 个市（州），为：金昌市（不含金川区）、平凉市、武威市、酒泉市（见表19）。

表19　2016 年甘肃省 13 个市（州）县域社会保障竞争力评价

市(州)	2016年排序	2015年排序	排序变化	得分	社会保障竞争力		
					医疗保险	养老保险	基本生活保障
张掖市	1	2	1	73.52	76.15	67.17	80.96
酒泉市	2	1	−1	73.45	77.66	66.40	79.13
庆阳市	3	4	1	72.77	76.56	65.60	79.56
武威市	4	3	−1	72.77	75.08	67.89	77.94
陇南市	5	8	3	72.48	77.57	64.95	77.37
兰州市(不含5区)	6	7	1	72.48	75.18	64.61	82.83
平凉市	7	6	−1	72.20	75.10	65.13	80.56
天水市(不含秦州区)	8	10	2	71.74	76.91	63.19	78.51
定西市	9	9	0	71.74	75.89	64.67	77.56
白银市(不含白银区、平川区)	10	11	1	71.63	77.08	63.36	77.27
金昌市(不含金川区)	11	5	−6	71.55	73.88	65.09	79.77
甘南州	12	12	0	70.64	76.36	63.84	72.83
临夏州	13	13	0	67.92	71.36	62.78	71.31
均　值				71.92	75.75	64.98	78.12
极　差				5.60	6.30	5.10	11.52
方　差				2.08	2.94	2.32	9.84
标准差				1.44	1.71	1.52	3.14

资料来源：根据《甘肃发展年鉴》（2016）和甘肃省统计局提供的数据处理得出。

表20　2016年甘肃省13个市（州）县域社会保障竞争力水平归类分布一览

评价标准	市(州)名称	个数
绝对优势	—	0
一般优势	—	0
中势	张掖市、酒泉市、庆阳市、武威市、陇南市、兰州市(不含5区)、平凉市、天水市(不含秦州区)、定西市、白银市(不含白银区、平川区)、金昌市(不含金川区)、甘南州	12
一般劣势	临夏州	1
绝对劣势	—	0

注：不含嘉峪关市。

（五）甘肃省县域公共服务竞争力子系统评价分析

1.甘肃省县域公共服务竞争力子系统评价结果

（1）评价结果

通过对科技服务、文化娱乐、医疗卫生3个二级指标进行计算和分析，2016年甘肃省77个县（市、区）县域公共服务竞争力评价情况见表21。根据2016年甘肃省县域公共服务竞争力得分，甘肃省77个县（市、区）处于绝对优势的县（市、区）为0个；处于一般优势的县（市、区）有2个，包括：阿克塞、肃北县；处于中势的县（市、区）有1个，为：肃南县；处于一般劣势的县（市、区）有16个，包括：碌曲县、肃州区、华亭县、甘州区、西峰区、凉州区、崆峒区、高台县、成县、天祝县、山丹县、敦煌市、迭部县、玛曲县、两当县、临泽县；处于绝对劣势的县（市、区）有58个，包括：永靖县、瓜州县、玉门市、崇信县、民勤县、静宁县、陇西县、卓尼县、临夏市、华池县、庄浪县、康县、徽县、金塔县、舟曲县、会宁县、永昌县、靖远县、灵台县、麦积区、榆中县、民乐县、泾川县、临潭县、通渭县、环县、张家川、合水县、渭源县、安定区、岷县、永登县、临洮县、甘谷县、古浪县、庆城县、武山县、皋兰县、临夏县、镇原县、康乐县、秦安县、合作市、宕昌县、清水县、武都区、夏河县、正宁县、积石山、景泰县、和政县、礼县、漳县、西和县、宁县、广河县、东乡县、文县

（见表20）。

（2）结果分析

2016年甘肃省县域公共服务竞争力77个县（市、区）得分均值为64.15，处于绝对劣势，其极差、方差、标准差均相对较大，差异性较大，77个县（市、区）之间发展很不均衡；医疗卫生均值为65.90，处于一般劣势；科技服务和文化娱乐均值分别为64.37和61.67，处于绝对劣势；从3个二级指标的极差、方差、标准差来看，都存在较大差异，在77个县（市、区）之间，3个要素配置较大失衡（见表21）。

从77个县（市、区）公共服务竞争力水平归类分布来看，地理位置特征及贫困特征均较为明显，河西地区、经济发展较好的地区公共服务竞争力相对较好，而贫困地区公共服务竞争力水平相对较低（见表22）。

从排序变化来看，排序上升的有38个县（市、区），上升较快的县（市、区）为：敦煌市、安定区、卓尼县、永昌县、岷县；排序未变的有10个县（市、区）；排序下降的有29个县（市、区），下降较快的县（市、区）为：景泰县、皋兰县、瓜州县、广河县、泾川县（见表21）。

表21　2016年甘肃省县域公共服务竞争力评价

县（市、区）	2016年排序	2015年排序	排序变化	得分	社会保障竞争力		
					科技服务	文化娱乐	医疗卫生
阿克塞	1	1	0	77.37	82.02	75.29	72.14
肃北县	2	2	0	75.71	74.04	80.62	74.11
肃南县	3	7	4	72.09	75.41	70.23	68.67
碌曲县	4	3	−1	69.15	72.50	63.14	69.14
肃州区	5	5	0	68.26	69.79	60.78	72.19
华亭县	6	8	2	67.11	68.97	61.27	69.20
甘州区	7	4	−3	66.86	67.59	61.13	70.55
西峰区	8	10	2	66.65	62.11	61.38	77.86
凉州区	9	14	5	66.54	63.84	60.97	75.24
崆峒区	10	9	−1	66.54	66.05	60.55	72.25
高台县	11	12	1	66.24	66.57	62.96	68.48
成　县	12	17	5	65.85	66.86	62.10	67.45

续表

县(市、区)	2016年排序	2015年排序	排序变化	得分	社会保障竞争力		
					科技服务	文化娱乐	医疗卫生
天祝县	13	16	3	65.79	68.01	60.93	66.52
山丹县	14	15	1	65.73	65.22	61.48	70.04
敦煌市	15	38	23	65.62	65.43	63.66	67.54
迭部县	16	19	3	65.43	67.13	61.74	65.97
玛曲县	17	21	4	65.28	65.12	61.42	68.74
两当县	18	13	−5	65.28	68.54	62.16	62.98
临泽县	19	11	−8	65.19	66.65	61.29	66.25
永靖县	20	20	0	64.85	64.06	60.38	69.74
瓜州县	21	6	−15	64.82	65.51	62.58	65.65
玉门市	22	26	4	64.76	65.49	61.86	66.08
崇信县	23	25	2	64.60	65.56	61.40	65.81
民勤县	24	18	−6	64.58	65.90	60.67	65.85
静宁县	25	24	−1	64.55	64.63	60.51	67.82
陇西县	26	23	−3	64.52	64.43	60.58	67.94
卓尼县	27	36	9	64.52	66.51	60.72	64.69
临夏市	28	31	3	64.49	62.11	60.39	71.47
华池县	29	27	−2	64.44	65.79	61.27	65.07
庄浪县	30	22	−8	64.37	65.70	60.73	65.39
康县	31	33	2	64.29	66.85	61.51	62.77
徽县	32	30	−2	64.24	64.96	61.52	65.44
金塔县	33	34	1	64.24	64.49	60.88	66.65
舟曲县	34	35	1	63.99	66.05	61.22	63.20
会宁县	35	29	−6	63.98	64.33	60.37	66.45
永昌县	36	45	9	63.91	64.68	61.58	64.68
靖远县	37	41	4	63.90	65.75	60.56	63.90
灵台县	38	44	6	63.87	63.61	63.03	64.97
麦积区	39	46	7	63.75	62.91	60.57	67.65
榆中县	40	47	7	63.72	64.03	60.45	65.99
民乐县	41	37	−4	63.57	63.82	61.68	64.75
泾川县	42	28	−14	63.56	63.53	62.03	64.87
临潭县	43	39	−4	63.52	65.30	61.20	62.79
通渭县	44	40	−4	63.50	64.04	60.58	65.12
环县	45	48	3	63.39	64.03	62.95	62.80
张家川	46	51	5	63.05	62.46	60.70	65.88
合水县	47	42	−5	63.03	64.15	61.06	62.98

续表

县（市、区）	2016 年排序	2015 年排序	排序变化	得分	社会保障竞争力		
					科技服务	文化娱乐	医疗卫生
渭源县	48	52	4	63.02	63.70	60.60	64.03
安定区	49	62	13	63.01	61.70	60.83	66.78
岷　县	50	58	8	62.91	62.89	60.15	65.25
永登县	51	49	-2	62.73	62.20	61.30	64.71
临洮县	52	55	3	62.72	61.36	60.51	66.59
甘谷县	53	53	0	62.66	63.14	60.38	63.83
古浪县	54	54	0	62.65	63.62	60.32	63.14
庆城县	55	50	-5	62.50	61.65	62.24	63.99
武山县	56	56	0	62.44	63.16	60.32	63.13
皋兰县	57	32	-25	62.41	63.52	60.46	62.37
临夏县	58	57	-1	62.30	62.89	60.09	63.26
镇原县	59	65	6	62.24	60.72	61.84	64.85
康乐县	60	59	-1	62.15	63.07	60.68	62.00
秦安县	61	64	3	62.14	60.69	60.26	65.89
合作市	62	69	7	62.09	60.13	61.45	65.55
宕昌县	63	60	-3	62.07	60.91	60.24	65.34
清水县	64	68	4	61.96	61.29	60.48	64.22
武都区	65	63	-2	61.96	60.38	60.41	65.63
夏河县	66	70	4	61.96	60.42	61.67	64.50
正宁县	67	67	0	61.81	60.41	61.56	64.12
积石山	68	66	-2	61.68	62.01	60.49	62.18
景泰县	69	43	-26	61.62	60.50	60.96	63.84
和政县	70	71	1	61.38	60.69	60.10	63.48
礼　县	71	73	2	61.34	60.62	60.46	63.15
漳　县	72	75	3	61.19	60.83	61.20	61.73
西和县	73	74	1	61.12	60.79	60.58	62.07
宁　县	74	72	-2	61.10	60.32	61.10	62.25
广河县	75	61	-14	61.09	60.11	60.45	63.10
东乡县	76	76	0	60.57	60.12	60.60	61.20
文　县	77	77	0	60.37	60.28	60.51	60.40
均　值				64.15	64.37	61.67	65.90
极　差				17.00	21.91	20.53	17.46
方　差				8.31	13.87	9.05	11.04
标准差				2.88	3.72	3.01	3.32

资料来源：根据《甘肃发展年鉴》（2016）和甘肃省统计局提供的数据处理得出。

表 22　2016 年甘肃省县域公共服务竞争力水平归类分布一览

评价标准	县域名称	个数
绝对优势	—	0
一般优势	阿克塞、肃北县	2
中势	肃南县	1
一般劣势	碌曲县、肃州区、华亭县、甘州区、西峰区、凉州区、崆峒区、高台县、成县、天祝县、山丹县、敦煌市、迭部县、玛曲县、两当县、临泽县	16
绝对劣势	永靖县、瓜州县、玉门市、崇信县、民勤县、静宁县、陇西县、卓尼县、临夏市、华池县、庄浪县、康县、徽县、金塔县、舟曲县、会宁县、永昌县、靖远县、灵台县、麦积区、榆中县、民乐县、泾川县、临潭县、通渭县、环县、张家川、合水县、渭源县、安定县、岷县、永登县、临洮县、甘谷县、古浪县、庆城县、武山县、皋兰县、临夏县、镇原县、康乐县、秦安县、合作市、宕昌县、清水县、武都区、夏河县、正宁县、积石山、景泰县、和政县、礼县、漳县、西和县、宁县、广河县、东乡县、文县	58

2. 甘肃省市（州）县域公共服务竞争力子系统评价分析

（1）评价结果

2016 年甘肃省 13 个市（州）（不含嘉峪关市）县域公共服务竞争力综合评价情况见表 23 所示。2016 年甘肃省 13 个市（州）（不含嘉峪关市）县域公共服务竞争力得分：酒泉市 68.68、张掖市 66.61，处于一般劣势；平凉市 64.94、武威市 64.89、甘南州 64.49、金昌市（不含金川区）63.91、白银市（不含白银区、平川区）63.16、庆阳市 63.14、定西市 62.98、兰州市（不含 5 区）62.95、陇南市 62.95、天水市（不含秦州区）62.67、临夏州 62.31，处于绝对劣势；13 个市（州）（不含嘉峪关市）县域公共服务竞争力得分均无处于绝对优势、一般优势、中势的情况（见表 24）。

（2）结果分析

从 13 个市（州）（不含嘉峪关市）公共服务竞争力总体来看，均值为 64.13，与 77 个县（市、区）结果一致，均处在绝对劣势；医疗卫生均值为 65.84，处于一般劣势；文化娱乐和科技服务均值分别为 61.57 和 64.41，处于绝对劣势；极差、方差、标准差明显缩小，但仍相对较大，说明在 13 个市（州）（不含嘉峪关市）之间差异较大，各市（州）之间相对不均衡，结合 77 个县（市、区）的评价结果，反映出各市（州）所辖县域之间存在较大差异，各市（州）所辖县域之间发展不均衡（见表 23）。

从 13 个市（州）（不含嘉峪关市）县域社会保障竞争力 3 个二级指标极差、方差、标准差来看，与 77 个县（市、区）相比较明显缩小，但科技服务仍存在较大差异、文化娱乐和医疗卫生仍存在一定差异，要素配置不均衡；同时结合 77 个县（市、区）评价结果，也说明各市（州）所辖县域之间存在一定差异，各市（州）所辖县域之间要素配置不均衡（见表 23）。

从排序变化来看，排序上升的有 3 个市（州），为：金昌市（不含金川区）、定西市、庆阳市；排序未变的有 7 个市（州）；排序下降的有 3 个市（州），为：兰州市（不含 5 区）、陇南市、白银市（不含白银区、平川区）（见表 23）。

表 23　2016 年甘肃省 13 个市（州）县域公共服务竞争力评价

市(州)	2016年排序	2015年排序	排序变化	得分	社会保障竞争力		
					科技服务	文化娱乐	医疗卫生
酒泉市	1	1	0	68.68	69.54	66.53	69.19
张掖市	2	2	0	66.61	67.54	63.13	68.12
平凉市	3	3	0	64.94	65.43	61.36	67.19
武威市	4	4	0	64.89	65.34	60.73	67.69
甘南州	5	5	0	64.49	65.40	61.57	65.57
金昌市(不含金川区)	6	8	2	63.91	64.68	61.58	64.68
白银市(不含白银区、平川区)	7	6	-1	63.16	63.53	60.63	64.73
庆阳市	8	9	1	63.14	62.40	61.67	65.49
定西市	9	11	2	62.98	62.71	60.64	65.35
兰州市(不含5区)	10	7	-3	62.95	63.25	60.74	64.36
陇南市	11	10	-1	62.95	63.35	61.05	63.91
天水市(不含秦州区)	12	12	0	62.67	62.27	60.45	65.10
临夏州	13	13	0	62.31	61.88	60.40	64.55
均　值				64.13	64.41	61.57	65.84
极　差				6.37	7.66	6.13	5.28
方　差				3.31	5.02	2.76	2.74
标准差				1.82	2.24	1.66	1.65

资料来源：根据《甘肃发展年鉴》（2016）和甘肃省统计局提供的数据处理得出。

表24　2016年甘肃省13个市（州）县域公共服务竞争力水平归类分布一览

评价标准	市(州)名称	个数
绝对优势	—	0
一般优势	—	0
中势	—	0
一般劣势	酒泉市、张掖市	2
绝对劣势	平凉市、武威市、甘南州、金昌市(不含金川区)、白银市(不含白银区、平川区)、庆阳市、定西市、兰州市(不含5区)、陇南市、天水市(不含秦州区)、临夏州	11

注：不含嘉峪关市。

（六）甘肃省县域生活环境竞争力子系统评价分析

1. 甘肃省县域生活环境竞争力子系统评价结果

（1）评价结果

通过对生活环境、环境保护、农业环境3个二级指标进行计算和分析，2016年甘肃省77个县（市、区）县域生活环境竞争力评价情况见表25。根据2016年甘肃省县域生活环境竞争力得分，甘肃省77个县（市、区）处于绝对优势的县（市、区）有1个，为：华池县；处于一般优势的县（市、区）有61个，包括：康县、会宁县、玛曲县、天祝县、舟曲县、灵台县、泾川县、徽县、文县、肃南县、碌曲县、安定区、卓尼县、西峰区、正宁县、山丹县、崇信县、麦积区、华亭县、两当县、康乐县、迭部县、渭源县、礼县、岷县、武都区、临潭县、民勤县、合作市、夏河县、临泽县、临洮县、古浪县、甘州区、高台县、凉州区、临夏县、合水县、武山县、西和县、张家川、永昌县、民乐县、陇西县、临夏市、清水县、敦煌市、庆城县、通渭县、肃州区、静宁县、崆峒区、和政县、甘谷县、金塔县、成县、广河县、永靖县、永登县、榆中县、玉门市；处于中势的县（市、区）有14个，包括：靖远县、庄浪县、环县、漳县、积石山、景泰县、宁县、镇原县、皋兰县、宕昌县、秦安县、东乡县、肃北县、阿克塞；处于一般劣势有1个，为：瓜州县。处于绝对劣势的县（市、区）为0个（见表26）。

（2）结果分析

2016 年甘肃省县域生活环境竞争力 77 个县（市、区）得分均值为 76.25，处于一般优势，其极差、方差、标准差均相对较大，差异性较大，77 个县（市、区）之间发展很不均衡；农业环境均值为 79.37、环境保护均值为 76.13，处于一般优势；生活环境均值为 74.00，处于中势；从 3 个二级指标的极差、方差、标准差来看，都存在较大差异，在 77 个县（市、区）之间，3 个要素配置较大失衡（见表 25）。

从 77 个县（市、区）生活环境竞争力水平归类分布来看，经济结构特征均较为明显，工业化发展较快的地区生活环境竞争力水平相对较低，而产业单一或以农业发展为主的地区生活环境竞争力水平相对较高；甘肃省整体而言，县域经济社会发展工业化程度较低，因此，生活环境竞争力整体水平相对较高（见表 26）。

从排序变化来看，排序上升的有 24 个县（市、区），上升较快的县（市、区）为：卓尼县、崇信县、岷县、古浪县、张家川、肃州区、山丹县；排序未变的有 4 个县（市、区）；排序下降的有 49 个县（市、区），下降较快的县（市、区）为：东乡县、临夏市、合水县、金塔县（见表 25）。

表 25　2016 年甘肃省县域生活环境竞争力评价

县（市、区）	2016 年排序	2015 年排序	排序变化	得分	生活环境竞争力		
					生活环境	环境保护	农业环境
华池县	1	12	11	80.46	82.79	79.05	78.76
康　县	2	3	1	79.82	82.27	76.42	79.96
会宁县	3	4	1	79.59	75.26	84.75	80.21
玛曲县	4	1	−3	79.58	73.69	82.01	85.00
天祝县	5	10	5	79.31	77.44	80.15	80.94
舟曲县	6	2	−4	79.02	78.93	75.83	82.34
灵台县	7	5	−2	78.80	78.37	77.31	80.86
泾川县	8	7	−1	78.77	78.37	77.12	80.94
徽　县	9	9	0	78.75	79.61	76.18	80.18
文　县	10	8	−2	78.71	80.91	75.64	78.84
肃南县	11	6	−5	78.63	76.35	77.73	82.57

续表

县(市、区)	2016年排序	2015年排序	排序变化	得分	生活环境竞争力		
					生活环境	环境保护	农业环境
碌曲县	12	22	10	78.61	76.09	75.64	84.95
安定区	13	11	-2	78.36	76.31	82.39	77.08
卓尼县	14	63	49	78.29	73.35	78.72	84.45
西峰区	15	13	-2	78.22	78.09	76.11	80.50
正宁县	16	24	8	77.87	78.51	76.30	78.58
山丹县	17	36	19	77.66	76.05	76.91	80.55
崇信县	18	65	47	77.55	78.82	73.86	79.57
麦积区	19	20	1	77.50	79.81	74.70	77.21
华亭县	20	16	-4	77.47	78.57	71.47	81.99
两当县	21	17	-4	77.42	81.51	75.44	73.95
康乐县	22	15	-7	77.35	76.19	75.19	81.08
迭部县	23	26	3	77.35	73.08	75.69	84.69
渭源县	24	19	-5	77.29	74.13	77.53	81.27
礼县	25	21	-4	77.22	75.11	79.82	77.43
岷县	26	70	44	77.13	74.70	76.63	80.87
武都区	27	23	-4	77.11	76.71	78.48	76.28
临潭县	28	31	3	77.07	73.69	76.13	82.53
民勤县	29	25	-4	77.07	74.44	80.00	77.65
合作市	30	28	-2	77.00	72.63	75.51	84.33
夏河县	31	27	-4	77.00	74.59	72.27	84.92
临泽县	32	29	-3	76.98	75.44	75.23	80.79
临洮县	33	30	-3	76.84	75.00	78.63	77.49
古浪县	34	72	38	76.83	75.74	75.88	79.92
甘州区	35	32	-3	76.83	76.16	74.64	79.92
高台县	36	33	-3	76.69	74.47	74.52	81.83
凉州区	37	43	6	76.65	76.22	75.73	78.13
临夏县	38	41	3	76.61	74.93	76.19	79.27
合水县	39	14	-25	76.57	78.64	77.65	72.73
武山县	40	40	0	76.54	75.19	75.96	78.92
西和县	41	39	-2	76.44	73.59	77.54	79.12
张家川	42	69	27	76.42	75.84	75.72	77.91
永昌县	43	37	-6	76.39	74.39	74.77	80.66
民乐县	44	38	-6	76.36	76.47	74.10	78.48
陇西县	45	47	2	76.36	73.46	76.65	79.91
临夏市	46	18	-28	76.34	72.92	74.20	83.04

续表

县（市、区）	2016年排序	2015年排序	排序变化	得分	生活环境竞争力		
					生活环境	环境保护	农业环境
清水县	47	42	−5	76.25	75.29	77.48	76.31
敦煌市	48	44	−4	76.08	74.04	74.48	80.40
庆城县	49	49	0	76.05	72.31	78.61	78.48
通渭县	50	53	3	76.00	74.99	78.44	74.89
肃州区	51	73	22	75.92	73.85	74.14	80.47
静宁县	52	60	8	75.79	75.91	77.35	74.05
崆峒区	53	48	−5	75.75	76.41	71.29	79.34
和政县	54	56	2	75.67	72.06	72.73	83.41
甘谷县	55	45	−10	75.67	71.20	75.35	81.93
金塔县	56	34	−22	75.53	71.87	75.68	80.25
成县	57	46	−11	75.40	71.18	75.57	80.85
广河县	58	50	−8	75.28	75.11	75.48	75.33
永靖县	59	51	−8	75.22	73.12	74.33	78.93
永登县	60	52	−8	75.13	70.54	75.71	80.67
榆中县	61	54	−7	75.08	75.56	72.97	76.56
玉门市	62	55	−7	75.03	73.97	73.07	78.42
靖远县	63	57	−6	74.99	72.96	73.05	79.63
庄浪县	64	61	−3	74.94	74.66	73.49	76.77
环县	65	59	−6	74.52	74.96	80.81	67.65
漳县	66	67	1	74.14	68.85	74.55	80.78
积石山	67	76	9	73.56	71.55	74.56	75.24
景泰县	68	62	−6	73.47	69.40	72.61	79.76
宁县	69	58	−11	73.21	69.91	78.07	72.75
镇原县	70	66	−4	73.15	64.18	79.97	78.31
皋兰县	71	64	−7	72.60	67.84	70.70	80.86
宕昌县	72	68	−4	72.23	61.85	79.09	79.20
秦安县	73	71	−2	71.57	67.54	76.73	71.77
东乡县	74	35	−39	71.29	61.01	74.78	81.49
肃北县	75	74	−1	70.90	60.41	75.37	80.43
阿克塞	76	75	−1	70.35	60.38	73.19	80.79
瓜州县	77	77	0	69.79	60.66	73.92	77.82
均值				76.25	74.00	76.13	79.37
极差				10.67	22.41	14.06	17.35
方差				4.93	22.75	6.63	9.92
标准差				2.22	4.77	2.58	3.15

资料来源：根据《甘肃发展年鉴》（2016）和甘肃省统计局提供的数据处理得出。

表26　2016年甘肃省县域生活环境竞争力水平归类分布一览

评价标准	县域名称	个数
绝对优势	华池县	1
一般优势	康县、会宁县、玛曲县、天祝县、舟曲县、灵台县、泾川县、徽县、文县、肃南县、碌曲县、安定区、卓尼县、西峰区、正宁县、山丹县、崇信县、麦积区、华亭县、两当县、康乐县、迭部县、渭源县、礼县、岷县、武都区、临潭县、民勤县、合作市、夏河县、临泽县、临洮县、古浪县、甘州区、高台县、凉州区、临夏县、合水县、武山县、西和县、张家川、永昌县、民乐县、陇西县、临夏市、清水县、敦煌市、庆城县、通渭县、肃州区、静宁县、崆峒区、和政县、甘谷县、金塔县、成县、广河县、永靖县、永登县、榆中县、玉门市	61
中势	靖远县、庄浪县、环县、漳县、积石山、景泰县、宁县、镇原县、皋兰县、宕昌县、秦安县、东乡县、肃北县、阿克塞	14
一般劣势	瓜州县	1
绝对劣势	—	0

2. 甘肃省市（州）县域生活环境竞争力子系统评价分析

（1）评价结果

2016年甘肃省13个市（州）（不含嘉峪关市）县域生活环境竞争力综合评价情况见表27。

2016年甘肃省13个市（州）（不含嘉峪关市）县域公共服务竞争力得分：甘南州77.99、武威市77.46、张掖市77.19、陇南市77.01、平凉市77.01、定西市76.59、金昌市（不含金川区）76.39、庆阳市76.26、白银市（不含白银区、平川区）76.02、天水市（不含秦州区）75.66、临夏州75.17，处于一般优势；兰州市（不含5区）74.27、酒泉市73.37，处于中势；13个市（州）（不含嘉峪关市）县域生活环境竞争力得分均无处于绝对优势、一般劣势、绝对劣势的情况（见表28）。

（2）结果分析

从13个市（州）（不含嘉峪关市）生活环境竞争力总体来看，均值为76.18，与77个县（市、区）结果一致，均处在一般优势；农业环境均值为79.46、环境保护均值为75.95，处于一般优势；生活环境均值为73.90，处于中势；极差、方差、标准差明显缩小，但仍相对较大，说明在13个市

（州）（不含嘉峪关市）之间差异较大，各市（州）之间相对不均衡，结合77个县（市、区）的评价结果，反映出各市（州）所辖县域之间存在一定差异，各市（州）所辖县域之间发展不均衡（见表27）。

从13个市（州）（不含嘉峪关市）县域社会保障竞争力3个二级指标极差、方差、标准差来看，与77个县（市、区）相比较明显缩小，但生活环境和农业环境仍存在较大差异、环境保护仍存在一定差异，要素配置不均衡；同时结合77个县（市、区）评价结果，也说明各市（州）所辖县域之间存在一定差异，各市（州）所辖县域之间要素配置不均衡（见表27）。

从排序变化来看，排序上升的有4个市（州），为武威市、定西市、平凉市、天水市（不含秦州区）；排序未变的有3个市（州）；排序下降的有6个市（州），为：金昌市（不含金川区）、庆阳市、白银市（不含白银区、平川区）、临夏州、张掖市、陇南市（见表27）。

表27　2016年甘肃省13个市（州）县域生活环境竞争力评价

市（州）	2016年排序	2015年排序	排序变化	得分	生活环境竞争力		
					生活环境	环境保护	农业环境
甘南州	1	1	0	77.99	74.51	76.48	84.15
武威市	2	8	6	77.46	75.96	77.94	78.99
张掖市	3	2	-1	77.19	75.82	75.52	80.69
陇南市	4	3	-1	77.01	75.86	77.13	78.42
平凉市	5	6	1	77.01	77.30	74.55	79.07
定西市	6	10	4	76.59	73.92	77.83	78.90
金昌市（不含金川区）	7	4	-3	76.39	74.39	74.77	80.66
庆阳市	8	5	-3	76.26	74.92	78.32	75.97
白银市（不含白银区、平川区）	9	7	-2	76.02	72.54	76.80	79.87
天水市（不含秦州区）	10	11	1	75.66	74.15	75.99	77.34
临夏州	11	9	-2	75.17	72.11	74.68	79.72
兰州市（不含5区）	12	12	0	74.27	71.31	73.13	79.36
酒泉市	13	13	0	73.37	67.88	74.27	79.80
均　值				76.18	73.90	75.95	79.46
极　差				4.62	9.42	5.20	8.18
方　差				1.70	6.09	2.62	3.65
标准差				1.30	2.47	1.62	1.91

资料来源：根据《甘肃发展年鉴》（2016）和甘肃省统计局提供的数据处理得出。

表28　2016年甘肃省13个市（州）县域生活环境竞争力水平归类分布一览

评价标准	市(州)名称	个数
绝对优势	—	0
一般优势	甘南州、武威市、张掖市、陇南市、平凉市、定西市、金昌市(不含金川区)、庆阳市、白银市(不含白银区、平川区)、天水市(不含秦州区)、临夏州	11
中势	兰州市(不含5区)、酒泉市	2
一般劣势	—	0
绝对劣势	—	0

　　注：不含嘉峪关市。

（七）甘肃省县域社会结构竞争力子系统评价分析

1. 甘肃省县域社会结构竞争力子系统评价结果

（1）评价结果

通过对人口结构和城乡结构2个二级指标进行计算和分析，2016年甘肃省77个县（市、区）县域社会结构竞争力评价情况见表29。根据2016年甘肃省县域社会结构竞争力得分，甘肃省77个县（市、区）处于绝对优势的县（市、区）为1个，为：凉州区；处于一般优势的县（市、区）有8个，包括：临夏市、武都区、永登县、崆峒区、甘州区、肃州区、山丹县、华亭县；处于中势的县（市、区）有35个，包括：临夏县、麦积区、甘谷县、西峰区、和政县、徽县、漳县、临泽县、皋兰县、环县、庄浪县、镇原县、崇信县、宁县、舟曲县、高台县、榆中县、成县、礼县、敦煌市、玉门市、陇西县、武山县、泾川县、阿克塞、安定区、正宁县、永昌县、通渭县、张家川、灵台县、临洮县、西和县、天祝县、永靖县；处于一般劣势的县（市、区）有29个，包括：民乐县、秦安县、静宁县、庆城县、积石山、文县、金塔县、东乡县、肃南县、广河县、两当县、肃北县、古浪县、合水县、宕昌县、会宁县、岷县、迭部县、景泰县、清水县、合作市、靖远县、康县、临潭县、瓜州县、民勤县、康乐县、渭源县、夏河县；处于绝对劣势的县（市、区）有4个，包括：华池县、卓尼县、碌曲县、玛曲县

（见表30）。

（2）结果分析

2016年甘肃省县域社会结构竞争力77个县（市、区）得分均值为70.97，处于中势，其极差、方差、标准差均相对较大，差异性较大，77个县（市、区）之间发展很不均衡；城乡结构均值为74.64，处于中势；人口结构均值为67.29，处于一般劣势；从2个二级指标的极差、方差、标准差来看，均存在较大差异，在77个县（市、区）之间，城乡结构配置存在严重失衡，人口结构配置存在较大失衡（见表29）。

从77个县（市、区）社会结构竞争力水平归类分布来看，行政区域分布特征、地理位置特征及贫困特征均不太明显（见表30）。

从排序变化来看，排序上升的有24个县（市、区），上升较快的县（市、区）为：皋兰县、永登县、榆中县、广河县、张家川；排序未变的有16个县（市、区）；排序下降的有37个县（市、区），下降较快的县（市、区）为：金塔县、武山县、通渭县、两当县（见表29）。

表29   2016年甘肃省县域社会结构竞争力评价

县（市、区）	2016年排序	2015年排序	排序变化	得分	社会结构竞争力	
					人口结构	城乡结构
凉州区	1	1	0	80.35	79.55	81.15
临夏市	2	2	0	79.89	74.78	85.00
武都区	3	3	0	77.21	70.78	83.65
永登县	4	15	11	76.44	73.69	79.19
崆峒区	5	4	-1	75.80	71.71	79.90
甘州区	6	5	-1	75.75	72.97	78.54
肃州区	7	6	-1	75.55	72.76	78.34
山丹县	8	7	-1	75.19	68.31	82.07
华亭县	9	8	-1	75.00	66.88	83.12
临夏县	10	12	2	74.72	67.46	81.98
麦积区	11	9	-2	74.57	71.82	77.33
甘谷县	12	11	-1	74.53	69.47	79.59
西峰区	13	10	-3	74.18	70.74	77.62
和政县	14	16	2	74.15	66.81	81.49

续表

县（市、区）	2016年排序	2015年排序	排序变化	得分	社会结构竞争力	
					人口结构	城乡结构
徽　县	15	13	−2	73.89	65.23	82.55
漳　县	16	14	−2	73.89	65.90	81.88
临泽县	17	17	0	73.39	64.70	82.07
皋兰县	18	33	15	73.37	69.09	77.66
环　县	19	18	−1	73.34	66.50	80.17
庄浪县	20	19	−1	72.94	66.27	79.60
镇原县	21	20	−1	72.74	68.16	77.32
崇信县	22	22	0	72.72	64.13	81.30
宁　县	23	23	0	72.60	67.75	77.45
舟曲县	24	24	0	72.34	64.02	80.66
高台县	25	25	0	72.27	64.50	80.03
榆中县	26	37	11	71.98	68.56	75.39
成　县	27	26	−1	71.93	65.53	78.32
礼　县	28	28	0	71.92	68.31	75.53
敦煌市	29	27	−2	71.87	66.42	77.31
玉门市	30	31	1	71.61	68.42	74.80
陇西县	31	30	−1	71.57	68.83	74.31
武山县	32	21	−11	71.48	65.55	77.41
泾川县	33	34	1	71.29	65.36	77.22
阿克塞	34	32	−2	71.25	72.50	69.99
安定区	35	36	1	71.24	69.08	73.39
正宁县	36	35	−1	71.13	67.76	74.51
永昌县	37	38	1	70.83	66.53	75.14
通渭县	38	29	−9	70.75	66.47	75.03
张家川	39	48	9	70.70	66.38	75.02
灵台县	40	40	0	70.70	63.84	77.55
临洮县	41	41	0	70.45	68.07	72.84
西和县	42	43	1	70.39	66.70	74.07
天祝县	43	44	1	70.28	67.47	73.08
永靖县	44	42	−2	70.17	65.89	74.44
民乐县	45	50	5	69.99	68.93	71.06
秦安县	46	45	−1	69.95	67.72	72.18
静宁县	47	46	−1	69.92	68.57	71.27
庆城县	48	49	1	69.90	66.33	73.48

续表

县（市、区）	2016 年排序	2015 年排序	排序变化	得分	社会结构竞争力	
					人口结构	城乡结构
积石山	49	51	2	69.88	65.04	74.73
文　县	50	52	2	69.74	64.46	75.01
金塔县	51	39	−12	69.42	64.98	73.86
东乡县	52	57	5	69.41	66.14	72.68
肃南县	53	54	1	69.38	66.26	72.51
广河县	54	65	11	69.27	67.09	71.45
两当县	55	47	−8	69.23	65.06	73.39
肃北县	56	53	−3	69.20	71.77	66.63
古浪县	57	55	−2	69.18	65.76	72.61
合水县	58	56	−2	69.04	64.15	73.93
宕昌县	59	62	3	68.97	65.64	72.30
会宁县	60	58	−2	68.87	68.12	69.62
岷　县	61	63	2	68.86	67.70	70.02
迭部县	62	59	−3	68.82	65.73	71.90
景泰县	63	60	−3	68.73	66.44	71.03
清水县	64	61	−3	68.55	64.68	72.42
合作市	65	64	−1	68.04	72.20	63.89
靖远县	66	66	0	67.80	67.03	68.58
康　县	67	69	2	67.64	64.48	70.79
临潭县	68	70	2	67.61	64.11	71.10
瓜州县	69	68	−1	67.54	65.60	69.49
民勤县	70	71	1	67.25	65.03	69.47
康乐县	71	67	−4	67.22	65.42	69.02
渭源县	72	72	0	67.02	64.71	69.33
夏河县	73	73	0	66.01	64.47	67.55
华池县	74	74	0	64.92	64.63	65.20
卓尼县	75	75	0	64.31	63.92	64.69
碌曲县	76	76	0	62.47	63.79	61.15
玛曲县	77	77	0	61.87	63.74	60.00
均　值				70.97	67.29	74.64
极　差				18.48	15.81	25.00
方　差				11.46	8.95	28.12
标准差				3.38	2.99	5.30

资料来源：根据《甘肃发展年鉴》（2016）和甘肃省统计局提供的数据处理得出。

表30 2016年甘肃省县域社会结构竞争力水平归类分布一览

评价标准	县域名称	个数
绝对优势	凉州区	1
一般优势	临夏市、武都区、永登县、崆峒区、甘州区、肃州区、山丹县、华亭县	8
中势	临夏县、麦积区、甘谷县、西峰区、和政县、徽县、漳县、临泽县、皋兰县、环县、庄浪县、镇原县、崇信县、宁县、舟曲县、高台县、榆中县、成县、礼县、敦煌市、玉门市、陇西县、武山县、泾川县、阿克塞、安定区、正宁县、永昌县、通渭县、张家川、灵台县、临洮县、西和县、天祝县、永靖县	35
一般劣势	民乐县、秦安县、静宁县、庆城县、积石山、文县、金塔县、东乡县、肃南县、广河县、两当县、肃北县、古浪县、合水县、宕昌县、会宁县、岷县、迭部县、景泰县、清水县、合作市、靖远县、康县、临潭县、瓜州县、民勤县、康乐县、渭源县、夏河县	29
绝对劣势	华池县、卓尼县、碌曲县、玛曲县	4

2. 甘肃省市（州）县域社会结构竞争力子系统评价分析

（1）评价结果

2016年甘肃省13个市（州）（不含嘉峪关市）县域社会结构竞争力综合评价情况见表31。2016年甘肃省13个市（州）（不含嘉峪关市）县域社会结构竞争力得分：兰州市（不含5区）73.93、张掖市72.66、平凉市72.62、临夏州71.84、武威市71.76、天水市（不含秦州区）71.63、陇南市71.21、庆阳市70.98、酒泉市70.92、金昌市（不含金川区）70.83、定西市70.54，处于中势；白银市（不含白银区、平川区）68.47、甘南州66.43，处于一般劣势；13个市（州）（不含嘉峪关市）县域社会结构竞争力得分均无处于绝对优势、一般优势、绝对劣势的情况（见表32）。

（2）结果分析

从13个市（州）（不含嘉峪关市）社会结构竞争力总体来看，均值为71.06，与77个县（市、区）结果一致，均处在中势；城乡结构均值为74.63，处于中势、人口结构均值为67.50，处于一般劣势；极差、方差、标准差明显缩小，但仍然相对较大，说明在13个市（州）（不含嘉峪关市）之间存在一定差异，结合77个县（市、区）的评价结果，反映出各市（州）所辖县域之间存在较大差异，各市（州）所辖县域之间发展不均衡

（见表31）。

从13个市（州）（不含嘉峪关市）县域社会结构竞争力2个二级指标极差、方差、标准差来看，与77个县（市、区）相比较明显缩小，但城乡结构仍然存在较大差异，要素配置很不均衡，人口结构相对差异性较小，相对均衡；同时结合77个县（市、区）评价结果，也说明各市（州）所辖县域之间存在一定差异，各市（州）所辖县域之间要素配置不均衡（见表31）。

从排序变化来看，排序上升的有4个市（州），为：兰州市（不含5区）、临夏州、庆阳市、陇南市；排序未变的有4个市（州）；排序下降的有5个市（州），为：酒泉市、平凉市、金昌市（不含金川区）、天水市（不含秦州区）、武威市（见表31）。

表31 2016年甘肃省13个市（州）县域社会结构竞争力评价

市（州）	2016年排序	2015年排序	排序变化	得分	社会结构竞争力	
					人口结构	城乡结构
兰州市（不含5区）	1	3	2	73.93	70.45	77.41
张掖市	2	2	0	72.66	67.61	77.71
平凉市	3	1	-2	72.62	66.68	78.57
临夏州	4	6	2	71.84	67.33	76.35
武威市	5	4	-1	71.76	69.45	74.08
天水市（不含秦州区）	6	5	-1	71.63	67.60	75.66
陇南市	7	8	1	71.21	66.24	76.18
庆阳市	8	10	2	70.98	67.00	74.96
酒泉市	9	7	-2	70.92	68.92	72.92
金昌市（不含金川区）	10	9	-1	70.83	66.53	75.14
定西市	11	11	0	70.54	67.25	73.83
白银市（不含白银区、平川区）	12	12	0	68.47	67.20	69.74
甘南州	13	13	0	66.43	65.25	67.62
均　值				71.06	67.50	74.63
极　差				7.50	5.20	10.95
方　差				3.60	1.94	9.71
标准差				1.90	1.39	3.12

资料来源：根据《甘肃发展年鉴》（2016）和甘肃省统计局提供的数据处理得出。

表32　2016年甘肃省13个市（州）县域社会结构竞争力水平归类分布一览

评价标准	市（州）名称	个数
绝对优势	—	0
一般优势	—	0
中势	兰州市(不含5区)、张掖市、平凉市、临夏州、武威市、天水市(不含秦州区)、陇南市、庆阳市、酒泉市、金昌市(不含金川区)、定西市	11
一般劣势	白银市(不含白银区、平川区)、甘南州	2
绝对劣势		0

注：不含嘉峪关市。

（八）甘肃省县域科学教育竞争力子系统评价分析

1. 甘肃省县域科学教育竞争力子系统评价结果

（1）评价结果

通过对科教支出和科教资源2个二级指标进行计算和分析，2016年甘肃省77个县（市、区）县域科学教育竞争力评价情况见表33所示。根据2016年甘肃省县域科学教育竞争力得分，甘肃省77个县（市、区）处于绝对优势的县（市、区）为0个；处于一般优势的县（市、区）为0个；处于中势的县（市、区）有10个，包括：环县、文县、肃南县、天祝县、通渭县、静宁县、礼县、肃北县、皋兰县、卓尼县；处于一般劣势的县（市、区）有56个，包括：会宁县、榆中县、民勤县、华池县、迭部县、两当县、陇西县、清水县、景泰县、永靖县、岷县、临潭县、碌曲县、靖远县、安定区、镇原县、张家川、宁县、渭源县、积石山、高台县、灵台县、东乡县、永登县、凉州区、康县、庄浪县、古浪县、秦安县、临泽县、甘谷县、正宁县、临夏县、临洮县、麦积区、武山县、徽县、崇信县、成县、康乐县、泾川县、和政县、华亭县、宕昌县、庆城县、阿克塞、西峰区、临夏市、西和县、夏河县、武都区、舟曲县、玉门市、甘州区、崆峒区、合作市；处于绝对劣势的县（市、区）有11个，包括：民乐县、广河县、漳县、合水县、山丹县、敦煌市、瓜州县、金塔县、肃州区、玛曲县、永昌县

（见表 34）。

（2）结果分析

2016 年甘肃省县域社会结构竞争力 77 个县（市、区）得分均值为
67.51，处于一般劣势，其极差、方差、标准差均相对较大，差异性较大，
77 个县（市、区）之间发展很不均衡；科教资源均值为 69.21、科教支出
均值为 65.82，处于一般劣势；从 2 个二级指标的极差、方差、标准差来
看，均存在较大差异，在 77 个县（市、区）之间，科教支出和科教资源配
置存在较大失衡（见表 33）。

从 77 个县（市、区）科学教育竞争力水平归类分布来看，行政区域分
布特征、地理位置特征及贫困特征均不太明显（见表 34）。

从排序变化来看，排序上升的有 38 个县（市、区），上升较快的县
（市、区）为：高台县、榆中县、临泽县、华池县、张家川、临洮县；排序
未变的有 5 个县（市、区）；排序下降的有 34 个县（市、区），下降较快的
县市区为：庆城县、夏河县、阿克塞、正宁县、徽县、漳县、临潭县（见
表 33）。

表 33　2016 年甘肃省县域科学教育竞争力评价

县（市、区）	2016 年排序	2015 年排序	排序变化	得分	科学教育竞争力	
					科教支出	科教资源
环　县	1	1	0	73.88	77.05	70.71
文　县	2	3	1	72.64	72.01	73.26
肃南县	3	4	1	71.61	65.91	77.32
天祝县	4	8	4	71.10	66.32	75.88
通渭县	5	6	1	70.79	67.21	74.37
静宁县	6	13	7	70.43	67.13	73.73
礼　县	7	2	-5	70.24	67.32	73.16
肃北县	8	7	-1	70.07	65.84	74.29
皋兰县	9	22	13	70.02	68.45	71.60
卓尼县	10	5	-5	70.02	65.66	74.37
会宁县	11	17	6	69.89	68.02	71.76
榆中县	12	33	21	69.87	68.68	71.05

续表

县（市、区）	2016年排序	2015年排序	排序变化	得分	科学教育竞争力	
					科教支出	科教资源
民勤县	13	14	1	69.83	71.20	68.45
华池县	14	32	18	69.78	66.73	72.83
迭部县	15	9	−6	69.73	65.04	74.42
两当县	16	15	−1	69.15	64.69	73.60
陇西县	17	12	−5	69.13	68.09	70.16
清水县	18	11	−7	69.09	66.96	71.23
景泰县	19	24	5	68.88	64.70	73.06
永靖县	20	23	3	68.86	65.00	72.72
岷 县	21	19	−2	68.86	71.14	66.58
临潭县	22	10	−12	68.85	64.93	72.77
碌曲县	23	20	−3	68.55	63.90	73.21
靖远县	24	21	−3	68.23	66.40	70.05
安定区	25	26	1	68.12	67.40	68.84
镇原县	26	36	10	67.99	67.07	68.91
张家川	27	43	16	67.95	65.26	70.64
宁 县	28	18	−10	67.90	66.85	68.94
渭源县	29	39	10	67.88	65.12	70.65
积石山	30	30	0	67.83	62.06	73.61
高台县	31	72	41	67.63	69.73	65.53
灵台县	32	29	−3	67.62	63.86	71.37
东乡县	33	25	−8	67.51	67.79	67.22
永登县	34	38	4	67.48	66.31	68.66
凉州区	35	41	6	67.47	69.17	65.77
康 县	36	31	−5	67.45	63.51	71.40
庄浪县	37	42	5	67.45	66.12	68.78
古浪县	38	35	−3	67.33	65.07	69.60
秦安县	39	40	1	67.31	66.55	68.07
临泽县	40	59	19	67.28	66.44	68.13
甘谷县	41	46	5	67.28	65.99	68.56
正宁县	42	28	−14	67.20	65.92	68.48
临夏县	43	51	8	67.01	65.57	68.45
临洮县	44	60	16	66.94	66.82	67.07
麦积区	45	56	11	66.91	67.16	66.65
武山县	46	45	−1	66.88	66.06	67.70
徽 县	47	34	−13	66.85	63.29	70.41

续表

县(市、区)	2016年排序	2015年排序	排序变化	得分	科学教育竞争力	
					科教支出	科教资源
崇信县	48	52	4	66.82	63.25	70.38
成 县	49	49	0	66.76	63.04	70.48
康乐县	50	48	-2	66.74	63.88	69.60
泾川县	51	44	-7	66.73	64.83	68.62
和政县	52	58	6	66.67	64.18	69.15
华亭县	53	54	1	66.67	64.78	68.55
宕昌县	54	53	-1	66.57	63.99	69.15
庆城县	55	16	-39	66.39	64.37	68.40
阿克塞	56	37	-19	66.20	64.12	68.28
西峰区	57	50	-7	66.15	66.54	65.76
临夏市	58	47	-11	66.12	70.07	62.16
西和县	59	67	8	66.09	64.07	68.12
夏河县	60	27	-33	66.05	63.42	68.68
武都区	61	66	5	65.99	65.52	66.46
舟曲县	62	65	3	65.97	62.72	69.21
玉门市	63	61	-2	65.93	67.15	64.72
甘州区	64	68	4	65.89	65.64	66.13
崆峒区	65	69	4	65.45	64.58	66.31
合作市	66	55	-11	65.38	61.61	69.16
民乐县	67	63	-4	64.90	64.42	65.39
广河县	68	71	3	64.85	63.63	66.06
漳 县	69	57	-12	64.84	63.25	66.43
合水县	70	62	-8	64.82	63.69	65.95
山丹县	71	76	5	64.78	65.20	64.36
敦煌市	72	73	1	64.62	64.62	64.62
瓜州县	73	75	2	64.55	62.69	66.40
金塔县	74	74	0	64.46	64.11	64.82
肃州区	75	64	-11	64.35	65.13	63.57
玛曲县	76	70	-6	63.64	62.80	64.48
永昌县	77	77	0	63.43	63.22	63.63
均 值				67.51	65.82	69.21
极 差				10.46	15.44	15.16
方 差				4.30	6.22	10.32
标准差				2.07	2.49	3.21

资料来源：根据《甘肃发展年鉴》(2016)和甘肃省统计局提供的数据处理得出。

表34　2016年甘肃省县域科学教育竞争力水平归类分布一览

评价标准	县域名称	个数
绝对优势	—	0
一般优势	—	0
中势	环县、文县、肃南县、天祝县、通渭县、静宁县、礼县、肃北县、皋兰县、卓尼县	10
一般劣势	会宁县、榆中县、民勤县、华池县、迭部县、两当县、陇西县、清水县、景泰县、永靖县、岷县、临潭县、碌曲县、靖远县、安定区、镇原县、张家川、宁县、渭源县、积石山、高台县、灵台县、东乡县、永登县、凉州区、康县、庄浪县、古浪县、秦安县、临泽县、甘谷县、正宁县、临夏县、临洮县、麦积区、武山县、徽县、崇信县、成县、康乐县、泾川县、和政县、华亭县、宕昌县、庆城县、阿克塞、西峰区、临夏市、西和县、夏河县、武都区、舟曲县、玉门市、甘州区、崆峒区、合作市	56
绝对劣势	民乐县、广河县、漳县、合水县、山丹县、敦煌市、瓜州县、金塔县、肃州区、玛曲县、永昌县	11

2. 甘肃省市（州）县域科学教育竞争力子系统评价分析

（1）评价结果

2016年甘肃省13个市（州）（不含嘉峪关市）县域科学教育竞争力综合评价情况见表35。2016年甘肃省13个市（州）（不含嘉峪关市）县域科学教育竞争力得分：兰州市（不含5区）69.12、白银市（不含白银区、平川区）69.00、武威市68.93、定西市68.08、庆阳市68.01、陇南市67.97、天水市（不含秦州区）67.57、平凉市67.31、甘南州67.27、张掖市67.02、临夏州66.95、酒泉市65.74，处于一般劣势；金昌市（不含金川区）63.43，处于绝对劣势；13个市（州）（不含嘉峪关市）县域科学教育竞争力得分均无处于绝对优势、一般优势、中势的情况（见表36）。

（2）结果分析

从13个市（州）（不含嘉峪关市）科学教育竞争力总体来看，均值为67.42，与77个县（市、区）结果一致，均处在一般劣势；科教资源均值为68.97、科技支出均值为65.86，处在一般劣势；极差、方差、标准差明显缩小，且相对较小，说明在13个市（州）（不含嘉峪关市）之间不存在太大差异，结合77个县（市、区）的评价结果，反映出各市（州）所辖县域之间存在较大差异，各市（州）所辖县域之间发展不均衡（见表35）。

从13个市（州）（不含嘉峪关市）县域科学教育竞争力2个二级指标极差、方差、标准差来看，与77个县（市、区）相比较明显缩小，但科教资源仍然存在较大差异，要素配置很不均衡，科教支出相对差异性较小，相对均衡；同时结合77个县（市、区）评价结果，也说明各市（州）所辖县域之间存在一定差异，各市（州）所辖县域之间要素配置不均衡（见表35）。

从排序变化来看，排序上升的有5个市（州），为兰州市（不含5区）、定西市、天水市（不含秦州区）、平凉市、张掖市；排序未变的有3个市（州）；排序下降的有5个市（州），为甘南州、庆阳市、陇南市、临夏州、白银市（不含白银区、平川区）（见表35）。

表35　2016年甘肃省13个市（州）县域科学教育竞争力评价表

市（州）	2016年排序	2015年排序	排序变化	得分	科学教育竞争力	
					科教支出	科教资源
兰州市(不含5区)	1	6	5	69.12	67.81	70.44
白银市(不含白银区、平川区)	2	1	-1	69.00	66.37	71.62
武威市	3	3	0	68.93	67.94	69.92
定西市	4	5	1	68.08	67.00	69.16
庆阳市	5	2	-3	68.01	67.28	68.75
陇南市	6	4	-2	67.97	65.27	70.67
天水市(不含秦州区)	7	8	1	67.57	66.33	68.81
平凉市	8	9	1	67.31	64.94	69.68
甘南州	9	6	-3	67.27	63.76	70.79
张掖市	10	11	1	67.02	66.22	67.81
临夏州	11	10	-1	66.95	65.27	68.62
酒泉市	12	12	0	65.74	64.81	66.67
金昌市(不含金川区)	13	13	0	63.43	63.22	63.63
均值				67.42	65.86	68.97
极差				5.70	4.72	7.99
方差				2.33	2.17	4.35
标准差				1.53	1.47	2.09

资料来源：根据《甘肃发展年鉴》（2016）和甘肃省统计局提供的数据处理得出。

表36　2016年甘肃省13个市（州）县域科学教育竞争力水平归类分布一览

评价标准	市（州）名称	个数
绝对优势	—	0
一般优势	—	0
中势	—	0
一般劣势	兰州市(不含5区)、白银市(不含白银区、平川区)、武威市、定西市、庆阳市、陇南市、天水市(不含秦州区)、平凉市、甘南州、张掖市、临夏州、酒泉市	12
绝对劣势	金昌市(不含金川区)	1

注：不含嘉峪关市。

本章小结

通过以上分析，甘肃省县域竞争力具有以下明显特征：

（1）甘肃省县域竞争力整体水平相对较低，较2015年相比提升不明显；

（2）从8个一级指标来看，生活环境竞争力处于一般优势；基础设施竞争力、社会保障竞争力、社会结构竞争力处于中势；产业发展竞争力、科学教育竞争力、宏观经济竞争力处于一般劣势；公共服务竞争力处于绝对劣势；

（3）甘肃省县域竞争力各市（州）及各市（州）所辖县域之间差异性较大，县域竞争力发展很不均衡；

（4）甘肃省县域竞争力各市（州）及各市（州）所辖县域之间要素配置差异性较大，县域竞争力要素配置很不均衡；

（5）甘肃省各市（州）及各市（州）所辖县域之间县域竞争力具有一定的行政区域、地理位置、经济发展、经济结构等因素制约下的分布特征；

（6）甘肃省贫困地区县域竞争力上升趋势变缓，且较近5年相比陇南市综合竞争力首次出现下降。

B.4
甘肃省各市（州）所辖县域竞争力评价

何 剑 潘从银*

摘 要： 本文利月层次分析法，构建包括宏观经济、产业发展、基础设施、社会保障、公共服务、生活环境、社会结构及科学教育等 8 个一级指标的甘肃省县域竞争力评价指标体系，根据这 8 个一级指标的综合得分情况，将甘肃省 77 个县（市、区）的县域竞争力划归为 5 个类别，即绝对优势、一般优势、中势、一般劣势和绝对劣势。在此基础上，对甘肃省 14 个市（州）内部县域竞争力进行总体评价，并对各市（州）所辖县（市、区）县域社会发展优劣势进行对比分析。

关键词： 甘肃省 市（州）辖县 社会发展 层次分析法

一 2016年兰州市县域竞争力评价分析

（一）县域竞争力整体状况分析

兰州市（不含5区）所辖为永登县、皋兰县和榆中县。2016 年，兰州市县域竞争力综合得分平均为 70.56，处于中势，同时所辖三县的县域竞争力均处于中势（见表1）。

---

* 何剑，甘肃省社会科学院农村发展研究所助理研究员，硕士，主要研究方向为农业经济、农村发展；潘从银，甘肃省社会科学农村发展研究所助理研究员，区域经济学硕士，主要研究方向为农村经济发展。

表1　2016年兰州市县域竞争力一级指标得分及排名情况

县市区	全省综合排序		市（州）综合排序		综合得分	宏观经济得分	产业发展得分	基础设施得分	社会保障得分	公共服务得分	生活环境得分	社会结构得分	科学教育得分
	2016年	2015年	2016年	2015年									
榆中县	17	25	1	3	70.63	67.78	71.81	70.92	74.99	63.72	75.08	71.98	69.87
永登县	19	22	2	1	70.53	66.38	73.50	71.66	72.49	62.73	75.13	76.44	67.48
皋兰县	19	23	2	2	70.53	65.17	72.79	76.63	69.97	62.41	72.60	73.37	70.02
均　　值					70.56	66.44	72.70	73.07	72.48	62.95	74.27	73.93	69.12
极　　差					0.10	2.61	1.69	5.72	5.02	1.31	2.53	4.46	2.54
方　　差					0.003	1.70	0.72	9.67	6.30	0.47	2.09	5.21	2.02
标准差					0.06	1.31	0.85	3.11	2.51	0.69	1.45	2.28	1.42

资料来源：根据《甘肃发展年鉴》（2016）和甘肃省统计局提供的数据处理得出。

从一级指标得分均值来看，2016年兰州市在县域发展8项一级指标上均无绝对优势和一般优势。其中，在产业发展、基础设施、社会保障、生活环境、社会结构上处于中势，在宏观经济、科学教育上处于一般劣势，在公共服务上处于绝对劣势。整体来看，兰州市县域发展在各个方面表现较为均衡，但公共服务水平偏低。

从各项指标得分差异来看，公共服务差异最小，说明三县之间公共服务资源配置较为均衡；而基础设施、社会保障和社会结构差异较大，其中基础设施差异最大，极差5.72、标准差3.11。说明三县在基础设施、社会保障和社会结构方面发展差距较大。

（二）各县县域竞争力状况分析

2016年榆中县县域竞争力综合得分为70.63，处于中势水平。县域竞争力综合得分在全省居第17位、在兰州市居第1位；与2015年相比，全省排序上升8位，市内排序上升2位，县域竞争力表现出较快的提升速度。分指标来看，2016年榆中县在生活环境上具有一般优势，在产业发展、基础设施、社会保障和社会结构上处于中势，在宏观经济、科学教育上处于一般劣势，在公共服务上处于绝对劣势。

2016 年永登县县域竞争力综合得分为 70.53，处于中势水平。县域竞争力综合得分在全省居第 19 位、在兰州市居第 2 位；与 2015 年相比，全省排序上升 3 位，市内排序下降 1 位。分指标来看，2016 年永登县在生活环境、社会结构上具有一般优势，在产业发展、基础设施、社会保障上处于中势，在宏观经济上处于一般劣势，在公共服务上处于绝对劣势。

2016 年皋兰县县域竞争力综合得分为 70.53，处于中势水平。县域竞争力综合得分在全省居第 19 位（与永登县并列）、在兰州市居第 2 位（并列）；与 2015 年相比，全省排序上升 4 位，市内排序保持不变。分指标来看，2016 年皋兰县在基础设施上具有一般优势，在产业发展、生活环境、社会结构、科学教育上处于中势，在宏观经济、社会保障上处于一般劣势，在公共服务上处于绝对劣势。

二 2016年金昌市县域竞争力评价分析

2016 年，金昌市（不含金川区）县域竞争力综合得分平均为 69.29，处于一般劣势。金昌市县域竞争力综合得分在全省 13 个市（州）中居第 8 位，比 2015 年上升 2 位；（永昌县）县域竞争力综合得分在全省 77 个县（市、区）中居第 43 位，比 2015 年下降 12 位，下降幅度较大（见表 2）。分指标来看，2016 年金昌市（永昌县）在生活环境上具有一般优势，在基础设施、社会保障、社会结构上处于中势，在宏观经济、产业发展上处于一般劣势，在公共服务、科学教育上处于绝对劣势。

表 2 2016 年金昌市县域竞争力一级指标得分及排名情况

县市区	全省综合排序		综合得分	宏观经济得分	产业发展得分	基础设施得分	社会保障得分	公共服务得分	生活环境得分	社会结构得分	科学教育得分
	2016 年	2015 年									
金昌市	8	10	69.29	66.35	68.93	74.76	71.55	63.91	76.39	70.83	63.43
永昌县	43	31									

资料来源：根据《甘肃发展年鉴》（2016）和甘肃省统计局提供的数据处理得出。

三　2016年白银市县域竞争力评价分析

（一）县域竞争力总体状况分析

白银市（不含白银区、平川区）下辖靖远县、会宁县和景泰县。2016年，白银市县域竞争力综合得分平均为68.99，处于一般劣势。所辖三县的县域竞争力均处于一般劣势（见表3）。

表3　2016年白银市县域竞争力一级指标得分及排名情况

县市区	全省综合排序		市（州）综合排序		综合得分	宏观经济得分	产业发展得分	基础设施得分	社会保障得分	公共服务得分	生活环境得分	社会结构得分	科学教育得分
	2016年	2015年	2016年	2015年									
景泰县	45	49	1	1	69.24	65.07	67.69	76.60	71.27	61.62	73.47	68.73	68.88
靖远县	54	54	2	2	68.94	65.58	67.80	71.69	72.72	63.90	74.99	67.80	68.23
会宁县	58	59	3	3	68.78	65.25	68.24	66.23	70.91	63.98	79.59	68.87	69.89
均　值					68.99	65.30	67.91	71.50	71.63	63.16	76.02	68.47	69.00
极　差					0.47	0.51	0.55	10.36	1.81	2.36	6.12	1.07	1.66
方　差					0.06	0.07	0.09	26.88	0.92	1.80	10.17	0.34	0.70
标准差					0.24	0.26	0.29	5.18	0.96	1.34	3.19	0.58	0.84

资料来源：根据《甘肃发展年鉴》（2016）和甘肃省统计局提供的数据处理得出。

从一级指标得分均值来看，2016年白银市在县域发展的8项一级指标上均无绝对优势。其中，在生活环境上具有一般优势，在基础设施、社会保障上处于中势，在宏观经济、产业发展、社会结构、科学教育上处于一般劣势，在公共服务上处于绝对劣势。整体来看，公共服务不足是其县域经济社会发展中的短板。

从各项指标得分差异来看，基础设施和生活环境差异较大，生活环境得分极差和标准差分别为3.19和6.12，基础设施得分极差和标准差更是达到10.36和5.18，说明白银市三县在生活环境改善、基础设施建设方面发展不均衡；宏观经济、产业发展、社会保障、社会结构、科学教育差异不明显，得分标准差均小于1。

（二）各县县域竞争力状况分析

2016年景泰县县域竞争力综合得分为69.24，处于一般劣势水平。县域竞争力综合得分在全省居第45位、在白银市居第1位；与2015年相比，全省排序上升4位，市内排序保持不变。分指标来看，2016年景泰县在基础设施上具有一般优势，在社会保障、生活环境上处于中势，在宏观经济、产业发展、社会结构、科学教育上处于一般劣势，在公共服务上处于绝对劣势。

2016年靖远县县域竞争力综合得分为68.94，处于一般劣势水平。县域竞争力综合得分在全省居第54位、在白银市居第2位；与2015年相比，全省和市内排序均保持不变。分指标来看，2016年靖远县无绝对优势和一般优势指标，在基础设施、社会保障、生活环境上处于中势，在宏观经济、产业发展、社会结构、科学教育上处于一般劣势，在公共服务上处于绝对劣势。

2016年会宁县县域竞争力综合得分为68.78，处于一般劣势水平。县域竞争力综合得分在全省居第58位、在白银市居第3位；与2015年相比，全省排序上升1位，市内排序保持不变。分指标来看，2016年会宁县在生活环境上具有一般优势，在社会保障上处于中势，在宏观经济、产业发展、基础设施、社会结构、科学教育上处于一般劣势，在公共服务上处于绝对劣势。2016年会宁县生活环境指标得分较高，接近绝对优势水平，但公共服务水平较低，是其县域经济社会发展的短板。

四 2016年天水市县域竞争力评价分析

（一）县域竞争力总体状况分析

天水市（不含秦州区）下辖麦积区、清水县、秦安县、甘谷县、武山县和张家川县。2016年，天水市县域竞争力综合得分平均为69.36，处于一般劣势。所辖6县（区）中，麦积区综合得分为71.51，处于中势；其余5县综合得分均在65～70，处于一般劣势（见表4）。

表4 2016年天水市县域竞争力一级指标得分及排名情况

县市区	全省综合排序		市（州）综合排序		综合得分	宏观经济得分	产业发展得分	基础设施得分	社会保障得分	公共服务得分	生活环境得分	社会结构得分	科学教育得分
	2016年	2015年	2016年	2015年									
麦积区	6	7	1	1	71.51	71.04	72.47	74.08	72.51	63.75	77.50	74.57	66.91
甘谷县	38	37	2	2	69.43	65.93	68.06	71.83	71.85	62.66	75.67	74.53	67.28
清水县	48	51	3	3	69.17	64.12	68.07	73.58	72.65	61.96	76.25	68.55	69.09
张家川	52	65	4	5	69.03	63.28	68.11	74.76	68.99	63.05	76.42	70.70	67.95
武山县	57	53	5	4	68.79	64.66	67.39	71.14	72.29	62.44	76.54	71.48	66.88
秦安县	66	68	6	6	68.25	65.44	68.07	70.31	72.18	62.14	71.57	69.95	67.31
均　值					69.36	65.74	68.69	72.62	71.74	62.67	75.66	71.63	67.57
极　差					3.25	7.76	5.08	4.44	3.66	1.79	5.93	6.02	2.21
方　差					1.26	7.61	3.49	3.15	1.90	0.43	4.37	6.06	0.71
标准差					1.12	2.76	1.87	1.77	1.38	0.65	2.09	2.46	0.84

资料来源：根据《甘肃发展年鉴》（2016）和甘肃省统计局提供的数据处理得出。

从一级指标得分均值来看，2016年天水市在县域发展8项一级指标上均无绝对优势。其中，在生活环境上具有一般优势，在基础设施、社会保障、社会结构上处于中势，在宏观经济、产业发展和科学教育上处于一般劣势，在公共服务上处于绝对劣势。

从各项指标得分差异来看，宏观经济、社会结构差异较大，其他6项指标则差异较小，说明6县（区）在经济发展水平、人口及城乡结构方面差异较大，而在其他方面发展比较均衡。

（二）各县（区）县域竞争力状况分析

2016年麦积区县域竞争力综合得分为71.51，处于中势水平。县域竞争力综合得分在全省居第6位、在天水市居第1位；与2015年相比，全省排序上升1位，市内排序保持不变。分指标来看，2016年麦积区在生活环境上具有一般优势，在宏观经济、产业发展、基础设施、社会保障、社会结构上处于中势，在科学教育上处于一般劣势，在公共服务上处于绝对劣势。

2016 年甘谷县县域竞争力综合得分为 69.43，处于一般劣势水平。县域竞争力综合得分在全省居第 38 位、在天水市居第 2 位；与 2015 年相比，全省排序下降 1 位，市内排序保持不变。分指标来看，2016 年甘谷县在生活环境上具有一般优势，在基础设施、社会保障、社会结构上处于中势，在宏观经济、产业发展、科学教育上处于一般劣势，在公共服务上处于绝对劣势。

2016 年清水县县域竞争力综合得分为 69.17，处于一般劣势水平。县域竞争力综合得分在全省居第 48 位、在天水市居第 3 位；与 2015 年相比，全省排序上升 3 位，市内排序保持不变。分指标来看，2016 年清水县在生活环境上具有一般优势，在基础设施、社会保障上处于中势，在产业发展、社会结构和科学教育上处于一般劣势，在宏观经济和公共服务上处于绝对劣势。

2016 年张家川县县域竞争力综合得分为 69.03，处于一般劣势水平。县域竞争力综合得分在全省居第 52 位、在天水市居第 4 位；与 2015 年相比，全省排序上升 13 位，上升幅度较大，市内排序上升 1 位。分指标来看，2016 年张家川县在生活环境上具有一般优势，在基础设施、社会结构上处于中势，在产业发展、社会保障和科学教育上处于一般劣势，在宏观经济和公共服务上处于绝对劣势。

2016 年武山县县域竞争力综合得分为 68.79，处于一般劣势水平。县域竞争力综合得分在全省居第 57 位、在天水市居第 5 位；与 2015 年相比，全省排序下降 4 位，市内排序下降 1 位。分指标来看，2016 年武山县在生活环境上具有一般优势，在基础设施、社会保障、社会结构上处于中势，在产业发展和科学教育上处于一般劣势，在宏观经济和公共服务上处于绝对劣势。

2016 年秦安县县域竞争力综合得分为 68.25，处于一般劣势水平。县域竞争力综合得分在全省居第 66 位、在天水市居第 6 位；与 2015 年相比，全省排序上升 2 位，市内排序保持不变。分指标来看，2016 年秦安县无绝对优势和一般优势指标，在基础设施、社会保障、生活环境上处于中势，在宏观经济、产业发展、社会结构和科学教育上处于一般劣势，在公共服务上处于绝对劣势。

五　2016年武威市县域竞争力评价分析

（一）县域竞争力总体状况分析

武威市下辖凉州区、民勤县、古浪县和天祝县。2016年，武威市县域竞争力综合得分平均为71.20，处于中势。所辖4县（区）中，凉州区、天祝县、民勤县县域竞争力处于中势，古浪县县域竞争力处于一般劣势（见表5）。

表5　2016年武威市县域竞争力一级指标得分及排名情况

县市区	全省综合排序		市（州）综合排序		综合得分	宏观经济得分	产业发展得分	基础设施得分	社会保障得分	公共服务得分	生活环境得分	社会结构得分	科学教育得分
	2016年	2015年	2016年	2015年									
凉州区	1	1	1	1	74.54	77.83	77.73	75.99	73.32	66.54	76.65	80.35	67.47
天祝县	11	18	2	3	71.02	65.80	70.57	74.15	72.35	65.79	79.31	70.28	71.10
民勤县	13	13	3	2	70.83	67.37	70.03	74.79	76.41	64.58	77.07	67.25	69.83
古浪县	63	70	4	4	68.40	64.75	67.99	70.80	69.01	62.65	76.83	69.18	67.33
均　值					71.20	68.94	71.58	73.93	72.77	64.89	77.46	71.76	68.93
极　差					6.14	13.08	9.74	5.19	7.39	3.89	2.66	13.09	3.76
方　差					6.39	36.32	18.04	4.94	9.27	2.88	1.54	34.30	3.39
标准差					2.53	6.03	4.25	2.22	3.04	1.70	1.24	5.86	1.84

资料来源：根据《甘肃发展年鉴》（2016）和甘肃省统计局提供的数据处理得出。

从一级指标得分均值来看，2016年武威市在县域发展8项一级指标上均无绝对优势。其中，在生活环境上具有一般优势，在产业发展、基础设施、社会保障、社会结构上处于中势，在宏观经济、科学教育上处于一般劣势，在公共服务上处于绝对劣势。公共服务不足是县域经济社会发展的明显制约因素。

从指标得分差异来看，公共服务、生活环境、科学教育差异较小，得分标准差均小于2；宏观经济、产业发展、社会保障、社会结构则差异较大，得分标准差均超过 3，其中宏观经济极差、标准差分别达到 13.08 和 6.03。

（二）各县（区）县域竞争力状况分析

2016 年凉州区县域竞争力综合得分为 74.54，处于中势水平。县域竞争力综合得分在全省居第 1 位，与 2015 年相比排序保持不变。分指标来看，2016 年凉州区在社会结构上具有绝对优势，在宏观经济、产业发展、基础设施、生活环境上具有一般优势，在社会保障上处于中势，在公共服务和科学教育上处于一般劣势。凉州区一般优势及以上发展水平指标占比较大，且无绝对劣势指标，表明其县域经济社会发展水平较高。

2016 年天祝县县域竞争力综合得分为 71.02，处于中势发展水平。县域竞争力综合得分在全省居第 11 位、在武威市居第 2 位；与 2015 年相比，全省排序上升 7 位，市内排序上升 1 位，县域竞争力水平提升较快。分指标来看，2016 年天祝县在生活环境上具有一般优势，在产业发展、基础设施、社会保障、社会结构、科学教育上处于中势，在宏观经济、公共服务上处于一般劣势，无绝对劣势指标。天祝县一般优势和中势指标占比较大，且无绝对劣势指标，县域经济社会发展总体处于和谐稳定的状态。

2016 年民勤县县域竞争力综合得分为 70.83，处于中势水平。县域竞争力综合得分在全省居第 13 位、在武威市居第 3 位；与 2015 年相比，全省排序保持不变，市内排序下降 1 位。分指标来看，2016 年民勤县在社会保障、生活环境上具有一般优势，在产业发展、基础设施上处于中势，在宏观经济、社会结构和科学教育上处于一般劣势，在公共服务上处于绝对劣势。

2016 年古浪县县域竞争力综合得分为 68.40 分，处于一般劣势水平。县域竞争力综合得分在全省居第 63 位、在武威市居第 4 位；与 2015 年相比，全省排序上升 7 位，上升幅度较大，市内排序保持不变。分指标来看，2016 年古浪县在生活环境上具有一般优势，在基础设施上处于中势，在产业发展、社会保障、社会结构和科学教育上处于一般劣势，在宏观经济和公共服务上处于绝对劣势。

六　2016年张掖市县域竞争力评价分析

（一）县域竞争力总体状况分析

张掖市下辖甘州区、肃南县、民乐县、临泽县、高台县和山丹县。2016年，张掖市县域竞争力综合得分平均为70.87，处于中势。所辖县（区）中，除民乐县为一般劣势外，其余5县（区）县域竞争力均为中势水平（见表6）。县域经济社会发展水平整体较为平均。

表6　2016年张掖市县域竞争力一级指标得分及排名情况

县市区	全省综合排序		市（州）综合排序		综合得分	宏观经济得分	产业发展得分	基础设施得分	社会保障得分	公共服务得分	生活环境得分	社会结构得分	科学教育得分
	2016年	2015年	2016年	2015年									
甘州区	3	3	1	1	72.32	72.43	71.59	76.53	74.08	66.86	76.83	75.75	65.89
肃南县	9	14	2	3	71.18	64.90	68.67	74.79	71.76	72.09	78.63	69.38	71.61
山丹县	14	11	3	2	70.77	65.07	68.52	77.40	75.45	65.73	77.66	75.19	64.78
临泽县	16	15	4	4	70.74	65.25	68.58	78.05	73.10	65.19	76.98	73.39	67.28
高台县	21	16	5	5	70.47	65.25	68.52	75.89	73.50	66.24	76.69	72.27	67.63
民乐县	31	32	6	6	69.73	64.71	68.84	77.62	73.25	63.57	76.36	69.99	64.90
均　值					70.87	66.27	69.12	76.71	73.52	66.61	77.19	72.66	67.02
极　差					2.59	7.73	3.07	3.27	3.69	8.53	2.27	6.37	6.83
方　差					0.74	9.16	1.48	1.50	1.47	8.46	0.68	6.90	6.46
标准差					0.86	3.03	1.21	1.23	1.21	2.91	0.82	2.63	2.54

资料来源：根据《甘肃发展年鉴》（2016）和甘肃省统计局提供的数据处理得出。

从一级指标得分均值来看，2016年张掖市在8项一级指标中均无绝对优势。其中，在基础设施和生活环境上具有一般优势，在社会保障和社会结构上处于中势，在宏观经济、产业发展、公共服务和科学教育上处于一般劣势，无处于绝对劣势的一级指标。县域经济社会发展无明显短板和制约因素。

从指标得分差异来看，生活环境差异较小，标准差为 0.82 小于 1；宏观经济、公共服务、社会结构和科学教育差异较大，标准差分别为 3.03、2.91、2.63 和 2.54。说明各县（区）在经济发展水平、公共服务供给、人口及城乡结构、科学教育投入方面存在较大差距。

（二）各县（区）县域竞争力状况分析

2016 年甘州区县域竞争力综合得分为 72.32，处于中势水平。县域竞争力综合得分在全省居第 3 位，与 2015 年持平。分指标来看，2016 年甘州区在基础设施、生活环境、社会结构上具有一般优势，在宏观经济、产业发展、社会保障上处于中势，在公共服务和科学教育上处于一般劣势，无绝对优势和绝对劣势指标。县域经济社会发展总体水平较高，无明显制约因素。

2016 年肃南县县域竞争力综合得分为 71.18，处于中势水平。县域竞争力综合得分在全省居第 9 位、在张掖市居第 2 位；与 2015 年相比，全省排序上升 5 位，市内排序上升 1 位。分指标来看，2016 年肃南县无绝对优势一级指标，在生活环境上具有一般优势，在基础设施、社会保障、公共服务、科学教育上处于中势，在产业发展和社会结构上处于一般劣势，在宏观经济上处于绝对劣势。

2016 年山丹县县域竞争力综合得分为 70.77，处于中势水平。县域竞争力综合得分在全省居第 14 位、在张掖市居第 3 位；与 2015 年相比，全省排序下降 3 位，市内排序下降 1 位。分指标来看，2016 年山丹县在基础设施、社会保障、生活环境和社会结构上具有一般优势，在宏观经济、产业发展、公共服务上处于一般劣势，在科学教育上处于绝对劣势。山丹县优势、劣势指标数目各占一半，无中势发展指标，县域经济社会发展呈两极分化特征。

2016 年临泽县县域竞争力综合得分为 70.74，处于中势水平。县域竞争力综合得分在全省居第 16 位、在张掖市居第 4 位；与 2015 年相比，全省排序上升 1 位，市内排序保持不变。分指标来看，2016 年临泽县在基础设施、生活环境上具有一般优势，在社会保障、社会结构上处于中势，在宏观经济、产业发展、公共服务、科学教育上处于一般劣势，无绝对优势、劣势指标。县域经济社会发展较为均衡。

2016 年高台县县域竞争力综合得分为 70.47，处于中势水平。县域竞争力综合得分在全省居第 21 位、在张掖市居第 5 位；与 2015 年相比，全省排序下降 5 位，市内排序保持不变。分指标来看，2016 年高台县在基础设施和生活环境上具有一般优势，在社会保障、社会结构上处于中势，在宏观经济、产业发展、公共服务、科学教育上处于一般劣势，无绝对优势、劣势指标。

2016 年民乐县县域竞争力综合得分为 69.73，处于一般劣势。县域竞争力综合得分在全省居第 31 位、在张掖市居第 6 位；与 2015 年相比，全省排序上升 1 位，市内排序保持不变。分指标来看，2016 年民乐县在基础设施和生活环境上具有一般优势，在社会保障上处于中势，在产业发展和社会结构上处于一般劣势，在宏观经济和公共服务上处于绝对劣势。经济发展水平较低和公共服务不足阻碍县域竞争力提升的主要因素。

七　2016年平凉市县域竞争力评价分析

（一）县域竞争力总体状况分析

平凉市下辖崆峒区、泾川县、灵台县、崇信县、华亭县、庄浪县和静宁县。2016 年，平凉市县域竞争力综合得分平均为 69.93，处于一般劣势。所辖县（区）中，崆峒区、静宁县、华亭县县域竞争力处于中势水平，其余 4 县均为一般劣势（见表7）。

表7　2016 年平凉市所辖各县县域竞争力一级指标得分及排名情况

县市区	全省综合排序		市（州）综合排序		综合得分	宏观经济得分	产业发展得分	基础设施得分	社会保障得分	公共服务得分	生活环境得分	社会结构得分	科学教育得分
	2016年	2015年	2016年	2015年									
崆峒区	7	6	1	1	71.34	71.56	71.31	74.14	71.66	66.54	75.75	75.80	65.45
静宁县	22	43	2	7	70.12	65.15	67.62	75.65	72.63	64.55	75.79	69.92	70.43
华亭县	23	21	3	2	70.11	66.67	67.82	75.09	67.16	67.11	77.47	75.00	66.67

续表

县市区	全省综合排序		市(州)综合排序		综合得分	宏观经济得分	产业发展得分	基础设施得分	社会保障得分	公共服务得分	生活环境得分	社会结构得分	科学教育得分
	2016年	2015年	2016年	2015年									
崇信县	32	35	4	4	69.72	64.35	66.95	73.95	74.28	64.60	77.55	72.72	66.82
庄浪县	34	39	5	5	69.64	64.34	67.16	74.77	73.54	64.37	74.94	72.94	67.45
灵台县	42	42	6	6	69.29	63.64	66.86	71.82	74.62	63.87	78.80	70.70	67.62
泾川县	44	34	7	3	69.25	64.85	67.45	72.56	71.52	63.56	78.77	71.29	66.73
均　值					69.93	65.80	67.88	74.00	72.20	64.94	77.01	72.62	67.31
极　差					2.09	7.92	4.45	3.83	7.46	3.56	3.86	5.88	4.98
方　差					0.51	7.36	2.41	1.89	6.38	1.82	2.36	4.78	2.39
标准差					0.71	2.71	1.55	1.38	2.53	1.35	1.54	2.19	1.54

资料来源：根据《甘肃发展年鉴》（2016）和甘肃省统计局提供的数据处理得出。

从一级指标得分均值来看，2016年平凉市无绝对优势一级指标。其中，在生活环境上具有一般优势，在基础设施、社会保障和社会结构上处于中势，在宏观经济、产业发展和科学教育上处于一般劣势，在公共服务上处于绝对劣势。

从指标得分差异来看，各项指标的差异均较小，说明县（区）之间社会发展差距不大，资源空间配置较为均衡。

（二）各县（区）县域竞争力状况分析

2016年崆峒区县域竞争力综合得分为71.34，处于中势水平。县域竞争力综合得分在全省居第7位，比2015年下降1位。2016年崆峒区在生活环境和社会结构上具有一般优势，在宏观经济、产业发展、基础设施、社会保障上处于中势，在公共服务和科学教育上处于一般劣势，无绝对劣势一级指标。崆峒区县域经济社会发展各项指标表现较为均衡，无明显短板和制约因素。

2016年静宁县县域竞争力综合得分为70.12，处于中势水平。县域竞争力综合得分在全省居第22位、在平凉市居第2位；与2015年相比，全省排序上升21位，市内排序上升5位，县域竞争力大幅提升。2016年静宁县在基础设施、生活环境上具有一般优势，在社会保障、科学教育上处于中势，在宏观经济、产业发展和社会结构上处于一般劣势，在公共服务上处于绝对劣势。公共服务竞争力有待加强。

2016 年华亭县县域竞争力综合得分为 70.11，处于中势水平。县域竞争力综合得分在全省居第 23 位、在平凉市居第 3 位；与 2015 年相比，全省排序下降 2 位，市内排序下降 1 位。2016 年华亭县在基础设施、生活环境和社会结构上具有一般优势，在宏观经济、产业发展、社会保障、公共服务、科学教育上处于一般劣势，无绝对劣势一级指标。

2016 年崇信县县域竞争力综合得分为 69.72，处于中势水平。县域竞争力综合得分在全省居第 32 位、在平凉市居第 4 位；与 2015 年相比，全省排序上升 3 位，市内排序保持不变。2016 年崇信县在生活环境上具有一般优势，在基础设施、社会保障、社会结构上处于中势，在产业发展和科学教育上处于一般劣势，在宏观经济和公共服务上处于绝对劣势。加快经济发展、提升公共服务是当务之急。

2016 年庄浪县县域竞争力综合得分为 69.64，处于一般劣势。县域竞争力综合得分在全省居第 34 位、在平凉市居第 5 位；与 2015 年相比，全省排序上升 5 位，市内排序保持不变。2016 年庄浪县在 8 项一级指标中均无绝对优势和一般优势，在基础设施、社会保障、生活环境和社会结构上均处于中势水平，在产业发展和科学教育上处于一般劣势，在宏观经济和公共服务上处于绝对劣势。

2016 年灵台县县域竞争力综合得分为 69.29，处于一般劣势。县域竞争力综合得分在全省居第 42 位、在平凉市居第 6 位；与 2015 年相比，全省及市内排序均保持不变。2016 年灵台县在生活环境方面具有一般优势，在基础设施、社会保障、社会结构上处于中势，在产业发展和科学教育上处于一般劣势，在宏观经济和公共服务上处于绝对劣势。

2016 年泾川县县域竞争力综合得分为 69.25，处于一般劣势。县域竞争力综合得分在全省居第 44 位、在平凉市居第 7 位；与 2015 年相比，全省排序下降 10 位，市内排序下降 4 位，下滑幅度较大。2016 年泾川县在生活环境上具有一般优势，在基础设施、社会保障、社会结构上处于中势，在产业发展、科学教育上处于一般劣势，在宏观经济和公共服务上处于绝对劣势。

八　2016年酒泉市县域竞争力评价分析

（一）县域竞争力总体状况分析

酒泉市下辖肃州区、肃北县、敦煌市、阿克塞县、玉门市、金塔县和瓜州县。2016年，酒泉市县域竞争力综合得分平均为70.81，处于中势。所辖县（区）中，金塔县、瓜州县县域竞争力处于一般劣势，其余4县均处于中势（见表8）。

表8　2016年酒泉市县域竞争力一级指标得分及排名情况

县市区	全省综合排序		市（州）综合排序		综合得分	宏观经济得分	产业发展得分	基础设施得分	社会保障得分	公共服务得分	生活环境得分	社会结构得分	科学教育得分
	2016年	2015年	2016年	2015年									
肃州区	4	4	1	1	72.26	75.69	71.38	77.09	70.09	68.26	75.92	75.55	64.35
肃北县	5	9	2	3	71.65	68.28	68.00	75.57	77.77	75.71	70.90	69.20	70.07
敦煌市	8	8	3	2	71.21	71.60	71.51	74.37	75.36	65.62	76.08	71.87	64.62
阿克塞县	12	12	4	5	70.89	68.16	68.27	77.41	69.89	77.37	70.35	71.25	66.20
玉门市	18	10	5	4	70.61	71.28	69.54	75.13	71.85	64.76	75.03	71.61	65.93
金塔县	28	26	6	6	69.83	66.55	69.18	75.47	75.66	64.24	75.53	69.42	64.46
瓜州县	46	27	7	7	69.24	69.00	68.60	75.63	73.53	64.82	69.79	67.54	64.55
均　值					70.81	70.08	69.50	75.81	73.45	68.68	73.37	70.92	65.74
极　差					3.02	9.14	3.50	3.04	7.88	13.13	6.30	8.01	5.71
方　差					1.07	9.29	2.04	1.16	8.96	30.75	8.23	6.59	4.20
标准差					1.04	3.05	1.43	1.08	2.99	5.54	2.87	2.57	2.05

资料来源：根据《甘肃发展年鉴》（2016）和甘肃省统计局提供的数据处理得出。

从一级指标得分均值来看，2016年酒泉市无绝对优势一级指标。其中，在基础设施上具有一般优势，在宏观经济、社会保障、生活环境、社会结构上处于中势，在产业发展、公共服务和科学教育上处于一般劣势，无绝对劣势指标。酒泉市宏观经济竞争力得分（70.08）在 13 个市（州）中位居第一，表明其县域经济发展优势突出。

从指标得分差异来看，公共服务差异较大，标准差达到 5.54，说明各县（区）公共服务水平差距较大。

（二）各县（市、区）县域竞争力状况分析

2016 年肃州区县域竞争力综合得分为 72.26，处于中势水平。县域竞争力综合得分在全省居第 4 位，与 2015 年持平。2016 年肃州区在宏观经济、基础设施、生活环境和社会结构上具有一般优势，在社会保障上处于中势，在公共服务上处于一般劣势，在科学教育上处于绝对劣势。肃州区县域经济社会发展水平总体较优，但教育是最大制约因素。

2016 年肃北县县域竞争力综合得分为 71.65，处于中势水平。县域竞争力综合得分在全省居第 5 位、在酒泉市居第 2 位；与 2015 年相比，全省排序上升 4 位，市内排序上升 1 位。2016 年肃北县在基础设施、社会保障、公共服务上具有一般优势，在生活环境和科学教育上处于中势，在宏观经济、产业发展和社会结构上处于一般劣势，无绝对劣势一级指标。肃北县公共服务得分（75.71）在全省县域居第二位，且远高于 64.15 的全省平均水平，表明其公共服务水平具有明显优势。

2016 年敦煌市县域竞争力综合得分为 71.21，处于中势水平。县域竞争力综合得分在全省居第 8 位、在酒泉市居第 3 位；与 2015 年相比，全省排序保持不变，市内排序下降 1 位。2016 年敦煌市在社会保障和生活环境上具有一般优势，在宏观经济、产业发展、基础设施、社会结构上处于中势，在公共服务上处于一般劣势，在科学教育上处于绝对劣势。

2016 年阿克塞县县域竞争力综合得分为 70.89，处于中势水平。县域竞争力综合得分在全省居第 12 位、在酒泉市居第 4 位；与 2015 年相比，全省排序保持不变，市内排序上升 1 位。2016 年阿克塞县在基础设施和公共服务上具有一般优势，在生活环境、社会结构上处于中势，在宏观经济、产业

发展、社会保障和科学教育上处于一般劣势。阿克塞县公共服务得分
（77.37）在全省县域居第一位，表明其公共服务水平具有突出优势。

2016年玉门市县域竞争力综合得分为70.61，处于中势。县域竞争力综
合得分在全省居第18位、在酒泉市居第5位；与2015年相比，全省排序下
降8位，市内排序下降1位。2016年玉门市在基础设施和生活环境上具有
一般优势，在宏观经济、社会保障和社会结构上处于中势，在产业发展和科
学教育上处于一般劣势，在公共服务上处于绝对劣势。

2016年金塔县县域竞争力综合得分为69.83，处于一般劣势。县域竞争
力综合得分在全省居第28位、在酒泉市居第6位；与2015年相比，全省排
序下降2位，市内排序保持不变。2016年金塔县在基础设施、社会保障和
生活环境方面具有一般优势，在宏观经济、产业发展、社会结构上处于一般
劣势，在公共服务和科学教育上处于绝对劣势，无处于中势水平的一级指
标。金塔县各个指标发展水平差异较大，呈现两极分化的特征。

2016年瓜州县县域竞争力综合得分为69.24，处于一般劣势。县域竞
争力综合得分在全省居第46位、在酒泉市居第7位；与2015年相比，全
省排序下降19位，市内排序维持不变，下滑幅度较大。2016年瓜州县在
基础设施上具有一般优势，在社会保障上处于中势，在宏观经济、产业发
展、生活环境和社会结构上处于一般劣势，在公共服务和科学教育上处于
绝对劣势。

九　2016年庆阳市县域竞争力评价分析

（一）县域竞争力总体状况分析

庆阳市下辖西峰区、庆城县、环县、华池县、合水县、正宁县、宁县、
镇原县。2016年，庆阳市县域竞争力综合得分平均为69.97，处于一般劣
势。所辖县（区）中，仅有西峰区和环县总体处于中势，其余6县均为一
般劣势（见表9）。

表9 2016年庆阳市县域竞争力一级指标得分及排名情况

县市区	全省综合排序		市(州)综合排序		综合得分	宏观经济得分	产业发展得分	基础设施得分	社会保障得分	公共服务得分	生活环境得分	社会结构得分	科学教育得分
	2016年	2015年	2016年	2015年									
西峰区	2	2	1	1	72.98	73.96	73.36	77.93	73.69	66.65	78.22	74.18	66.15
环　县	15	17	2	2	70.76	69.87	70.82	69.09	70.87	63.39	74.52	73.34	73.88
正宁县	33	41	3	7	69.71	65.00	67.44	75.68	73.28	61.81	77.87	71.13	67.20
宁　县	36	30	4	4	69.50	66.15	69.90	72.37	73.57	61.10	73.21	72.60	67.90
华池县	40	33	5	5	69.40	65.26	69.65	70.33	71.64	64.44	80.46	64.92	69.78
庆城县	41	24	6	3	69.31	66.86	70.58	70.08	73.83	62.50	76.05	69.90	66.39
镇原县	47	52	7	8	69.21	66.21	69.19	71.05	72.31	62.24	73.15	72.74	67.99
合水县	55	38	8	6	68.87	64.91	68.51	73.17	72.99	63.03	76.57	69.04	64.82
均　值					69.97	67.28	69.93	72.46	72.77	63.14	76.26	70.98	68.01
极　差					4.11	9.05	5.92	8.84	2.95	5.56	7.30	9.26	9.06
方　差					1.79	9.83	3.12	9.19	1.14	3.04	6.59	9.04	7.79
标准差					1.34	3.14	1.77	3.03	1.07	1.74	2.57	3.01	2.79

资料来源：根据《甘肃发展年鉴》（2016）和甘肃省统计局提供的数据处理得出。

从一级指标得分均值来看，2016年庆阳市在生活环境上具有一般优势，在基础设施、社会保障和社会结构上处于中势，在宏观经济、产业发展和科学教育上处于一般劣势，在公共服务上处于绝对劣势。

从指标得分差异来看，各县（区）宏观经济、基础设施和社会结构差异较大，而社会保障差异较小。

（二）各县（区）县域竞争力状况分析

2016年西峰区县域竞争力综合得分为72.98，处于中势水平。县域竞争力综合得分在全省居第2位，与2015年持平。2016年西峰区在基础设施和生活环境上具有一般优势，在宏观经济、产业发展、社会保障、社会结构上处于中势，在公共服务和科学教育上处于一般劣势，无绝对劣势指标。整体来看，西峰区优势、中势指标占比较大，县域经济社会处于和谐稳定发展的状态。

2016年环县县域竞争力综合得分为70.76，处于中势水平。县域竞争力综合得分在全省居第15位、在庆阳市居第2位；与2015年相比，全省排序上升2位，市内排序保持不变。2016年环县无一般优势及以上发展水平的指标，处于中势水平的有产业发展、社会保障、生活环境、社会结构及科学教育，处于一般劣势水平的有宏观经济和基础设施，处于绝对劣势的为公共服务。公共服务不足是县域经济社会发展的短板。

2016年正宁县县域竞争力综合得分为69.71，处于一般劣势。县域竞争力综合得分在全省居第33位、在庆阳市居第3位；与2015年相比，全省排序上升8位，市内排序上升4位，县域竞争力提升较快。2016年正宁县在基础设施和生活环境上具有一般优势，在社会保障和社会结构上处于中势，在宏观经济、产业发展、科学教育上处于一般劣势，在公共服务上处于绝对劣势。

2016年宁县县域竞争力综合得分为69.50，处于一般劣势。县域竞争力综合得分在全省居第36位、在庆阳市居第4位；与2015年相比，全省排序下降6位，市内排序保持不变。2016年宁县无一般优势及以上发展水平的指标，处于中势的有基础设施、社会保障、生活环境和社会结构，处于一般劣势的有宏观经济、产业发展和科学教育，在公共服务上则处于绝对优势。

2016年华池县县域竞争力综合得分为69.40，处于一般劣势。县域竞争力综合得分在全省居第40位、在庆阳市居第5位；与2015年相比，全省排序下降7位，市内排序保持不变。2016年华池县在生活环境上具有绝对优势，在基础设施和社会保障上处于中势，在宏观经济、产业发展和科学教育上处于一般劣势，在公共服务及社会结构上则处于绝对劣势。华池县8项指标发展水平差异较大，呈现两极分化的特征。

2016年庆城县县域竞争力综合得分为69.31，处于一般劣势。县域竞争力综合得分在全省居第41位、在庆阳市居第6位；与2015年相比，全省排序下降17位，下降幅度较大，市内排序下降3位。2016年庆城县在生活环境方面具有一般优势，在产业发展、基础设施、社会保障上处于中势，在宏观经济、社会结构及科学教育上处于一般劣势，在公共服务上则处于绝对劣势水平。

2016 年镇原县县域竞争力综合得分为 69.21，处于一般劣势。县域竞争力综合得分在全省居第 47 位、在庆阳市居第 7 位；与 2015 年相比，全省排序上升 5 位，市内排序上升 1 位。2016 年镇原县无一般优势及以上发展水平的指标，在基础设施、社会保障、生活环境及社会结构上处于中势，在宏观经济、产业发展、科学教育上处于一般劣势，在公共服务上处于绝对劣势。

2016 年合水县县域竞争力综合得分为 68.87，处于一般劣势。县域竞争力综合得分在全省居第 55 位、在庆阳市居第 8 位；与 2015 年相比，全省排序下降 17 位，市内排序下降 2 位，下降幅度较大。2016 年合水县生活环境具有一般优势，基础设施、社会保障处于中势，产业发展和社会结构处于一般劣势，宏观经济、公共服务和科学教育处于绝对劣势。绝对劣势指标占比较大，县域经济社会发展制约因素较多。

十　2016 年定西市县域竞争力评价分析

（一）县域竞争力总体状况分析

定西市下辖安定区、通渭县、陇西县、渭源县、临洮县、漳县和岷县。2016 年，定西市县域竞争力综合得分平均为 69.16，处于一般劣势。所辖 7 县（区）综合得分均不超过 70，处于一般劣势（见表 10）。

表 10　2016 年定西市县域竞争力一级指标得分及排名情况

县市区	全省综合排序		市（州）综合排序		综合得分	宏观经济得分	产业发展得分	基础设施得分	社会保障得分	公共服务得分	生活环境得分	社会结构得分	科学教育得分
	2016年	2015年	2016年	2015年									
陇西县	25	29	1	1	69.90	66.34	68.75	71.88	72.39	64.52	76.36	71.57	69.13
安定区	27	45	2	3	69.86	67.97	70.33	70.11	71.17	63.01	78.36	71.24	68.12
临洮县	35	40	3	2	69.63	66.05	69.39	73.07	73.09	62.72	76.84	70.45	66.94
通渭县	50	55	4	4	69.08	63.66	68.90	69.60	71.09	63.50	76.00	70.75	70.79
岷　县	53	57	5	5	69.00	64.12	67.76	72.84	70.69	62.91	77.13	68.86	68.86

| 县市区 | 全省综合排序 | | 市(州)综合排序 | | 综合得分 | 宏观经济得分 | 产业发展得分 | 基础设施得分 | 社会保障得分 | 公共服务得分 | 生活环境得分 | 社会结构得分 | 科学教育得分 |
	2016年	2015年	2016年	2015年									
渭源县	60	61	6	6	68.56	63.36	67.70	71.41	72.73	63.02	77.29	67.02	67.88
漳 县	70	64	7	7	68.12	62.99	68.75	70.72	70.98	61.19	74.14	73.89	64.84
均 值					69.16	64.93	68.80	71.37	71.74	62.98	76.59	70.54	68.08
极 差					1.78	4.98	2.64	3.47	2.40	3.33	4.22	6.87	5.95
方 差					0.46	3.49	0.83	1.74	0.94	0.98	1.73	4.67	3.48
标准差					0.68	1.87	0.91	1.32	0.97	0.99	1.32	2.16	1.87

资料来源：根据《甘肃发展年鉴》（2016）和甘肃省统计局提供的数据处理得出。

从一级指标得分均值来看，2016年定西市在生活环境上具有一般优势，在基础设施、社会保障和社会结构上处于中势，在产业发展、科学教育上处于一般劣势，在宏观经济、公共服务上处于绝对劣势。

从指标得分差异来看，8项一级指标差异均不大，说明定西市各县（区）发展相对均衡。

（二）各县（区）县域竞争力状况分析

2016年陇西县县域竞争力综合得分为69.90，处于一般劣势水平。县域竞争力综合得分在全省居第25位、在定西市居第1位；与2015年相比，全省排序上升4位、市内排序保持不变。2016年陇西县在生活环境上具有一般优势，在基础设施、社会保障和社会结构上处于中势，在宏观经济、产业发展、科学教育上处于一般劣势，在公共服务上处于绝对劣势。

2016年安定区县域竞争力综合得分为69.86，处于一般劣势。县域竞争力综合得分在全省居第27位、在定西市居第2位；与2015年相比，全省排序上升18位、市内排序上升1位，县域综合竞争力提升幅度较快。2016年安定区在生活环境上具有一般优势，在产业发展、基础设施、社会保障和社会结构上处于中势，在宏观经济和科学教育上处于一般劣势，在公共服务上处于绝对劣势。

2016 年临洮县县域竞争力综合得分为 69.63，处于一般劣势。县域竞争力综合得分在全省居第 35 位、在定西市居第 3 位；与 2015 年相比，全省排序上升 5 位，市内排序下降 1 位。2016 年临洮县在生活环境上具有一般优势，在基础设施、社会保障和社会结构上处于中势，在宏观经济、产业发展、科学教育上处于一般劣势，在公共服务上处于绝对劣势。

2016 年通渭县县域竞争力综合得分为 69.08，处于一般劣势水平。县域竞争力综合得分在全省居第 50 位、在定西市居第 4 位；与 2015 年相比，全省排序上升 5 位，市内排序保持不变。2016 年通渭县在生活环境上具有一般优势，在社会保障、社会结构及科学教育方面处于中势，在产业发展、基础设施上处于一般劣势，在宏观经济和公共服务上处于绝对劣势。

2016 年岷县县域竞争力综合得分为 69.00，处于一般劣势。县域竞争力综合得分在全省居第 53 位、在定西市居第 5 位；与 2015 年相比，全省排序上升 4 位，市内排序保持不变。2016 年岷县在生活环境上具有绝对优势，在基础设施和社会保障上处于中势，在产业发展、社会结构和科学教育上处于一般劣势，在宏观经济及公共服务上则处于绝对劣势。

2016 年渭源县县域竞争力综合得分为 68.56，处于一般劣势。县域竞争力综合得分在全省居第 60 位、在定西市居第 6 位；与 2015 年相比，全省排序上升 1 位，市内排序保持不变。2016 年渭源县在生活环境方面具有一般优势，在基础设施、社会保障上处于中势，在产业发展、社会结构及科学教育上处于一般劣势，在宏观经济、公共服务上则处于绝对劣势。

2016 年漳县县域竞争力综合得分为 68.12，处于一般劣势。县域竞争力综合得分在全省居第 70 位、在定西市居第 7 位；与 2015 年相比，全省排序下降 6 位，市内排序保持不变。2016 年漳县无一般优势及以上发展水平的指标，在基础设施、社会保障、生活环境及社会结构上处于中势，在产业发展上处于一般劣势，在宏观经济、公共服务和科学教育上处于绝对劣势。

十一 2016年陇南市县域竞争力评价分析

（一）县域竞争力总体状况分析

陇南市下辖武都区、宕昌县、成县、康县、文县、西和县、礼县、两当县、徽县。2016年，陇南市县域竞争力综合得分平均为69.01，处于一般劣势。所辖9县（区）中，除徽县综合得分70.03处于中势外，其余各县（区）均处于一般劣势（见表11）。

表11 2016年陇南市县域竞争力一级指标得分及排名情况

县市区	全省综合排序		市（州）综合排序		综合得分	宏观经济得分	产业发展得分	基础设施得分	社会保障得分	公共服务得分	生活环境得分	社会结构得分	科学教育得分
	2016年	2015年	2016年	2015年									
徽　县	24	28	1	3	70.03	64.49	68.56	72.86	74.27	64.24	78.75	73.89	66.85
成　县	26	20	2	2	69.87	65.08	69.41	72.63	74.67	65.85	75.40	71.93	66.76
武都区	29	19	3	1	69.83	68.34	70.18	69.21	71.40	61.96	77.11	77.21	65.99
两当县	30	36	4	4	69.80	62.50	66.99	74.83	75.94	65.28	77.42	69.23	69.15
文　县	49	47	5	6	69.10	63.78	68.47	69.85	70.10	60.37	78.71	69.74	72.64
康　县	56	44	6	5	68.83	63.55	68.02	69.52	73.69	64.29	79.82	67.64	67.45
礼　县	64	56	7	7	68.40	64.02	68.34	64.39	73.03	61.34	77.22	71.92	70.24
西和县	72	69	8	8	67.76	63.26	68.12	70.01	68.43	61.12	76.44	70.39	66.09
宕昌县	73	71	9	9	67.49	62.97	68.02	69.66	70.82	62.07	72.23	68.97	66.57
均　值					69.01	64.22	68.46	70.33	72.48	62.95	77.01	71.21	67.97
极　差					2.54	5.84	3.20	10.43	7.50	5.48	7.59	9.57	6.65
方　差					0.92	2.99	0.82	8.73	5.96	3.95	4.98	8.60	5.09
标准差					0.96	1.73	0.91	2.96	2.44	1.99	2.23	2.93	2.26

资料来源：根据《甘肃发展年鉴》（2016）和甘肃省统计局提供的数据处理得出。

从一级指标得分均值来看，2016年陇南市在生活环境上具有一般优势，在基础设施、社会保障和社会结构上处于中势，在产业发展、科学教育上处于一般劣势，在宏观经济、公共服务上处于绝对劣势。

从指标得分差异来看，产业发展差异较小，说明陇南市各县（区）产业竞争力相差不大，产业发展相对均衡；基础设施、社会结构差异较大，表明各县（区）在基础设施建设、人口与城乡结构等方面存在较大差距。

（二）各县县域竞争力状况分析

2016年徽县县域竞争力综合得分为70.03，处于中势水平。县域竞争力综合得分在全省居第24位、在陇南市居第1位；与2015年相比，全省排序上升4位、市内排序上升2位。2016年徽县在生活环境上具有一般优势，在基础设施、社会保障及社会结构上处于中势，在产业发展、科学教育上处于一般劣势，在宏观经济、公共服务上处于绝对劣势。

2016年成县县域竞争力综合得分为69.87，处于一般劣势。县域竞争力综合得分在全省居第26位、在陇南市居第2位；与2015年相比，全省排序下降6位，市内排序保持不变。2016年成县在生活环境上具有一般优势，在基础设施、社会保障和社会结构上处于中势，在宏观经济、产业发展、公共服务和科学教育上处于一般劣势，无绝对劣势指标。

2016年武都区县域竞争力综合得分为69.83，处于一般劣势。县域竞争力综合得分在全省居第29位、在陇南市居第3位；与2015年相比，全省排序上升10位，市内排序下降2位，下降幅度较大。2016年武都区在生活环境、社会结构上具有一般优势，在产业发展、社会保障上处于中势，在宏观经济、基础设施、科学教育上处于一般劣势，在公共服务上处于绝对劣势。

2016年两当县县域竞争力综合得分为69.80，处于一般劣势水平。县域竞争力综合得分在全省居第30位、在陇南市居第4位；与2015年相比，全省排序上升6位，市内排序保持不变。2016年两当县在社会保障和生活环境上具有一般优势，在基础设施上处于中势，在产业发展、公共服务、社会结构、科学教育上处于一般劣势，在宏观经济上处于绝对劣势。

111

2016 年文县县域竞争力综合得分为 69.10，处于一般劣势。县域竞争力综合得分在全省居第 49 位、在陇南市居第 5 位；与 2015 年相比，全省排序下降 2 位，市内排序上升 1 位。2016 年文县在生活环境上具有一般优势，在社会保障和科学教育上处于中势，在产业发展、基础设施、社会结构上处于一般劣势，在宏观经济及公共服务上则处于绝对劣势。

2016 年康县县域竞争力综合得分为 68.83，处于一般劣势。县域竞争力综合得分在全省居第 56 位、在陇南市居第 6 位；与 2015 年相比，全省排序下降 12 位，降幅较大，市内排序下降 1 位。2016 年康县在生活环境方面具有一般优势，在社会保障上处于中势，在产业发展、基础设施、社会结构及科学教育上处于一般劣势，在宏观经济、公共服务上则处于绝对劣势。

2016 年礼县县域竞争力综合得分为 68.40，处于一般劣势。县域竞争力综合得分在全省居第 64 位、在陇南市居第 7 位；与 2015 年相比，全省排序下降 8 位，市内排序保持不变。2016 年礼县在生活环境上具有一般优势，在社会保障、社会结构及科学教育上处于一般劣势，在宏观经济、基础设施及公共服务上处于绝对劣势。绝对劣势指标占比较大，县域经济社会发展制约因素较多。

2016 年西和县县域竞争力综合得分为 67.76，处于一般劣势。县域竞争力综合得分在全省居第 72 位、在陇南市居第 8 位；与 2015 年相比，全省排序下降 3 位，市内排序保持不变。2016 年西和县在生活环境上具有一般优势，在基础设施和社会结构上处于中势，在产业发展、社会保障及科学教育上处于一般劣势，在宏观经济和公共服务上处于绝对劣势。

2016 年宕昌县县域竞争力综合得分为 67.49，处于一般劣势。县域竞争力综合得分在全省居第 73 位、在陇南市居第 9 位；与 2015 年相比，全省排序下降 2 位，市内排序保持不变。2016 年宕昌县无一般优势及以上发展水平的指标，在社会保障、生活环境上处于中势，在产业发展、基础设施、社会结构及科学教育上处于一般劣势，在宏观经济和公共服务上处于绝对劣势。

十二　2016年临夏州县域竞争力评价分析

（一）县域竞争力总体状况分析

临夏回族自治州（简称临夏州）下辖临夏市、临夏县、康乐县、永靖县、广河县、和政县、东乡县、积石山县。2016 年，临夏州县域竞争力综合得分平均为 68.53，处于一般劣势。所辖 8 县（市）中，除临夏市综合得分 71.06 处于中势外，其余各县均处于一般劣势（见表 12）。

表 12　2016 年临夏州所辖各县县域竞争力一级指标得分及排名情况

县市区	全省综合排序		市（州）综合排序		综合得分	宏观经济得分	产业发展得分	基础设施得分	社会保障得分	公共服务得分	生活环境得分	社会结构得分	科学教育得分
	2016年	2015年	2016年	2015年									
临 夏 市	10	5	1	1	71.06	67.46	71.42	76.75	67.30	64.49	76.34	79.89	66.12
临 夏 县	39	46	2	2	69.41	62.97	70.06	73.76	69.76	62.30	76.61	74.72	67.01
永 靖 县	51	50	3	3	69.05	64.07	69.23	70.89	70.69	64.85	75.22	70.17	68.86
和 政 县	59	62	4	4	68.57	62.62	70.37	71.84	67.26	61.38	75.67	74.15	66.67
康 乐 县	62	67	5	5	68.41	62.50	69.66	71.65	71.57	62.15	77.35	67.22	66.74
广 河 县	71	72	6	6	68.01	62.82	69.00	74.46	67.80	61.09	75.28	69.27	64.85
积石山县	74	77	7	8	67.03	62.29	68.82	68.63	63.80	61.68	73.56	69.88	67.83
东 乡 县	76	74	8	7	66.70	62.10	69.39	66.02	65.16	60.57	71.29	69.41	67.51
均　　值					68.53	63.36	69.74	72.00	67.92	62.31	75.17	71.84	66.95
极　　差					4.37	5.36	2.60	8.72	7.78	4.28	6.07	12.67	4.01
方　　差					1.91	3.11	0.73	8.61	7.12	2.43	3.74	16.98	1.43
标准差					1.38	1.76	0.85	2.93	2.67	1.56	1.93	4.12	1.19

资料来源：根据《甘肃发展年鉴》（2016）和甘肃省统计局提供的数据处理得出。

从一级指标得分均值来看，2016 年临夏州在生活环境上具有一般优势，在基础设施和社会结构上处于中势，在产业发展、社会保障和科学教育上处于一般劣势，在宏观经济、公共服务上处于绝对劣势。

从指标得分差异来看，产业发展差异较小，说明临夏州各县（市）产业竞争力相差不大，产业发展相对均衡；基础设施、社会保障、社会结构差异较大，其中社会结构差异最大，标准差达到4.12，说明各县（市）在城乡结构、人口结构等方面存在较大差异。

（二）各县（市）县域竞争力状况分析

2016年临夏市县域竞争力综合得分为71.06，处于中势水平。县域竞争力综合得分在全省居第10位、在临夏州居第1位；与2015年相比，全省排序下降5位。2016年临夏市在基础设施、生活环境、社会结构上具有一般优势，在产业发展上处于中势，在宏观经济、社会保障、科学教育上处于一般劣势，在公共服务上处于绝对劣势。

2016年临夏县县域竞争力综合得分为69.41，处于一般劣势。县域竞争力综合得分在全省居第39位、在临夏州居第2位；与2015年相比，全省排序上升7位，州内排序保持不变。2016年临夏县在生活环境上具有一般优势，在产业发展、基础设施、社会结构上处于中势，在社会保障和科学教育上处于一般劣势，在宏观经济、公共服务上处于绝对劣势。

2016年永靖县县域竞争力综合得分为69.05，处于一般劣势。县域竞争力综合得分在全省居第51位、在临夏州居第3位；与2015年相比，全省排序下降1位，州内排序保持不变。2016年永靖县在生活环境上具有一般优势，在基础设施、社会保障、社会结构上处于中势，在产业发展、科学教育上处于一般劣势，在宏观经济、公共服务上处于绝对劣势。

2016年和政县县域竞争力综合得分为68.57，处于一般劣势。县域竞争力综合得分在全省居第59位、在临夏州居第4位；与2015年相比，全省排序上升3位，州内排序保持不变。2016年和政县在生活环境上具有一般优势，在产业发展、基础设施、社会结构上处于中势，在社会保障、科学教育上处于一般劣势，在宏观经济、公共服务上处于绝对劣势。

2016年康乐县县域竞争力综合得分为68.41，处于一般劣势。县域竞争力综合得分在全省居第62位、在临夏州居第5位；与2015年相比，全省排序上升5位，州内排序保持不变。2016年康乐县在生活环境上具有一般优势，在基础设施、社会保障上处于中势，在产业发展、社会结构和科学教育上处于一般劣势，在宏观经济及公共服务上则处于绝对劣势。

2016 年广河县县域竞争力综合得分为 68.01，处于一般劣势。县域竞争力综合得分在全省居第 71 位、在临夏州居第 6 位；与 2015 年相比，全省排序上升 1 位，州内排序保持不变。2016 年广河县在生活环境方面具有一般优势，在基础设施上处于中势，在产业发展、社会保障、社会结构上处于一般劣势，在宏观经济、公共服务及科学教育上处于绝对劣势。绝对劣势指标占比较大。

2016 年积石山县县域竞争力综合得分为 67.03，处于一般劣势。县域竞争力综合得分在全省居第 74 位、在临夏州居第 7 位；与 2015 年相比，全省排序上升 3 位，州内排序上升 1 位。2016 年积石山县无一般优势及以上发展水平的指标，在生活环境上处于中势水平，在产业发展、基础设施、社会结构及科学教育上处于一般劣势，在宏观经济、社会保障、公共服务上处于绝对劣势。

2016 年东乡县县域竞争力综合得分为 66.70，处于一般劣势。县域竞争力综合得分在全省居第 76 位、在临夏州居第 8 位；与 2015 年相比，全省排序下降 2 位，州内排序下降 1 位。2016 年东乡县无一般优势及以上发展水平的指标，在生活环境上处于中势水平，在产业发展、基础设施、社会保障、社会结构及科学教育方面均为一般劣势，在宏观经济和公共服务上处于绝对劣势。

十三　2016年甘南州县域竞争力评价分析

（一）县域竞争力总体状况分析

甘南藏族自治州（简称甘南州）下辖合作市、临潭县、卓尼县、舟曲县、迭部县、玛曲县、碌曲县、夏河县。2016 年，甘南州县域竞争力综合得分平均为 68.04，处于一般劣势。所辖 8 县（市）综合得分均为 65 ~ 70，处于一般劣势水平（见表 13）。

表 13 2016 年甘南州县域竞争力一级指标得分及排名情况

县市区	全省综合排序		市（州）综合排序		综合得分	宏观经济得分	产业发展得分	基础设施得分	社会保障得分	公共服务得分	生活环境得分	社会结构得分	科学教育得分
	2016年	2015年	2016年	2015年									
迭部县	37	48	1	1	69.44	62.90	66.78	75.31	70.68	65.43	77.35	68.82	69.73
碌曲县	61	58	2	2	68.47	62.85	67.16	69.56	72.32	69.15	78.61	62.47	68.55
合作市	65	63	3	4	68.33	65.26	68.87	71.92	68.98	62.09	77.00	68.04	65.38
卓尼县	67	73	4	6	68.23	62.77	65.98	71.37	69.94	64.52	78.29	64.31	70.02
舟曲县	68	60	5	3	68.22	62.67	66.28	68.68	71.42	63.99	79.02	72.34	65.97
临潭县	69	66	6	5	68.21	62.78	66.87	71.09	69.50	63.52	77.07	67.61	68.85
玛曲县	75	76	7	8	66.74	63.08	63.51	69.07	71.71	65.28	79.58	61.87	63.64
夏河县	77	75	8	7	66.67	62.94	65.35	66.42	70.59	61.96	77.00	66.01	66.05
均　值					68.04	63.16	66.35	70.43	70.64	64.49	77.99	66.43	67.27
极　差					2.77	2.59	5.37	8.89	3.34	7.19	2.58	10.47	6.38
方　差					0.84	0.74	2.39	7.01	1.30	5.23	1.04	12.26	5.38
标准差					0.92	0.86	1.55	2.65	1.14	2.29	1.02	3.50	2.32

资料来源：根据《甘肃发展年鉴》（2016）和甘肃省统计局提供的数据处理得出。

从一级指标得分均值来看，2016 年甘南州在生活环境上具有一般优势，在基础设施和社会保障上处于中势，在产业发展、社会结构和科学教育上处于一般劣势，在宏观经济及公共服务上处于绝对劣势。整体来看，甘南州生活环境较为优良，但经济发展相对滞后、公共服务水平偏低。

从指标得分差异来看，社会结构差异较大，其余指标差异均较小，说明甘南州各县（市）在城乡结构、人口结构等方面存在较大差异。

（二）各县（市）县域竞争力状况分析

2016 年迭部县县域竞争力综合得分为 69.44，处于一般劣势。县域竞争力综合得分在全省居第 37 位、在甘南州居第 1 位；与 2015 年相比，全省排序上升 11 位，县域综合竞争力提升较快。2016 年迭部县在基础设施、生活环境上具有一般优势，在社会保障上处于中势，在产业发展、公共服务、社会结构、科学教育上处于一般劣势，在宏观经济上处于绝对劣势。

2016 年碌曲县县域竞争力综合得分为 68.47，处于一般劣势。县域竞争力综合得分在全省居第 61 位、在甘南州居第 2 位；与 2015 年相比，全省排序下降 3 位，州内排序保持不变。2016 年碌曲县在生活环境上具有一般优势，在社会保障上处于中势，在产业发展、基础设施、公共服务和科学教育上处于一般劣势，在宏观经济和社会结构上处于绝对劣势。

2016 年合作市县域竞争力综合得分为 68.33，处于一般劣势。县域竞争力综合得分在全省居第 65 位、在甘南州居第 3 位；与 2015 年相比，全省排序下降 2 位，州内排序上升 1 位。2016 年合作市在生活环境上具有一般优势，在基础设施上处于中势，在宏观经济、产业发展、社会保障、社会结构、科学教育上处于一般劣势，在公共服务上处于绝对劣势。

2016 年卓尼县县域竞争力综合得分为 68.23，处于一般劣势。县域竞争力综合得分在全省居第 67 位、在甘南州居第 4 位；与 2015 年相比，全省排序上升 6 位，州内排序上升 2 位。2016 年卓尼县在生活环境上具有一般优势，在基础设施、科学教育上处于中势，在产业发展和社会保障上处于一般劣势，在宏观经济、公共服务和社会结构上处于绝对劣势。

2016 年舟曲县县域竞争力综合得分为 68.22，处于一般劣势。县域竞争力综合得分在全省居第 68 位、在甘南州居第 5 位；与 2015 年相比，全省排序下降 8 位，州内排序下降 2 位，下降幅度较大。2016 年舟曲县在生活环境上具有一般优势，在社会保障、社会结构上处于中势，在产业发展、基础设施、科学教育上处于一般劣势，在宏观经济及公共服务上处于绝对劣势。

2016 年临潭县县域竞争力综合得分为 68.21，处于一般劣势。县域竞争力综合得分在全省居第 69 位、在甘南州居第 6 位；与 2015 年相比，全省排序下降 3 位，州内排序下降 1 位。2016 年临潭县在生活环境方面具有一般优势，在基础设施上处于中势，在产业发展、社会保障、社会结构和科学教育上处于一般劣势，在宏观经济和公共服务上处于绝对劣势。

2016 年玛曲县县域竞争力综合得分为 66.74，处于一般劣势。县域竞争力综合得分在全省居第 75 位、在甘南州居第 7 位；与 2015 年相比，全省排序和州内排序均上升 1 位。2016 年玛曲县在生活环境上具有一般优势，在社会保障上处于中势，在基础设施、公共服务上处于一般劣势，在宏观经济、产业发展、社会结构和科学教育上处于绝对劣势。绝对劣势指标数占比达50%，表明其县域经济社会发展面临较多的制约因素。

2016年夏河县县域竞争力综合得分为66.67，处于一般劣势。县域竞争力综合得分在全省居第77位、在甘南州居第8位；与2015年相比，全省排序下降2位，州内排序下降1位。2016年夏河县在生活环境上具有一般优势，在社会保障上处于中势，在产业发展、基础设施、社会结构及科学教育方面处于一般劣势，在宏观经济和公共服务上处于绝对劣势。

专 题 篇

Feature Articles

B.5
甘肃农业生产效率评价及提升路径研究

何 剑*

摘　要： 本文首先基于劳动力、土地及其他物质投入要素，对甘肃省小麦、玉米、苹果和奶牛产业进行成本分析、效益分析和生产率分析，总结出甘肃省农业投入－产出的共性特征，分析评价甘肃省农业投入产出效率。其次，利用 DEA 模型，测算分析甘肃省农业生产综合技术效率和全要素生产率及其随时间变化情况。主要结论是：1. 甘肃农业生产效率总体偏低；2. 农业生产成本过高，尤其是人工成本过高是阻碍甘肃农业经济效益和整体竞争力提升的重要因素；3. 甘肃农业全要素生产率稳步提升，但增速仍相对缓慢，全要素生产率的增长对农业产出增加的贡献率偏小。在此基础上提出提升甘肃省

---

* 何剑，甘肃省社会科学院农村发展研究所助理研究员，硕士，主要研究方向为农业经济、农村发展。

农业生产效率的对策建议。

关键词： 农业生产效率 DEA模型 技术效率 全要素生产率

一 甘肃省农业生产现状概述

（一）农林牧渔业生产稳步增长

2016年，甘肃省完成农林牧渔业增加值1017.8亿元，按可比价计算比上年增长5.5%。其中，种植业增加值756.16亿元，增长5.9%；牧业增加值201.53亿元，增长3.5%；林业增加值14.7亿元，增长10.8%；农林牧渔服务业增加值44.3亿元，增长5.5%。

（二）农业结构进一步优化

2016年，甘肃省农林牧渔业增加值中，种植业、林业、畜牧业、渔业、农林牧渔服务业增加值比重由上年的75.7∶1.3∶18.7∶0.2∶4.1调整为74.3∶1.4∶19.8∶0.1∶4.4。种植业比重进一步降低，畜牧业、农林牧渔服务业比重进一步提高。种植业内部，粮经饲结构由上年的67.4∶30.2∶2.4调整为66.2∶31.2∶2.6，粮食作物比重下降1.2个百分点，经济作物和饲料作物比重分别上升1.0个和0.2个百分点。小麦、玉米种植面积持续减少，小麦由上年的1192万亩减少至1143万亩，玉米由上年的1557万亩减少至1526万亩。

（三）特色产业继续保持较快增速

2016年，甘肃特色产业继续保持良好的发展势头。2016年，全省蔬菜种植面积820.44万亩，同比增长3.8%；蔬菜产量1951.48万吨，同比增长7.0%。中药材面积435.71万亩，同比增长8.1%；中药材产量115.45万吨，同比增长6.7%。油料面积497.96万亩，同比增长3.7%；油料产量

76.02 万吨，同比增长 6.2%。果园面积 709.34 万亩，同比增长 3.1%；园林水果产量 506.44 万吨，同比增长 9.7%。

（四）畜牧业生产稳定增长

2016 年，全省猪牛羊肉产量 94.98 万吨，比上年增加 0.92 万吨，增幅 0.98%。其中，猪肉产量 48.97 万吨，同比减少 1.83 万吨，减幅为 3.6%；牛肉产量 20.02 万吨，同比增加 1.22 万吨，增幅为 6.5%；羊肉产量 21.05 万吨，同比增加 0.45 万吨，增幅为 2.3%。2016 年全省奶类产量 40.68 万吨，同比增加 0.78 万吨，增幅为 1.95%。

（五）粮食产量略有下降

2016 年，甘肃省粮食产量 1140.6 万吨，比上年减少 30.5 万吨，减幅为 2.6%。粮食产量结束了自 2007 年以来的"九连增"，其主要原因是粮食播种面积和单位面积产量的"双减少"。2016 年，甘肃粮食播种面积 281.4 万公顷，比上年减少 3.6 万公顷，减幅为 1.3%；粮食亩产量 270.2 千克，比上年减少 3.8 千克，减幅为 1.4%。

分作物种类来看，2016 年全省小麦产量 267.8 万吨，比上年减少 13.2 万吨，减幅 4.7%；玉米产量 560.6 万吨，比上年减少 16.6 万吨，减幅为 2.9%；豆类产量 31.7 万吨，比上年减少 5.5 万吨，减幅 14.6%。受国内经济形势和市场环境因素的影响，豆类产量下降幅度较大。薯类产量略有增加，由 2015 年的 225.3 万吨增加到 2016 年的 226.1 万吨，增长 0.3%。

二 甘肃省农业生产投入产出特征分析

在一定的技术水平和资源约束条件下，农业生产效率和效益决定了其现实的产出能力。促进农业提质增效、提升农业竞争力客观上要求对农业进行投入－产出效率分析，找出阻碍农业效率提升的制约因素。农业是一个大的产业集合，其中各种产业的投入、产出特征不同，这就给分析评价农业生产效率带来了困难。关了方便研究，同时鉴于数据的可得性，本文分别以甘肃省小麦、玉米、苹果和奶牛①产业为研究对象，基于劳动力、土地及其他物质投入要素，分别对以上产业进行成本分析、效益分析和生产率分析，找出投入－产出共性特征。再通过与其他省（区）及全国进行横向对比，分析评价甘肃省农业投入产出效率现状及存在的问题。

农业生产成本是在农业生产过程中投入的物质费用和人工费用等的总和，是构成农产品价格的物质基础，也是影响农业竞争力的关键因素。选取单位产品人工成本和单位产品物质与服务费用为衡量指标，对四种产业进行生产成本分析。

农业生产效益反映了农业实现其市场价值、创造经济利润能力的强弱。农业生产效益与农民收入密切相关。提高农业生产效益，是解决农业"增产不增收"问题的关键。选取单位产品净利润、产品价格及单位产品总成本为衡量指标，分析评价各产业农业生产效益。

农业生产过程中需要投入土地、劳动力、物质资本等生产要素。农业生产率衡量一定要素投入量下农业的产出水平。选取亩产量、单位产品用工量（天数）两项指标分别反映土地生产率和劳动生产率。

（一）生产成本分析

1. 单位产品人工成本分析

2015年，甘肃省生产50千克小麦所需的人工成本为60.1元（按2000年不变价格计算，以下同），同期全国水平为26.9元，相邻陕西、宁夏两省（区）分别为38.7元和40.0元；甘肃生产50千克玉米的人工成本为54.1元，同期全国水平为29.8元，陕西、宁夏两省（区）分别为47.2元和30.8元。

纵向对比来看，2006年以来，甘肃小麦、玉米生产的人工成本均呈快速上升的趋势（见图1、图2）。具体来看，小麦人工成本除2006～2008年和2013～2014年有小幅下降外，其余年份均以较快速度上涨，并在2013年

---

① 鉴于数据的可得性原因，这里用中等规模奶牛产业代替整个奶牛产业。

达到最高，为每 50 千克产品 60.2 元。玉米人工成本则在 10 年间增加了 1.3 倍（2006 年为每 50 千克 23.2 元），特别是在 2011～2013 年出现了一次跳跃式增长，由每 50 千克产品近 30 元猛增至近 50 元。

省际对比来看，除 2007 年外，2006～2015 年每年甘肃小麦种植人工成本均高于陕西、宁夏两省（区）及全国水平，并有差距逐渐拉大的趋势。玉米生产人工成本则自 2006 年以来每年均高于陕西、宁夏及全国水平（见图 1、图 2）。

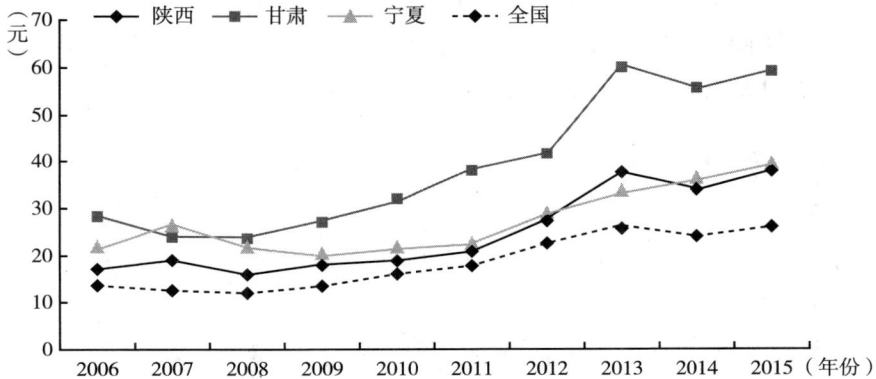

图 1　生产 50 千克小麦人工成本省际对比

资料来源：《全国农产品成本收益资料汇编》（2007～2016）。

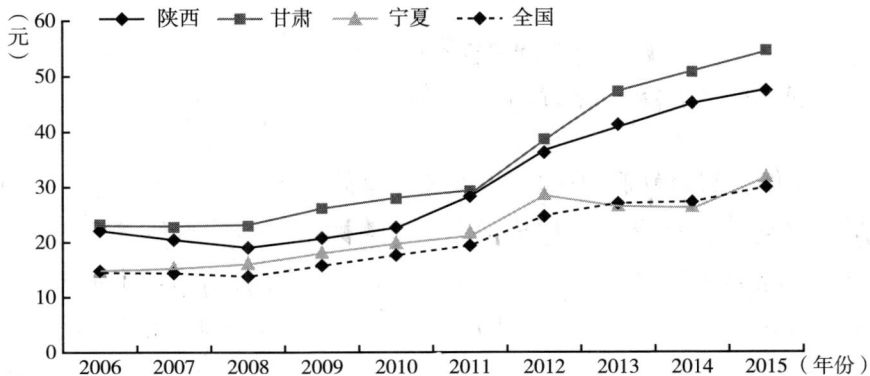

图 2　生产 50 千克玉米人工成本省际对比

资料来源：《全国农产品成本收益资料汇编》（2007～2016）。

2015 年，甘肃生产 50 千克苹果的人工成本为 76.7 元，同期全国水平为 48.6 元，陕西、山东两省分别为 45.3 元和 49.9 元。纵向对比来看，除 2008 年和 2015 年有小幅下降外，2006~2015 年甘肃省苹果生产人工成本逐年攀升，并在 2011 年之后上升速度明显加快，到 2015 年，生产每 50 千克苹果的人工成本比 2006 年增长了 2.2 倍。省际对比来看，2006~2015 年，甘肃苹果生产的人工成本始终高于同属苹果西北优势产区的陕西省和环渤海优势产区的山东省，且有差距越来越大的趋势（见图 3）。甘肃是全国苹果第三大产区和第四大种植区，区位优势和品牌特色明显，但长期以来居高不下的人工成本成为阻碍甘肃苹果产业经济效益和整体竞争力提升的重要因素。

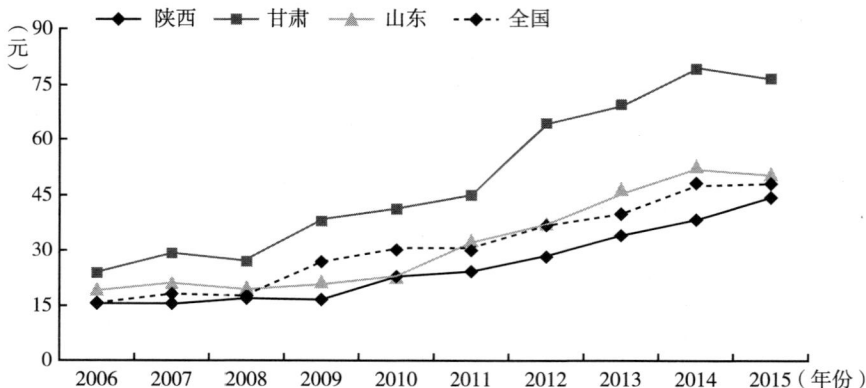

图 3　生产 50 千克苹果人工成本省际对比

资料来源：《全国农产品成本收益资料汇编》（2007~2016）。

2015 年，甘肃省奶牛业生产 50 千克主产品所需人工成本为 9.69 元，同期全国水平为 14.9 元，同期陕西、宁夏两省（区）分别为 22.0 元和 14.9 元。纵向对比来看，2006~2015 年甘肃省奶牛业人工成本稳中有升，个别年份有小幅下降，最低为 2007 年的 5.7 元/50 千克奶，最高为 2014 年的 10.2 元/50 千克奶。省际对比来看，10 年间甘肃奶牛业人工成本总体处于较低水平，除个别年份外，绝对数量和增长速度均低于陕西、宁夏及全国水平（见图 4）。

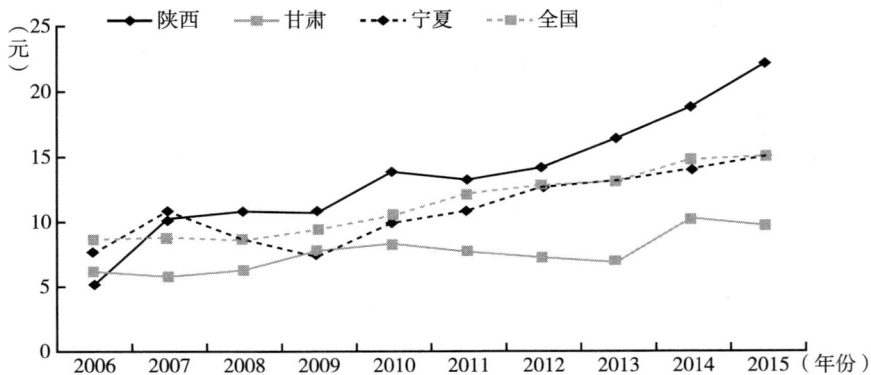

图 4 生产 50 千克奶牛业主产品人工成本省际对比

资料来源：《全国农产品成本收益资料汇编》（2007～2016）。

2. 单位产品物质与服务费用分析

物质与服务包括农业生产中水、电、燃料、饲料等直接物质投入以及资产折旧、技术指导、田间管理、农业保险等间接投入。2015 年，甘肃生产50 千克小麦的物质与服务费用为 36.0 元，全国同期为 27.1 元；生产 50 千克玉米的物质与服务费用为 24.3 元，全国同期为 20.9 元；生产 50 千克苹果的物质与服务费用为 20.6 元，全国同期为 23.1 元；生产 50 千克牛奶的物质与服务费用为 87.5 元，全国同期为 77.4 元。

2006 年以来，甘肃小麦、玉米生产的物质与服务费用呈现上下波动的趋势，但总体保持稳定（见图 5），这一方面反映出甘肃小麦、玉米生产受市场环境影响较大，导致农业物质投入出现波动；另一方面也表明各项惠农政策的实施有效弥补了市场失灵，确保了农民对粮食生产投入基本保持稳定。

2006～2015 年，甘肃苹果生产的物质与服务费用呈现总体上升的趋势，每 50 千克产品的物质与服务费用增长了 1.7 倍（2006 年 7.6 元），这主要是由于 2010 年和 2013 年出现两次较大幅度提升的结果，而在其他年份物质与服务费用则保持相对稳定（见图 5）。

2006～2015 年，甘肃奶牛业生产的物质与服务费用总体呈增长趋势，由 63.2 元增长到 87.5 元，其中 2008～2013 年持续快速增长，由 62.9 元增长到 99.6 元，年均增幅达 9.6%（见图 5）。

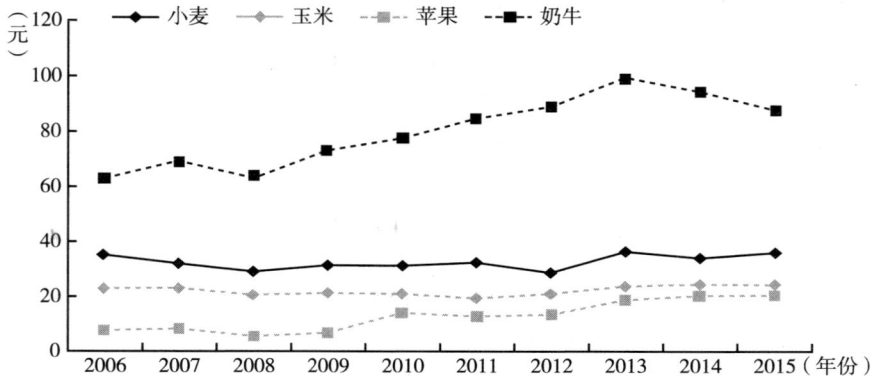

图 5 甘肃省生产 50 千克小麦、玉米、苹果、奶牛业主产品的物质与服务费用

资料来源：《全国农产品成本收益资料汇编》（2007～2016）。

与全国对比来看，2006 年以来，甘肃每年小麦、玉米生产的物质与服务费用均高于全国水平，苹果生产的物质与服务费用则低于全国水平；2008 年以来，各年份甘肃奶牛业生产的物质与服务费用均高于全国水平（见表 1）。省际对比来看，2006 年以来，甘肃玉米、奶牛业生产的物质与服务费用均高于陕西、宁夏，苹果生产的物质与服务费用均低于陕西、山东，小麦生产的物质与服务费用则介于陕西和宁夏之间（见表 2）。

表 1 甘肃与全国生产 50 千克小麦、玉米、苹果、奶牛业主产品的物质与服务费用

单位：元

年份	小麦		玉米		苹果		奶牛	
	甘肃	全国	甘肃	全国	甘肃	全国	甘肃	全国
2006	35.2	26.6	23.0	18.1	7.6	15.4	63.2	67.3
2007	32.1	25.8	23.3	17.8	8.7	30.0	69.4	69.9
2008	29.0	22.6	20.5	16.7	5.9	16.8	62.9	61.3
2009	31.6	27.1	21.4	18.1	6.7	30.0	73.5	67.0
2010	31.4	26.9	20.8	18.0	14.2	31.6	77.3	73.8
2011	32.9	25.8	19.5	18.3	12.7	27.4	84.4	68.9

年份	小麦		玉米		苹果		奶牛	
	甘肃	全国	甘肃	全国	甘肃	全国	甘肃	全国
2012	28.8	28.5	21.0	19.2	13.8	25.4	88.6	74.3
2013	36.4	30.1	23.9	19.9	18.8	25.0	99.6	75.4
2014	34.1	26.7	24.7	19.9	20.4	27.5	94.5	82.3
2015	36.0	27.1	24.3	20.9	20.6	23.1	87.5	77.4
平均	32.7	26.7	22.2	18.7	12.9	25.2	80.1	71.8

资料来源:《全国农产品成本收益资料汇编》(2007~2016)。

(二)生产效益分析

1. 单位产品净利润分析

2015年,甘肃生产50千克小麦的净利润为 - 46.7元,为2006年以来的最低水平,同期陕西为 - 6.8元、宁夏为 - 15.2元、全国为1.28元(见表3)。2006~2015年,甘肃小麦生产净利润总体呈不断下降趋势,其中2012年以来降幅较大。除2008年为1.98元外,其余年份甘肃小麦生产的净利润均为负值。玉米净利润的变化情况与小麦类似,也呈下降趋势。2006~2015年,甘肃生产50千克玉米的净利润由6.5元降至 - 29.8元,在2013年首次降为负值(见图6)。

表2 生产50千克小麦、玉米、苹果、奶牛业主产品的物质与服务费用省际对比

单位:元

年份	小麦			玉米			苹果			奶牛		
	甘肃	陕西	宁夏	甘肃	陕西	宁夏	甘肃	陕西	山东	甘肃	陕西	宁夏
2006	35.2	28.1	42.0	23.0	20.1	16.1	7.6	18.6	23.0	63.2	60.1	54.7
2007	32.1	30.0	44.9	23.3	16.4	16.3	8.7	19.4	24.3	69.4	77.2	53.8
2008	29.0	24.3	36.2	20.5	16.2	16.1	5.9	17.6	23.5	62.9	61.5	57.4
2009	31.6	30.8	38.8	21.4	18.8	17.6	6.7	15.6	24.5	73.5	55.3	61.3
2010	31.4	27.8	40.0	20.8	20.7	19.5	14.2	19.0	22.8	77.3	73.5	64.0
2011	32.9	24.8	38.3	19.5	22.4	19.1	12.7	16.7	25.5	84.4	66.6	65.2
2012	28.8	27.7	39.6	21.0	21.8	18.2	13.8	14.4	24.6	88.6	72.5	62.1

年份	小麦			玉米			苹果			奶牛		
	甘肃	陕西	宁夏	甘肃	陕西	宁夏	甘肃	陕西	山东	甘肃	陕西	宁夏
2013	36.4	34.4	42.1	23.9	21.4	20.9	18.8	15.7	27.9	99.6	76.5	66.0
2014	34.1	28.7	40.1	24.7	23.4	20.0	20.4	15.7	29.6	94.5	80.1	68.8
2015	36.0	27.7	40.5	24.3	21.3	23.9	20.6	15.8	25.4	87.5	74.2	70.3
平均	32.7	28.4	40.3	22.2	20.2	18.8	12.9	16.9	25.1	80.1	69.8	62.4

资料来源:《全国农产品成本收益资料汇编》(2007~2016)。

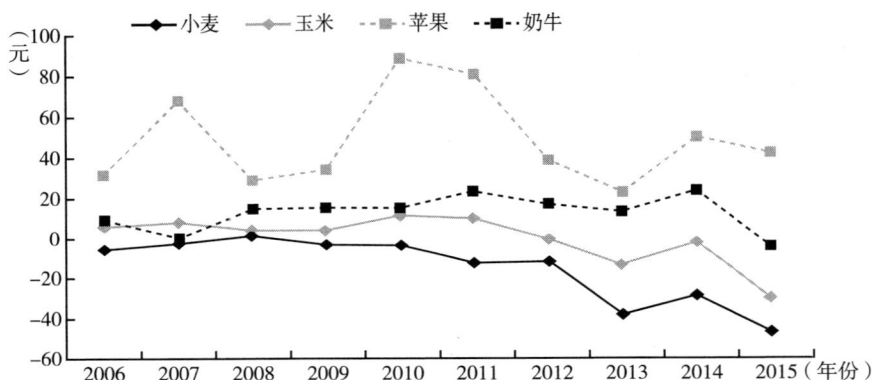

图6 2006~2015年甘肃小麦、玉米、苹果、奶牛业每50千克主产品净利润

资料来源:《全国农产品成本收益资料汇编》(2007~2016)。

2015年,甘肃生产50千克苹果的净利润为42.1元,同期陕西、山东两省分别为90.1元和33.5元,全国为31.8元。2006~2015年,甘肃苹果生产净利润随时间频繁波动,波动幅度最大发生在2010年,净利润由上年的每50千克34.2元增加到每50千克89.2元,此后又经历了一波持续下降的过程,到2013年降至每50千克仅23.0元。

2015年,甘肃奶牛业每生产50千克主产品的净利润为-4.3元,自2006年以来首次出现负值,同期陕西、宁夏两省(区)分别为-4.7元和5.7元,全国为25.2元。2006~2015年,甘肃奶牛业生产净利润同样呈上下波动的趋势。

从省际对比来看,除2011年外,甘肃小麦、玉米生产的净利润在2006~2015年均低于陕西、宁夏和全国水平。苹果生产净利润在2012年之前与陕西接近，但此后明显低于后者，且差距不断拉大。2006～2015 年，甘肃小麦、玉米、苹果生产的平均净利润均低于陕西、宁夏和全国水平（见表3、表4）。

表3　甘肃与全国生产50千克小麦、玉米、苹果、奶牛业主产品的净利润

单位：元

年份	小麦		玉米		苹果		奶牛	
	甘肃	全国	甘肃	全国	甘肃	全国	甘肃	全国
2006	-5.8	13.8	6.5	14.1	32.7	34.8	9.1	14.0
2007	-2.3	13.3	8.5	18.2	68.8	54.0	0.4	10.2
2008	2.0	15.0	4.2	12.4	28.8	35.1	15.1	15.8
2009	-3.1	14.2	4.2	14.6	34.2	53.6	15.6	20.3
2010	-3.1	12.0	12.0	17.8	89.2	90.6	15.1	24.4
2011	-12.5	9.4	10.0	17.3	81.5	72.8	23.5	24.1
2012	-12.0	1.7	0.1	12.2	39.3	59.6	17.2	22.7
2013	-38.3	-1.0	-14.1	4.6	23.0	47.9	13.0	26.9
2014	-28.5	5.9	-1.3	4.7	50.2	53.3	24.1	24.8
2015	-46.7	1.3	-29.8	-8.5	42.1	31.8	-4.3	25.2
平均	-15.0	8.6	0	10.7	49.0	53.4	12.9	20.8

资料来源：《全国农产品成本收益资料汇编》（2007～2016）。

表4　小麦、玉米、苹果、奶牛业50千克主产品净利润的省际对比

单位：元

年份	小麦			玉米			苹果			奶牛		
	甘肃	陕西	宁夏	甘肃	陕西	宁夏	甘肃	陕西	山东	甘肃	陕西	宁夏
2006	-5.8	7.2	6.3	6.5	6.9	25.7	32.7	29.5	34.3	9.1	22.6	12.1
2007	-2.3	6.6	0	8.5	16.3	24.5	68.8	51.9	63.2	0.4	0	15.3
2008	2.0	12.4	3.2	4.2	9.1	5.9	28.8	29.0	30.9	15.1	3.3	12.1
2009	-3.1	3.7	2.8	4.2	11.7	14.6	34.2	48.7	57.3	15.6	15.5	9.8
2010	-3.1	12.5	-0.4	12.0	17.0	19.2	89.2	85.2	102.3	15.1	17.1	32.3
2011	-12.5	10.2	4.7	10.0	8.5	15.0	81.5	82.7	83.9	23.5	17.3	26.4
2012	-12.0	1.1	-5.9	0.1	1.2	9.6	39.3	93.0	51.2	17.2	17.9	34.4
2013	-38.3	-13.4	-11.0	-14.1	-5.0	2.6	23.0	90.9	37.8	13.0	30.6	30.6
2014	-28.5	-2.7	-9.1	-1.3	-0.9	0.4	50.2	121.8	92.0	24.1	8.4	22.7
2015	-46.7	-6.8	-15.2	-29.8	-20.1	-13.6	42.1	90.1	33.5	-4.3	-4.7	5.7
平均	-15.0	3.1	-2.5	0	4.5	10.4	49.0	72.3	58.7	12.9	12.8	20.1

资料来源：《全国农产品成本收益资料汇编》（2007～2016）。

2. 产品价格－总成本分析

通过以上对净利润的省际对比分析，可以看出 2006～2015 年甘肃小麦、玉米、苹果和奶牛业的净利润总体处于较低水平，表明四种产业的经济效益均相对偏低。进一步分析价格因素和成本因素，可以看出，2006～2015 年，甘肃四种产业主产品各年的平均价格与参照省份及全国水平差异不大，但是平均生产成本明显偏高（见表5），这说明成本过高、成本上升过快是造成净利润偏低的主要原因。

表5　2006～2015 年小麦、玉米、苹果、奶牛业主产品平均价格、成本省际对比

单位：元

项目	小麦				玉米			
	甘肃	陕西	宁夏	全国	甘肃	陕西	宁夏	全国
2006～2015 年平均价格(50 千克)	66.3	63.3	77.0	64.8	60.4	59.6	58.7	60.2
2006～2015 年平均成本(50 千克)	80.5	60.3	79.5	56.5	62.9	57.6	50.0	49.7
2006～2015 年平均价格(50 千克)	113.9	117.8	120.3	116.5	98.7	93.7	92.3	102.7
2006～2015 年平均成本(50 千克)	65.1	45.7	61.6	63.2	85.8	80.6	72.1	81.9

资料来源：《全国农产品成本收益资料汇编》（2007～2016）。

2006～2015 年，甘肃小麦、玉米价格保持稳定，但生产成本不断上升，始终保持在接近甚至超过价格的高位水平；苹果、奶牛业产品价格虽然有较大幅度增长，但由于成本上涨过快，基本随价格呈同步增长，利润空间受到挤压，净利润同样偏低（见图7～图10）。

（三）生产率分析

1. 土地生产率分析

2006～2015 年，甘肃小麦、玉米土地生产率总体保持稳定，苹果土地生产率则在波动中有所提升。10 年间小麦亩产量最低为 276 千克（2013年）、最高为 385 千克（2012 年），玉米亩产量最低为 529 千克（2006 年）、

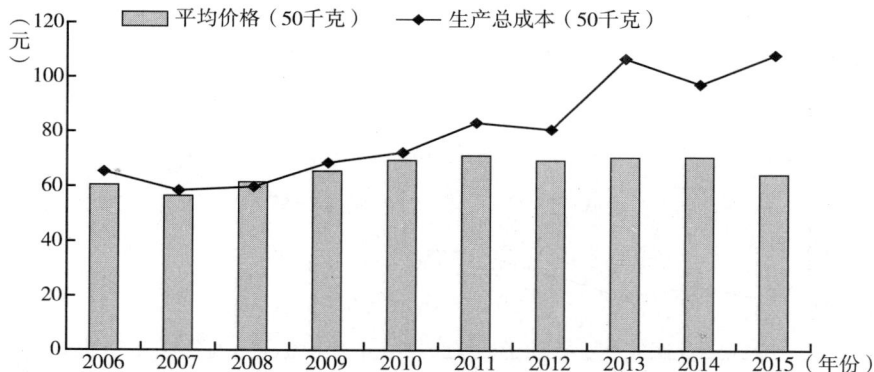

图7 2006～2015年甘肃小麦价格－成本对比

资料来源:《全国农产品成本收益资料汇编》(2007～2016)。

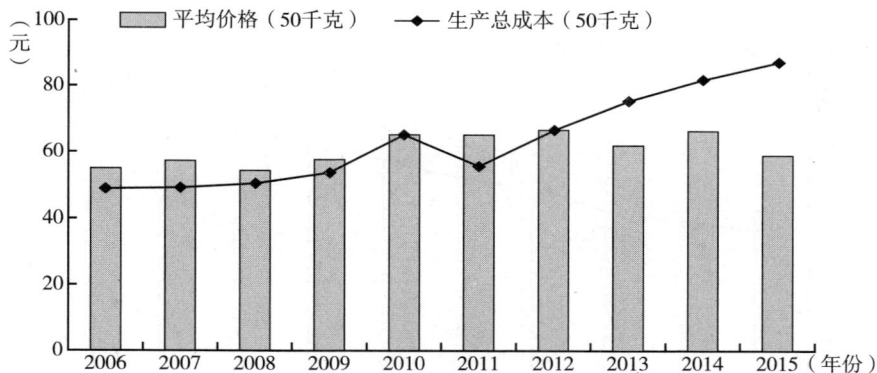

图8 2006～2015年甘肃玉米价格－成本对比

资料来源:《全国农产品成本收益资料汇编》(2007～2016)。

最高为687千克(2012年),苹果亩产量最低为1611千克(2007年)、最高为2315千克(2015年)(见图11)。

从省际对比来看,2006～2015年甘肃小麦土地生产率总体低于陕西和全国水平、高于宁夏。2006～2015年小麦平均亩产量,甘肃为321千克,陕西、宁夏和全国分别为371千克、309千克和384千克;2006～2015年甘肃玉米土地生产率显著高于陕西、宁夏和全国水平。2006～2015年玉米

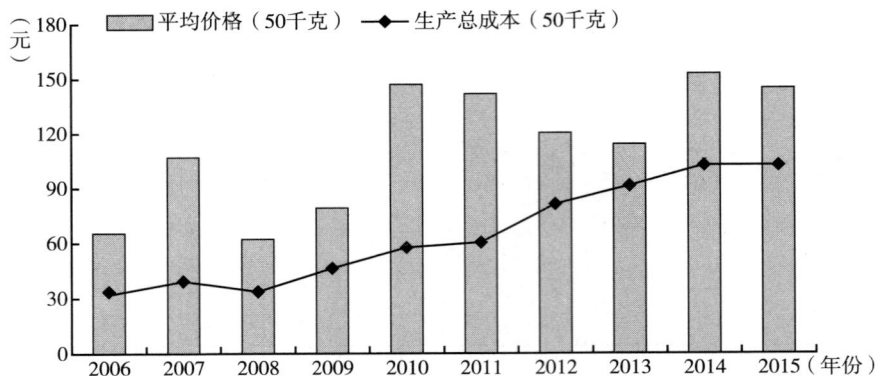

图9　2006～2015年甘肃苹果价格－成本对比

资料来源：《全国农产品成本收益资料汇编》（2007～2016）。

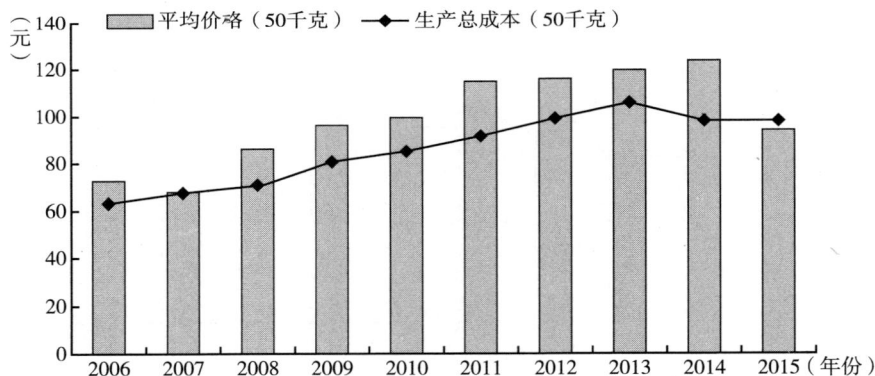

图10　2006～2015年甘肃奶牛业主产品价格－成本对比

资料来源：《全国农产品成本收益资料汇编》（2007～2016）。

平均亩产量，甘肃为611千克，陕西、宁夏和全国分别为418千克、531千克和463千克；2006～2015年甘肃苹果土地生产率明显低于山东、但高于陕西，与全国水平大体相当。2006～2015年苹果平均亩产量，甘肃为1939千克，陕西、山东、全国分别为1843千克、2688千克和1940千克（见表6）。

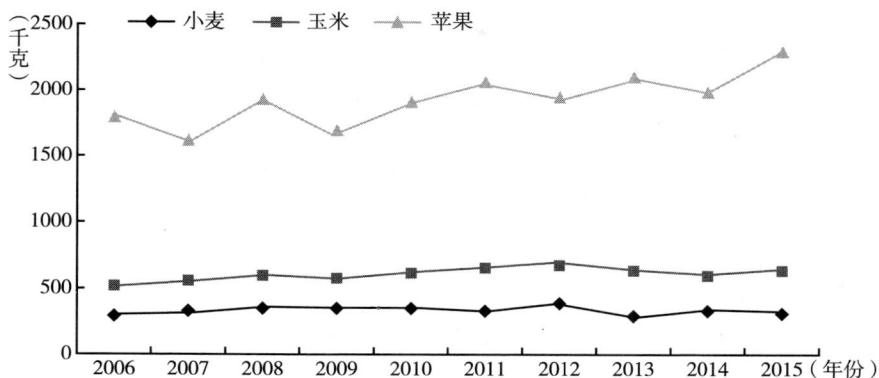

图11 2006~2015年甘肃小麦、玉米、苹果亩产量

资料来源:《全国农产品成本收益资料汇编》(2007~2016)。

表6 2006~2015年小麦、玉米、苹果亩产量省际对比

单位:千克

年份	小麦				玉米				苹果			
	甘肃	陕西	宁夏	全国	甘肃	陕西	宁夏	全国	甘肃	陕西	山东	全国
2006	284	353	292	352	529	358	467	424	1820	1785	2585	1942
2007	309	322	248	360	569	383	472	422	1611	1852	2527	1727
2008	336	350	302	388	598	389	500	457	1939	1665	2778	1966
2009	323	349	318	378	560	401	510	430	1665	1958	2678	1962
2010	338	376	309	370	618	431	538	453	1925	1680	2906	1864
2011	321	396	313	389	655	418	543	472	2066	1883	2513	1967
2012	385	397	322	383	687	451	568	493	1963	2059	3018	2059
2013	276	345	316	374	643	457	552	488	2091	1914	2592	1957
2014	324	407	331	428	618	433	588	500	1992	1858	2344	1876
2015	312	414	343	421	632	461	576	489	2315	1780	2941	2079
平均	321	371	309	384	611	418	531	463	1939	1843	2688	1940

资料来源:《全国农产品成本收益资料汇编》(2007~2016)。

2. 劳动生产率分析

2006~2015年,除苹果单位产品用工量保持相对稳定外,甘肃小麦、玉米、奶牛业单位产品用工量总体均呈现减少的趋势，表明小麦、玉米、奶牛业的劳动生产率在不断提高。具体来看，2006～2015年，甘肃生产50千克小麦的用工量由2.02天降至1.23天，生产50千克玉米的用工量由1.66天降至1.12天，生产50千克奶牛业主产品的用工量由0.27天降至0.18天（见图12～图15）。

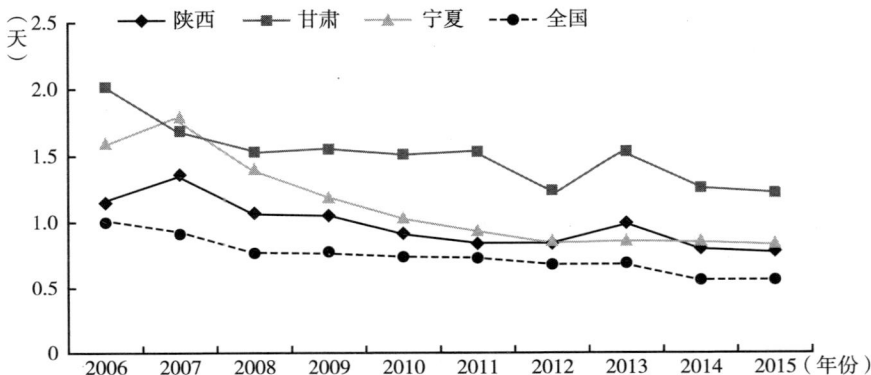

图12　2006～2015年生产50千克小麦用工量省际对比

资料来源：《全国农产品成本收益资料汇编》（2007～2016）。

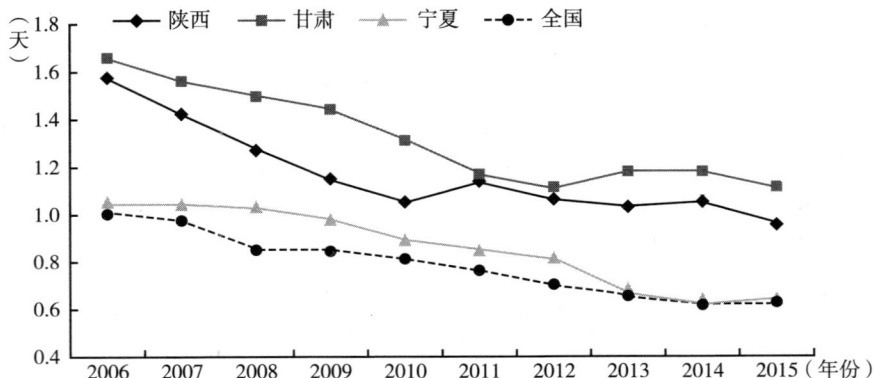

图13　2006～2015年生产50千克玉米用工量省际对比

资料来源：《全国农产品成本收益资料汇编》（2007～2016）。

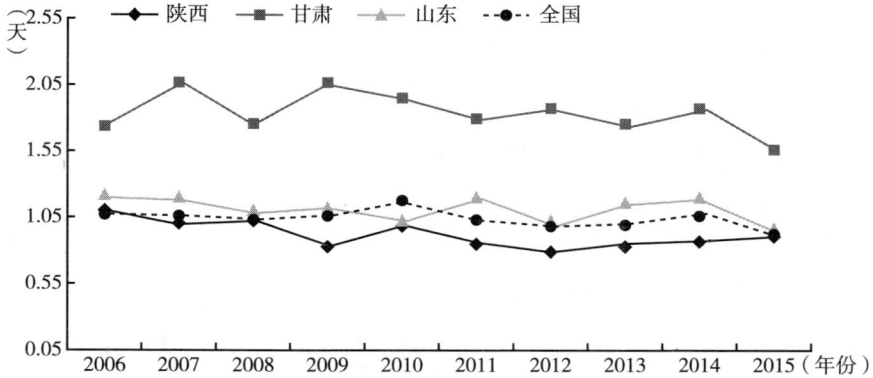

图 14 2006～2015 年生产 50 千克苹果用工量省际对比

资料来源：《全国农产品成本收益资料汇编》（2007～2016）。

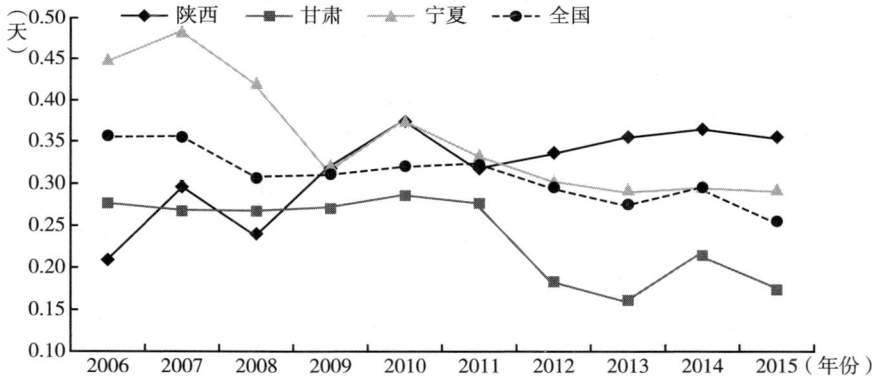

图 15 2006～2015 年生产 50 千克奶牛业主产品用工量省际对比

资料来源：《全国农产品成本收益资料汇编》（2007～2016）。

从省际对比来看，除 2007 年外，2006～2015 年甘肃小麦、玉米、苹果的单位产品用工量均高于参照省份及全国平均水平；除 2006 年和 2008 年外，2006～2015 年甘肃奶牛业单位产品用工量均低于参照省份及全国平均水平。这反映出甘肃小麦、玉米、苹果的劳动生产率相对偏低，而奶牛业劳动生产率则相对较高。

（四）主要结论

根据以上对甘肃省小麦、玉米、苹果、奶牛产业生产成本、生产效益和生产率所做的分析，结合与参照省份的对比，可以看出甘肃省农业投入产出大致具有以下几点特征。

（1）生产成本上升较快，且主要是人工成本上升过快。一方面，当前甘肃农业机械化、规模化程度偏低，仍属于"劳动密集型"农业，因此在农业尤其是种植业总生产成本的构成中，相比于物质与服务费用，人工成本占比过大，已成为推动农业生产总成本上升的主体。如2015年甘肃生产50千克苹果的人工成本占总成本的比重达74.9%。另一方面，随着近年来非农就业机会的增多，农民务农的机会成本不断增高，农业雇工、用工费用不断攀升，导致人工成本增长过快，其在农业生产总成本中的比重还在不断增加。2006～2015年，甘肃小麦、玉米种植的人工成本占总成本比重分别由43.1%、47.9%上升到55.3%、62.9%。

（2）高成本是导致农业生产经济效益较低的主要原因。相比于低价值，高成本成为阻碍甘肃农业经济效益提升更主要的因素。以苹果产业为例，甘肃、陕西同属西北苹果优势产区，两省在生产条件、生产能力、市场环境等方面均较为接近，土地生产率甘肃总体还高于陕西，但在经济效益方面两省表现迥异。2006～2015年生产50千克苹果的平均净利润，陕西为72.3元，甘肃仅为49.0元。进一步分析发现，2006～2015年50千克苹果的平均价格，甘肃为113.9元，陕西为117.8元，差距不大；而同期平均的生产成本，甘肃为65.1元，陕西仅为45.7元，差距近20元。由此可见，成本差异是造成两省苹果产业经济效益差异的主要原因。

（3）劳动生产率有较大提升空间。对劳动生产率的分析表明，2006～2015年甘肃小麦、玉米、苹果每50千克用工量均不断减少，但目前仍然高于其他参照省份及全国水平。这表明甘肃种植业劳动生产率在逐步提升，且提升空间较大，今后应走"劳动集约化"农业的路子，努力提高劳动生产率，促进农业降本增效。

三　基于 DEA 的甘肃省农业综合生产效率评价

以上基于单要素投入对甘肃省农业投入 – 产出特征进行了分析，评价了甘肃农业生产对一种投入或资源（劳动力、土地、物质与服务等）的利用效率及产生的经济效益，而农业产出是多要素投入综合作用下的结果，基于一种投入要素的分析仅能得出对这种要素的利用效率。要全面反映多种要素投入下农业的综合生产效率，需要借助一定的数量分析方法。这里采用 DEA（Data Envelopment Analysis，数据包络分析）模型，对甘肃省农业综合生产效率进行定量评价。

数据包络分析（DEA）的基本思想是，首先运用线性规划的数学方法构建观测数据的生产前沿面，再计算各决策单元相对于生产前沿面的效率（即相对效率）。该方法可以用于比较分析具有相同类型的多投入、多产出生产单元的相对效率。

这里以全国 31 个省（市、自治区）为评价决策单元，选择农林牧渔业增加值（亿元，2000 年不变价）为产出变量，选择农林牧渔从业人员（万人）、农作物播种面积（万公顷）、折纯化肥施用量（万吨）、农业机械总动力（万千瓦时）为投入变量，测算分析 1998～2015 年甘肃农业生产的技术效率、纯技术效率和规模效率及其变化情况。同时利用 Malmquist 指数法，测算分析甘肃省 1998～2015 年农业全要素生产率的变化情况。

（一）甘肃农业综合生产效率测算与分析

利用 DEAP2.1 软件，对 1998～2015 年甘肃农业生产效率进行测算，结果（见表 7）①。

---

① 按照是从投入还是产出角度进行考虑，DEA 模型分为 Input Orientated（基于投入）和 Onput Orientated（基于产出）两种模型；按照对规模报酬的假定不同，DEA 模型又分为 CRS（规模报酬不变）和 VRS（规模报酬可变）两种模型。鉴于农业生产的特征，这里采用 Output Orientated（基于产出导向）的 VRS（规模报酬可变）模型进行计算，以下同。

表7　1998～2015年甘肃农业综合生产效率测算结果

年份	技术效率	纯技术效率	规模效率	年份	技术效率	纯技术效率	规模效率
1998	0.427	0.491	0.871	2008	0.508	0.509	0.999
1999	0.315	0.434	0.724	2009	0.503	0.504	0.998
2000	0.358	0.427	0.838	2010	0.496	0.497	0.996
2001	0.377	0.431	0.876	2011	0.465	0.466	0.998
2002	0.351	0.414	0.848	2012	0.477	0.480	0.995
2003	0.367	0.447	0.820	2013	0.484	0.486	0.996
2004	0.467	0.467	1.000	2014	0.482	0.495	0.972
2005	0.444	0.448	0.989	2015	0.479	0.503	0.954
2006	0.484	0.490	0.988	平均	0.443	0.471	0.937
2007	0.487	0.489	0.995				

资料来源：由1999～2016年各省统计年鉴收集的数据进行计算。

　　根据生产经济学理论，在规模报酬可变的假设下，厂商存在一个最优的生产规模，大于或小于这个最优规模，都会导致生产的无效率，因此可以把技术效率分解为纯技术效率和规模效率，即技术效率＝纯技术效率×规模效率，其中纯技术效率是受厂商管理和技术变化影响的生产效率，规模效率是受厂商规模变化影响的生产效率。纯技术效率和规模效率任何一项的提升都会引起总的技术效率的改进。

　　1. 技术效率和规模效率分析

　　1998～2015年甘肃农业生产的技术效率总体偏低，最高年份为0.508（2008年），最低年份为0.315（1999年），平均为0.443[①]；再看规模效率，1998～2015年甘肃农业生产的规模效率水平较高，最高年份为1.000（2004年），最低年份0.724（1999年），平均为0.937，接近1（见表7）。由此可以看出，甘肃农业技术效率偏低主要是由于纯技术效率偏低而不是规模效率偏低所导致的，表明甘肃农业生产或是由于投入结构不合理，或是由于技术手段落后，要素使用效率不高。同时也表明，甘肃农业生产规模总体有效，在保

———————

① 注：效率最优值为1，以下同。

持现有技术水平下，同比例增加或减少所有农业资源的投入都无法使生产效率得到进一步改进。

2. 产出不足及投入冗余分析

产出不足是在保持投入不变的情况下，通过效率改进能够使产出增加的最大量；相反地，投入冗余是在不改变产出的情况下，通过提高效率能够使投入减少的最大量。由于是运用基于产出导向的 DEA 模型，因此不存在所有投入按比例冗余（即径向冗余）的情况，因此仅需考虑一种或几种投入相对于其他投入冗余（即非径向冗余）的问题。

表 8 显示了 1998～2015 年甘肃农业产出（以农林牧渔业增加值表示）数量不足、投入数量冗余的情况。以 2015 年为例，实际产出为农林牧渔业增加值 472 亿元，实际投入为农林牧渔从业人员 876 万人、农作物播种面积 423 万公顷、折纯化肥施用量 98 万吨、农业机械总动力 2685 万千瓦时。根据 DEA 测算结果，在保持上述投入不变的情况下，通过提高效率，可使产出增加 467 元，达到最优产出水平，即农林牧渔增加值 939 元。在此基础上，农林牧渔从业人员 323（＝876－553）万人、农作物播种面积 147（＝423－276）万公顷、农业机械总动力 198（＝2685－2487）万千瓦时为过量投入，通过效率改进，可以在维持原有产出水平的同时减少这部分投入。

表 8　1998～2015 年甘肃农业各产出、投入变量实际值与改进目标值

年份	产出变量		投入变量							
	农林牧渔业增加值(亿元)		农林牧渔从业人员(万人)		农作物播种面积(万公顷)		折纯化肥施用量(万吨)		农业机械总动力(万千瓦时)	
	实际值	目标值	实际值	目标值	实际值	目标值	实际值	目标值	实际值	目标值
1998	194	395	693	655	289	165	63	63	883	883
1999	189	435	698	677	381	251	65	65	970	970
2000	193	452	706	626	374	228	65	65	1057	1057
2001	201	466	705	631	369	217	66	66	1122	1122
2002	204	492	747	619	365	212	69	69	1185	1185
2003	224	501	770	608	362	206	70	70	1255	1255

续表

年份	产出变量		投入变量							
	农林牧渔业增加值(亿元)		农林牧渔从业人员(万人)		农作物播种面积(万公顷)		折纯化肥施用量(万吨)		农业机械总动力(万千瓦时)	
	实际值	目标值	实际值	目标值	实际值	目标值	实际值	目标值	实际值	目标值
2004	230	492	773	585	367	200	72	72	1321	1321
2005	248	553	771	598	373	212	76	76	1407	1407
2006	267	545	886	550	366	186	77	77	1466	1466
2007	268	548	748	581	376	211	80	80	1577	1577
2008	285	560	734	539	387	198	81	81	1686	1686
2009	305	606	739	548	394	207	83	83	1823	1823
2010	335	674	731	556	400	216	85	85	1978	1978
2011	336	721	919	496	410	223	87	87	2136	2136
2012	366	763	902	517	410	224	92	92	2279	2279
2013	409	842	892	526	416	238	95	95	2418	2418
2014	431	870	882	572	420	264	98	98	2546	2507
2015	472	939	876	553	423	275	98	98	2685	2487

资料来源：由 1999 ~ 2016 年各省统计年鉴收集的数据进行计算。

由表 8 可以看出，一方面，在既定投入量下，甘肃农业产出能力不足。1998 ~ 2015 年农林牧渔业实际增加值与目标值之间均存在较大差额；另一方面，甘肃农业生产存在投入比例失衡的情况。1998 ~ 2015 年，甘肃劳动力投入冗余度呈上升趋势，平均为 25.2%；土地投入冗余度平均为 42.9%（见图 16）。这说明在既定的产出量下，相对于化肥和农业机械，劳动力和土地投入过多，或者说，相对于劳动力和土地投入，化肥和农业机械投入过少，由此造成劳动力和土地资源的浪费①，也从另一侧面反映出农业土地生产率和劳动生产率不高。

---

① 农业产出可以看成是各种要素按一定比例系数投入的函数，即：$Y = f(aX_1, \beta X_2, \cdots, \theta X_K, \cdots, \sigma X_N)$ 其中：Y 表示产出，$X_1, X_2, \cdots X_N$ 表示 N 种投入要素，α、β、$\cdots$、σ 表示各种要素的投入比例系数。假定要素 X_K 的比例系数由 θ 增加到 $\theta + 1$，在其他要素投入不变的条件下，产出仍然是 Y，因此增加的 1 个单位的 X_K 属于过量投入。

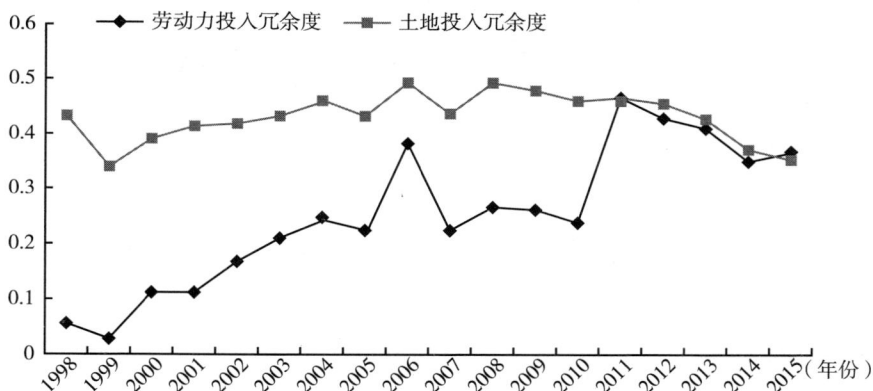

图16　1998～2015年甘肃农业劳动力和土地投入冗余度

（二）甘肃农业全要素生产率测算与分析

全要素生产率是指产出增长率超出要素投入增长率的部分，其来源包括技术进步、组织创新、专业化和生产创新等。由于全要素增长率包含了技术效率的提高和技术本身的进步，因此测算全要素生产率必须考虑技术变化的因素，而普通 DEA 模型仅适用于某一时间点和技术不变的情形，因此，这里运用 Malmquist DEA 模型测算分析甘肃农业生产技术效率及全要素生产率的变化情况。

整体来看，1998～2015 年，甘肃农业全要素生产率年均增长 1.8%，其中，技术进步年均增长 1.1%，技术效率年均增长 0.7%。在技术效率增长中，纯技术效率年均增长 0.1%，规模效率年均增长 0.5%（见表9）。省际对比来看，1998～2015 年甘肃农业全要素生产率的年均增长幅度低于陕西、青海、宁夏、新疆四省（区），增速较为缓慢（见表10）。

表9　1998～2015 年甘肃农业全要素生产率及其构成变化

时期	技术变化	技术效率变化	纯技术效率变化	规模效率变化	全要素生产率变化
1998～1999 年	1.248	0.736	0.885	0.832	0.918
1999～2000 年	0.895	1.138	0.984	1.157	1.019
2000～2001 年	0.978	1.054	1.009	1.045	1.031

时期	技术变化	技术效率变化	纯技术效率变化	规模效率变化	全要素生产率变化
2001～2002年	1.039	0.931	0.961	0.969	0.967
2002～2003年	1.025	1.044	1.080	0.967	1.070
2003～2004年	0.783	1.274	1.045	1.219	0.997
2004～2005年	1.073	0.949	0.959	0.990	1.019
2005～2006年	0.969	1.090	1.092	0.998	1.057
2006～2007年	0.953	1.006	0.999	1.007	0.959
2007～2008年	0.994	1.043	1.039	1.004	1.037
2008～2009年	1.041	0.990	0.991	0.999	1.031
2009～2010年	1.071	0.985	0.987	0.999	1.056
2010～2011年	1.028	0.938	0.937	1.002	0.965
2011～2012年	1.002	1.026	1.029	0.997	1.028
2012～2013年	1.060	1.014	1.013	1.001	1.075
2013～2014年	1.020	0.996	1.020	0.976	1.016
2014～2015年	1.089	0.995	1.015	0.981	1.084
时期平均	1.011	1.007	1.001	1.005	1.018

注：全要素生产率变化＝技术变化×技术效率变化；技术效率变化＝纯技术效率变化×规模效率变化

资料来源：由1999～2016年各省份统计年鉴收集的数据进行计算。

表10　1998～2015年西北五省（区）农业全要素增长率及其构成年均变化

省份	技术变化	技术效率变化	纯技术效率变化	规模效率变化	全要素生产率变化
甘肃	1.011	1.007	1.001	1.005	1.018
陕西	1.031	1.016	1.016	1.000	1.047
青海	1.009	1.024	1.020	1.004	1.033
宁夏	1.032	1.000	0.998	1.002	1.033
新疆	1.048	0.984	0.980	1.004	1.031

资料来源：由1999～2016年各省份统计年鉴收集的数据进行计算。

1998～2015年，以农林牧渔增加值表征的甘肃农业产出的年均增长率为5.35%（以2000年不变价格计算），因此，农业全要素生产率增长对农业产出增长的贡献率为33.64%（＝1.8/5.35）。农业全要素生产率1.8个百分点的年均增长中，技术进步贡献了1.1个百分点，对甘肃农业产出年均增长的贡献率为20.56%；技术效率提高贡献了0.7个百分点，对甘肃农业产出年均增长的贡献率为 13.08% 。其他要素投入增长对甘肃农业产出年均增长的贡献占到了 66.36% ，表明目前甘肃农业产出增长的主要动力仍然是各类要素的投入。

（三）主要结论

以上运用 DEA 模型对甘肃农业的技术效率、技术变化及全要素生产率变化进行了测算分析，结论如下。第一，1998～2015 年，在全国 31 个省份中，甘肃农业生产的技术效率总体偏低，其中主要是纯技术效率偏低，而规模效率保持较高水平。第二，甘肃农业生产存在要素投入比例失衡的问题，劳动力、土地资源投入相对过剩，劳动和土地生产率较低。第三，1998～2015 年，甘肃农业全要素生产率稳步提升，年均增长 1.8%，但增速仍相对缓慢。第四，技术进步、技术效率改进对甘肃农业全要素生产率的增长均有正向促进作用，比较而言，技术进步的作用大于技术效率改进的作用，表明甘肃农业技术水平提升较快，但对技术的利用能力稍显不足。第五，甘肃农业生产方式总体上仍属于粗放型，产出增长仍主要依靠各类要素投入的增加，全要素生产率增长对农业产出增长的贡献率偏小。

四 提升甘肃省农业生产效率的对策建议

（一）提高农业投入要素质量

农业投入要素的质量直接决定着农业生产效率的高低。一是要大力提升农业劳动者素质，加强农业劳动力技能培训和科学种田知识普及，加快培育现代职业农民。二是要提高农业机械化水平，降低农业生产成本。针对农业生产人工成本上升过快的现状，必须要大力提高农业机械化和信息化水平，以机械和智能装备替换人工，降低人工成本，有效提高生产效益。三是要大力加强耕地质量建设，提高土地生产率。要大力改造中低产田，加强农田水利设施建设，建设优质、高产、稳定、节水、高效农田，实现"藏粮于地"。

（二）提升农业生产经济效益

一方面是优化投入要素结构。要大力推进高效用、低成本、无污染要素的使用，取代当前高成本、高污染、低效率的要素。要合理优化土地、劳动力、机械、化肥、农药等不同要素的使用比例，探索不同作物品种、不同区域农业生产的投入要素最优组合，达到成本最低、效益最大化目的。另一方面是优化产品结构。要适时调整农业种植结构和生产结构，在确保粮食安全的前提下，增加适销对路、优质绿色、品种的产品供给，调减滞销品种的生产。特别是对于甘肃优势、优质、特色农产品，要加快实现区域化布局和专业化生产，提升经济效益。

（三）增强农业生产科技支撑能力

提高农业效率和竞争力，归根结底要依靠农业科技进步。1998～2015年，甘肃农业全要素生产率增长对产出增长的贡献率仅为33.64%，仍有较大提升空间，必须大力推进农业科技进步，实施"藏粮于技"战略，提升农业全要素生产率。一是完善农业科技创新机制。要不断整合科技资源，优化农业科技资源组合模式，完善现代农业科技创新体系。要及时发现和解决生产中的技术难题，充分发挥技术创新、试验示范、辐射带动的作用，推动产学研紧密结合。要加快农业技术转化和成果转化，加强农业知识产权保护。二是创新农技推广体制。针对目前农村基层技术推广体系薄弱、科技对农业支撑不足的现状，要充分发挥市场机制的作用，鼓励企业和社会主体参与农技科研与推广，鼓励和支持一部分农技人员创办、领办社会化服务组织，如专业化的病虫害机防队伍、测土配方施肥等，满足农民对专业化服务的需求。同时，加大对现有的农技推广中公益性服务的经费投入。三是加大技术培训和推广力度。结合千家万户小规模经营的实际，创新农、科、教有机结合和科技成果快速转化机制，实现科技与农民零距离接触。集中推进重大农业科研成果的中试与熟化工作，培育一批集成配套技术的示范样板，实现科研与生产的有机衔接。

（四）改进农业资源利用方式

目前，甘肃农业资源利用方式总体较为粗放，农民用工、用水、用肥、用药等大多依靠传统经验，缺乏精细化、科学化管理，造成资源利用效率较低、损失浪费较大、生产成本较高。因此必须加快转变农业资源利用方式，大力推广节水、节地、节肥、节药、节种等新技术、新装备的普及应用，充分运用自动化、智能化技术，加快发展精准农业、智慧农业，实现精准施肥、施药、用水，全面提高资源利用效率，降低资源利用成本，有效推进农业生产节本增效。

B.6
甘肃全面建成小康社会的难点与问题研究

杨言勇　安文霞　范雪涛　杨小玲　毛丽姗*

摘　要： "十三五"时期（2016～2020年）是甘肃与全国一道全面建成小康社会的决胜阶段，清醒地判断分析甘肃省全面小康存在的短板、薄弱环节及难点尤为关键。根据2016年12月国家统计局确定的《全国全面建成小康社会统计监测指标体系（修订稿）》，课题组对"十二五"期间（2010～2015年）甘肃省全面建成小康社会进程进行了监测，并对实现小康的难度指标进行了测算，提出了"十三五"时期甘肃省全面建成小康社会的对策与建议。

关键词： 甘肃省　小康社会　监测报告

为全面掌握《全国全面建成小康社会统计监测指标体系（修订稿）》（以下简称《全国体系》）下甘肃省全面建成小康社会进程，根据2016年12月国家统计局确定的《全国体系》，对2010～2015年甘肃省全面建成小康社会进程进行了监测。因《全国体系》五个方面权重发生变化、新增指标19项、42项指标目标值重新调整等方面的原因，甘肃省2015年小康指数与2014年的39项旧体系相比滞后一年，与旧体系下2014年小康指数持平，指数滞后情况与全国一致。

---

* 杨言勇，学士，甘肃省统计局统计师。安文霞，甘肃省统计局科研室主任。范雪涛，高级统计师。杨小玲，中级统计师。毛丽姗，中级统计师。

一 《全国体系》下甘肃全面建成小康社会进程

按照《全国体系》监测结果显示：2015 年甘肃省全面建成小康社会总体进程稳步推进，五个方面同步提高，42 项监测指标中 9 项已达到 2020 年目标值，其余 33 项监测指标较上年均有不同幅度的提高。

（一）全面小康总体进程评价

2015 年，甘肃省全面建成小康社会综合实现程度扎实提升，尤其是文化建设领域达标进程提升明显。全省全面建成小康社会总指数为 72.81%（略高于旧体系 2014 年的监测结果 72.36%），比 2014 年提高 4.56 个百分点，比 2010 年提高 18.27 个百分点，年均提高 3.65 个百分点。

（二）全面小康五个方面进程评价

2015 年，甘肃省五个方面小康指数从高到低依次为：民主法治 86.91%、文化建设 80.41%、人民生活 76.06%、资源环境 72.57%、经济发展 56.49%。

1. 经济发展稳步提升

2015 年，经济发展小康指数为 56.49%，比 2014 年提高 4.87 个百分点，比 2010 年提高 19 个百分点，年均提高 3.8 个百分点。

2. 民主法治进程加快

2015 年，五个方面小康指数最高为民主法治 86.91%，比 2014 年提高 4.64 个百分点，比 2010 年提高 12.96 个百分点，年均提高 2.59 个百分点。

3. 文化建设快速推进

2015 年，文化建设小康指数快速推进，达 80.41%，比 2014 年提高 7.48 个百分点，在五个方面中指数提高幅度最大；比 2010 年提高 21 个百分点，年均提高 4.2 个百分点，年均提高幅度在五个方面属最高。

4. 人民生活平稳提升

2015 年，人民生活小康指数为 76.06%，比 2014 年提高 2.83 个百分点，比 2010 年提高 19.43 个百分点，年均提高 3.89 个百分点。

5. 资源环境优化显著

2015 年，资源环境小康指数为 72.57%，比 2014 年提高 5.13 个百分点，提升较为显著；比 2010 年提高 17.24 个百分点，年均提高 3.45 个百分点。

（三）全面小康 42 项指标进程评价

2015 年，42 项指标小康指数差异较大。指标指数达到 100% 的有 9 项，在 90% ~100% 的有 6 项，在 80% ~90% 的有 9 项，60% ~80% 的有 4 项，60% 以下的有 14 项（见表 1）。

表 1　2015 年《全国体系》下甘肃省 42 项指标小康指数区间情况

小康指数区间	指标数量	占总指标比重（%）	监测指标（从高到低）
100%	9	21.43	基层民主参选率、每万人口行政诉讼发案率、每万人拥有社会组织数、"三馆一站"覆盖率、失业率、基尼系数、制造业产品质量合格率、非化石能源占一次能源消费比重、农村自来水普及率
90% ~100%	6	14.29	广播电视综合人口覆盖率（99.23%）、人均公共文化财政支出（96.73%）、平均预期寿命（94.39%）、基本社会保险参保率指数（92.74%）、污水集中处理指数（92.39%）、公共交通服务指数（90.74%）
80% ~90%	9	21.43	环境质量指数（88.16%）、服务业增加值占 GDP 比重（87.87%）、每千老年人口养老床位数（86.86%）、农村贫困人口累计脱贫率（86.49%）、劳动年龄人口平均受教育年限（86.48%）、农村卫生厕所普及率（84.51%）、科技进步贡献率（83.83%）、城乡居民文化娱乐服务支出占家庭消费支出比重（83.24%）、战略性新兴产业增加值占 GDP 比重（80.67%）
60% ~80%	4	9.52	每千人口执业（助理）医师数（76.00%）、常住人口城镇化率（71.98%）、一般工业固体废物综合利用率（69.90%）、城乡居民家庭人均住房面积达标率（62.59%）

小康指数区间	指标数量	占总指标比重(%)	监测指标(从高到低)
60%以下	14	33.33	互联网普及率指数(57.13%)、单位GDP能源消耗(2010年不变价)(54.82%)、生活垃圾处理指数(50.70%)、城乡居民人均收入(2010年不变价)(48.88%)、研究与试验发展经费投入强度(48.80%)、每万人口拥有律师数(47.65%)、单位GDP用水量(2010年不变价)(46.09%)、人均GDP(2010年不变价)(45.21%)、单位GDP建设用地使用面积(2010年不变价)(40.27%)、文化及相关产业增加值占GDP比重(36.60%)、单位GDP生产安全事故死亡率(2010年不变价)(34.92%)、高技术产品出口额占总出口额比重(29.25%)、社区综合服务设施覆盖率指数(18.42%)、服务贸易占对外贸易比重(0.99%)

二 "十三五"时期甘肃省全面建成小康社会难度指标测算

"十三五"时期（2016~2020年）是甘肃省与全国一道全面建成小康社会的决胜阶段，清醒地判断分析甘肃省全面小康存在的短板、薄弱环节及难点指标尤为关键。"十二五"时期（2011~2015年）甘肃省经济增长经历了从12.5%、12.6%的高速增长到8.1%的增速放缓的过程，"十三五"时期甘肃省经济增速预计在7.5%左右，经济增速放缓，到2020年全面建成小康社会，以下指标实现目标将更加困难。

（一）从经济发展方面来看

1. 经济增长难度

"十二五"时期，甘肃省人均GDP（2010年不变价）年均增速为10.22%，要实现2020年全面建成小康社会58000元的目标，"十三五"时期年均增速需达到17.21%。

2. 常住人口城镇化率提升难度

"十二五"时期甘肃省常住人口城镇化率年均仅提高 1.41 个百分点，要实现 2020 年全面建成小康社会 60% 的目标，"十三五"时期需年均提高 3.36 个百分点。

3. 互联网普及率指数大幅提升难度

"十二五"时期甘肃省互联网普及率指数年均提高 5.26 个百分点，要实现 2020 年全面建成小康社会 100% 的目标，"十三五"时期需年均提高 8.57 个百分点。

4. 研究与发展试验经费支出高速增长难度

"十二五"时期甘肃省研究与发展试验经费年均增速为 14.74%，要实现 2020 年全面建成小康社会研究与发展试验经费投入强度 2.5% 的目标，"十三五"时期甘肃省研究与发展试验经费年均增速需达到 33.41%。

5. 高技术产品出口额占总出口额比重提升难度

"十二五"时期甘肃省高技术产品出口额占总出口额比重年均提高 1.3 个百分点，要实现 2020 年全面建成小康社会 30% 的目标，"十三五"时期需年均提高 4.24 个百分点。

（二）从民主法治方面来看

1. 每万人口拥有律师数大幅增长难度

"十二五"时期甘肃省每万人口拥有律师数年均增速为 5.29%，要实现 2020 年全面建成小康社会每万人口拥有律师数 2.3 人的目标，"十三五"时期年均增速需达到 15.90%。

（三）从文化建设方面来看

1. 文化及相关产业增加值高速增长难度

"十二五"时期甘肃省文化及相关产业增加值年均增速为 18.99%，要实现 2020 年全面建成小康社会文化及相关产业增加值占 GDP 比重 5% 的目标，"十三五"时期年均增速需达到 41.31%。

（四）从人民生活方面来看

1. 城乡居民人均收入增长难度

"十二五"时期甘肃省城乡居民人均收入（2010 年不变价）年均增速为 11.94%，要实现 2020 年全面建成小康社会 25000 元的目标，"十三五"时期甘肃省城乡居民人均收入年均增速需达到 15.39%。

2. 改善城乡居民居住条件难度

"十二五"时期甘肃省城乡居民家庭人均住房面积达标率年均提高 3.91 个百分点，要实现 2020 年全面建成小康社会 60% 的目标，"十三五"时期需年均提高 4.49 个百分点。

3. 提升社区综合服务设施覆盖率难度

"十二五"时期甘肃省社区综合服务设施覆盖率指数年均提高 2.33 个百分点，要实现 2020 年全面建成小康社会 100% 的目标，"十三五"时期需年均提高 16.32 个百分点。

4. 降低单位 GDP 生产安全事故死亡率难度

"十二五"时期甘肃省单位 GDP 生产安全事故死亡率年均降速为 13.81%，要实现 2020 年全面建成小康社会 0.078 人/亿元的目标，"十三五"时期年均降速需达到 23.05%。

（五）从资源环境方面来看

1. 单位 GDP 建设用地占用面积下降难度

"十二五"时期甘肃省单位 GDP 建设用地占用面积年均降速为 12.49%，要实现 2020 年全面建成小康社会 53 公顷/亿元的目标，"十三五"时期年均降速需达到 19.95%。

2. 单位 GDP 用水量下降难度

"十二五"时期甘肃省单位 GDP 用水量年均降速为 11.23%，要实现 2020 年全面建成小康社会 80 立方米/万元的目标，"十三五"时期年均降速需达到 16.76%。

3. 单位 GDP 能耗下降难度

"十二五"时期甘肃省单位 GDP 能耗年均降速为 5.34%，要实现 2020 年全面建成小康社会 0.606 吨标准煤/万元的目标，"十三五"时期年均降速需达到 12.87%。

4. 改善生态环境的难度

"十二五"时期甘肃省森林覆盖率从 2011 年的 10.47% 提高到 2015 年的 11.86%，五年仅提高 1.39 个百分点，要实现 2020 年全面建成小康社会森林覆盖率 23% 的目标，"十三五"时期需年均提高 2.23 个百分点。

5. 大幅提升生活垃圾处理率难度

"十二五"时期甘肃省生活垃圾处理率年均提高 5.26 个百分点，要实现 2020 年全面建成小康社会 95% 的目标，"十三五"时期需年均提高 6.15 个百分点。

6. 提升一般工业固体废弃物综合利用率难度

"十二五"时期甘肃省一般工业固体废弃物综合利用率年均提高 0.97 个百分点，要实现 2020 年全面建成小康社会 73% 的目标，"十三五"时期需年均提高 5.49 个百分点。

三 破解"十三五"甘肃省全面建成小康社会发展瓶颈的建议

"十三五"时期，要深刻认识甘肃省发展的阶段性特征，以十八届五中、六中全会精神为指导，以努力与全国一道全面建成小康社会为目标，准确把握"十三五"时期战略机遇，坚持问题导向，着力补齐短板，有针对性地聚焦重点、抢攻难点，推动全省全面建成小康社会在"十三五"时期取得卓有成效的成绩。

（一）树立发展新理念

"十三五"时期，甘肃省欠发达的基本省情没有改变，经济结构调整缓慢、适应市场能力弱、发展要素制约明显，同时也面临着缩小与全国平均发展水平差距的艰巨任务。所以，综合考虑"十三五"时期甘肃省发展环境、发展基础、主要任务和增长潜力，树立发展新理念，坚持稳中求进工作总基调，在转型升级上准确把握经济由高速增长向中高速增长转变取得新进展；在发展动力上准确把握由要素投入向创新驱动转变实现新跨越；在补齐短板上准确把握资源开发由存量优势向集约利用转变、环境条件由基础薄弱向加快完善转变、发展层次由传统经济向新兴产业转变取得新突破，努力走出一条符合甘肃特色的发展之路。

（二）显著提升综合经济实力

从支撑条件看，"十二五"期间全省经济年均增长 10.5%。"十三五"规划纲要提出，"十三五"时期全省经济保持中高速增长，年均增速预计达到 7.5%。2020 年甘肃省要与全国同步全面建成小康社会，"十二五"时期经济增长打下的良好基础和投资效益释放将带动"十三五"时期全省经济形成新的增长点，建议全省采取高于"十三五"规划 1~2 个百分点的增长目标，努力实施追赶型发展战略，在核心指标上缩小差距。

（三）加快推进新型城镇化建设

优化城镇布局，做大中心城市，做强以县城为主的中小城市，做特色小城镇，增强城镇综合承载能力；加强城镇供水、供热/气，污水处理、垃圾处理，轨道交通，综合管廊，农副产品综合市场，城市停车场建设，促进城乡一体化发展。力争全省在 2020 年常住人口城镇化率达到 50% 以上的目标基础上，取得更大的突破。

（四）大力推进信息基础设施建设

2015 年，全省固定互联网宽带接入用户数为 245.34 万户，距离"十三五"规划固定互联网宽带接入用户数突破 500 万户的目标，还有很大差距。

"十三五"全省要大力推进信息基础设施建设，力争到2020年达到固定互联网宽带接入用户数翻番的目标。

（五）大幅提升科技实力和创新能力

为有效提升甘肃省科技进步水平和创新能力，"十三五"期间，全省应深入实施创新驱动发展战略，按照《甘肃省科技创新若干措施》，促进科技成果转化、创造"大众创业、万众创新"的良好氛围，全面提高自主创新能力和科技竞争力，带动产业结构调整和发展方式转变，支撑经济社会发展，力争超额完成"十三五"规划提出的科技进步贡献率达到55%、研究与试验发展经费投入强度达到2%的目标，综合科技实力迈入创新型省份行列，支撑全面建成小康社会目标的实现。

（六）坚定不移推进开放发展

全省上下要发挥区位优势及与中亚西亚联系密切的人文优势，以落实国家"一带一路"倡议为统领，依托兰州新区、循环经济示范区、兰白科技创新改革试验区、丝绸之路（敦煌）国际文化博览会和华夏文明传承创新区，推进开放开发，用好外部大市场，争取建设中国（兰州）自由贸易园区，加快推进丝绸之路经济带甘肃黄金段建设，进而大幅提高高技术产品出口额占总出口额比重。

（七）着力提升律师人才队伍培养

2015年，全省每万人口拥有律师数仅为1.1人，距离2020年全面建成小康社会每万人口拥有律师数目标值2.3人，还有相当大的差距。全省应尽快出台《甘肃省律师业发展规划》，着力建立完善律师人才队伍建设、提升律师队伍整体素质、改善律师执业环境等。

（八）努力建设文化大省

按照"一带三区十三板块"的总体布局，推动文化传承创新发展，统筹推进文化保护、传承、展示、创新和利用等工作，保护好文物"祖业"；加快现代公共文化服务体系建设，大力发展文化产业；推动文化旅游深度融合，促进文化大发展大繁荣，将全省"十三五"规划提出的 2020 年文化及相关产业占 GDP 比重超过 5% 的目标落地生根。

（九）努力提高人民生活质量

一是努力提高城乡居民人均收入。全面建成小康社会，城乡居民收入是重要标杆，深入实施全省十大增收富民工程，加大就业、社保、基本医疗、基本养老、生活补助等方面的倾斜支持力度，促使居民转移性收入和财产性收入比重明显提升，促进居民收入结构不断优化，收入差距进一步缩小；充分激发创业、创新和创富动力与活力，拓宽和创造更广泛的增收来源。通过五年努力，力争使城乡居民收入保持两位数的增长速度，努力实现全面小康社会的收入增长目标。

二是显著改善居民居住水平。"十三五"时期，全省将有 200 万左右的农业转移人口落户城镇，为房地产市场带来大量的直接住房需求。全省应加快棚户区改造工程建设，努力实现住房公积金从"制度全覆盖"向"人群全覆盖"转变，让进城务工人员、自由职业者也能享受住房公积金，提高住房公积金的使用效率，支持居民住房消费。力争到 2020 年全省城乡居民人均住房面积进一步提高，达到全面小康居住目标。

三是脱贫目标如期实现。深化拓展扶贫攻坚行动，扎实落实精准扶贫精准脱贫政策，改善基本生产生活条件，培育壮大富民产业，促使贫困地区农民人均可支配收入增幅高于全省平均水平。2020 年实现全省贫困人口全部脱贫，贫困县全部摘帽，区域性整体脱贫。

（十）完善社区综合服务设施覆盖

目前，全省社区综合服务设施覆盖率指数仅为 18.42%，距离全面建成小康社会 100% 的目标值还有较大差距，全省要依据城乡规划和土地利用总体规划，合理确定城乡社区综合服务设施的数量、规模、选址布局、建设方式、功能划分，统筹推进城乡社区综合服务设施建设，力争到 2020 年，实现城市社区综合服务设施全覆盖、农村社区综合服务设施覆盖率达到 50% 的小康目标。

（十一）强化生态建设和环境保护工程

牢固树立绿水青山就是金山银山的理念，坚持绿色发展取向，一要加快实施甘南黄河重要水源补给生态功能区生态保护与建设规划、敦煌水资源合理利用与生态保护综合规划、祁连山生态保护与建设综合治理规划等建设。二要加强节能减排，促进资源节约综合利用和循环经济发展水平大幅提高，降低单位 GDP 建设用地使用面积、单位 GDP 用水量、单位 GDP 能源消耗，提升一般工业固体废物综合利用率。三是健全生态环境监测系统，持续改善生态环境质量和城市空气质量，加快在全省范围内覆盖生活垃圾无害化处理装置，不断优化城乡人居环境。

（十二）争取国家支持畅通向西开放大通道

经济步入新常态后，甘肃发展正处于负重爬坡期，如何摆脱困境，实现转型升级和跨越式发展，成为甘肃省当下和今后面临的艰巨任务。"一带一路"倡议的提出，为甘肃省打开了转型发展的"机遇之窗"。积极争取国家对丝绸之路经济带甘肃黄金段的重要政策扶持，补齐交通、能源、通信基础设施的短板，以构建东西千里大通道、南北横向高速通道和打通断头路为重点，统筹规划建设公路、铁路、航空、管网、邮路等配套支撑的交通运输网络，采取陆海联运、陆空联运等方式，构建内通外畅、四通八达的立体交通和综合网络体系，支撑和保障"一带一路"倡议的推进和合作平台的发展，形成甘肃重点向西开放大通道。

（十三）争取国家给予甘肃省陆上能源通道补偿费政策

甘肃省作为全国重要的陆上能源通道，对于保障国家现在与未来的能源安全，发挥着重要作用。地方政府一直承担着保障能源安全责任与环境责任，争取国家给予甘肃省陆上能源通道补偿。

（十四）呼吁国家加大对甘财政转移支付力度

2015 年，甘肃人均财政收入为 2871 元，与兄弟省份相比，远低于新疆（4297 元）、青海（4576 元）、宁夏（5649 元），仅占到新疆、青海、宁夏人均财政收入的 66.81%、62.74%、50.82%。2015 年，宁夏人均财政转移支付为 10329 元，而甘肃省人均财政转移支付为 7528 元，仅为宁夏的 72.88%，甘肃省自身财力和国家转移财力均双重匮乏。"十三五"时期国家给予西部地区脱贫攻坚、基础设施、公共服务和产业发展等方面的政策倾斜，呼吁国家加大对甘财政转移支付力度，提高甘肃省人均财政转移支付水平达到宁夏回族自治区平均水平，为实现全面小康和扶贫攻坚增添新动力。

（十五）争取给予甘肃少数民族省份待遇

甘肃省是个少数民族众多的省份，有 56 个民族。2015 年，甘肃省少数民族人口占全省人口的比重达到 9.43%，应该充分考虑甘肃历史与现实，积极争取国家在政策上的倾斜力度，使甘肃省能够享受少数民族省份的政策对待。

（十六）争取加大甘肃产业扶持政策

为改造提升传统产业，发展壮大新兴产业，不断延伸拓展产业链，促进产业从中低端向中高端迈进，构建特色鲜明、优势突出的现代产业新体系，支撑经济持续稳定增长，结合甘肃实际情况，争取国家加大财税、金融、投资、价格、土地、环境等政策支持力度，形成更大的政策空间，为全省产业发展加码助力。

附件：《全国全面建成小康社会统计监测指标体系（修订稿）》

全国全面建成小康社会统计监测指标体系（修订稿）

方面	监测指标		单位	权重	目标值
一、经济发展 （22.0）	1. 人均 GDP（2010 年不变价）		元	4.0	≥58000
	2. 服务业增加值占 GDP 比重		%	2.0	≥56
	3. 常住人口城镇化率		%	2.0	≥60
	4. 互联网普及率指数	固定宽带家庭普及率	%	3.0	=100
		移动宽带用户普及率			
	5. 科技进步贡献率		%	3.0	≥60
	6. 研究与试验发展经费投入强度		%	2.0	≥2.5
	7. 战略性新兴产业增加值占 GDP 比重		%	2.0	≥15
	8. 高技术产品出口额占总出口额比重		%	2.0	≥30
	9. 服务贸易占对外贸易比重		%	2.0	≥16
二、民主法治 （12.0）	10. 基层民主参选率		%	3.0	≥93
	11. 每万人口拥有律师数		人	3.0	≥2.3
	12. 每万人口行政诉讼发案率		件	3.0	≤1
	13. 每万人拥有社会组织数		个	3.0	≥6.5
三、文化建设 （12.0）	14. 文化及相关产业增加值占 GDP 比重		%	3.0	≥5
	15. 人均公共文化财政支出		元	3.0	≥250
	16. "三馆一站"及村（社区）综合性文化服务中心覆盖率		%	2.0	≥110
	17. 广播电视综合人口覆盖率		%	2.0	≥99
	18. 城乡居民文化娱乐服务支出占家庭消费支出比重		%	2.0	≥4.2
四、人民生活 （32.0）	19. 城乡居民人均收入（2010 年不变价）		元	4.0	≥25000
	20. 失业率		%	2.0	≤6
	21. 基尼系数		—	2.0	≤0.45
	22. 城乡居民家庭人均住房面积达标率		%	2.0	≥60
	23. 公共交通服务指数	每万人拥有公共交通车辆	%	2.0	=100
		行政村客运班车通达率			
	24. 平均预期寿命		岁	2.0	≥77.34
	25. 劳动年龄人口平均受教育年限		年	2.0	≥10.8
	26. 每千人口执业（助理）医师数		人	2.0	≥2.5
	27. 每千老年人口养老床位数		张	2.0	≥35
	28. 社区综合服务设施覆盖率指数	城市社区综合服务设施覆盖率	%	2.0	=100
		农村社区综合服务设施覆盖率			
	29. 基本社会保险参保率指数	基本养老保险参保率	%	3.0	=100
		城乡医保参保率			
	30. 农村贫困人口累计脱贫率（现行标准）		%	3.0	=100
	31. 单位 GDP 生产安全事故死亡率（2010 年不变价）		人/亿元	2.0	≤0.078
	32. 产品质量合格率		%	2.0	≥92

续表

方面	监测指标		单位	权重	目标值
五、资源环境 (22.0)	33. 单位 GDP 建设用地使用面积(2010 年不变价)		公顷/ 亿元	2.0	≤53
	34. 单位 GDP 用水量(2010 年不变价)		立方米/ 万元	2.0	≤80
	35. 单位 GDP 能源消耗(2010 年不变价)		吨标准 煤/万元	3.0	≤0.62
	36. 非化石能源占一次能源消费比重		%	2.0	≥15
	37. 环境质量指数	地级及以上城市空气质量优良天数比率	%	3.0	=100
		地表水达到或好于Ⅲ类水体比例	%		
		森林覆盖率	%		
		城市建成区绿地率	%		
	38. 污水集中处理指数	城市污水集中处理率	%	2.0	=100
		县城污水集中处理率	%		
	39. 生活垃圾处理指数	城市生活垃圾无害化处理率	%	2.0	=100
		对生活垃圾进行处理的行政村比例	%		
	40. 一般工业固体废物综合利用率		%	2.0	≥73
	41. 农村自来水普及率		%	2.0	≥80
	42. 农村卫生厕所普及率		%	2.0	≥85

注：失业率暂使用登记失业率代替，待国家公布调查失业率时再替换。

B.7
新发展理念下的甘肃县域
经济发展模式和实践研究

赵前前*

摘　要： 十八届五中全会上党中央国务院高瞻远瞩地提出了新发展理念，这为"新常态"下我国经济社会发展提供了重要理论遵循。本文立足甘肃，以新发展理念为新要求，对当前甘肃县域经济发展中呈现的一些特色模式进行了理论总结，并就一些代表性的甘肃县域经济发展模式进行了实践研究。

关键词： 新发展理念　县域经济　发展模式

一　新发展理念下县域经济发展的新要求

我国自古就有"郡县治，天下兴"的说法，可想而知县域的发展对于国家发展的重要程度。县域经济的发展，在很大程度上依赖于国家以及省区市域政策的安排。从各县实际的发展来看，因为自然环境、要素禀赋、交通设施、技术条件、制度安排以及人文历史等方面存在很大的差异，各县县域经济的发展也千差万别、不尽相同。但是，有一点是共同的，那就是县域经济的发展必须遵循党和国家的政策和制度安排，在党的指导思想下开展工作。新发展理念的提出，为今后我国经济社会发展的目标和方向提出了具体

---

* 赵前前，中共甘肃省委党校经济社会发展研究所副所长，教授，经济学博士，主要研究方向为区域经济和行政管理。

要求，也自然成为我们发展县域经济的基本遵循。

1. 县域经济要创新发展

新发展理念要求县域经济的发展要坚持走创新发展道路，这就要求我们要把创新摆在县域经济发展的核心位置，不断推进县域发展理念创新、理论创新、制度创新、科技创新以及管理创新。县域经济创新发展中，一要创新发展动力，创新资本、劳动、土地、技术、管理等生产要素，释放新需求，创造新供给；二要创新发展空间，形成县域内沿江沿河沿公路、依村依乡依镇新格局，培育横向微经济带，壮大重点经济区；三要创新发展实践，着力摆脱传统人文历史、思维观念、制度体制的路径依赖，跳出原有实践框架，从传统产业跨至新兴产业。

2. 县域经济要协调发展

新发展理念要求县域经济的发展要坚持走协调发展道路，这就要求我们要把协调摆在县域经济发展的关键位置，不断推进城乡区域协调发展、经济和社会协调发展、物质文明和精神文明协调发展、经济建设和国防建设融合发展。县域经济协调发展中，一要促进县域内城乡和行业协调发展，在薄弱领域中加强发展后劲；二要促进经济社会协调发展，增强县域硬实力的同时同步提升软实力；三要促进物质文明和精神文明协调发展，发展县域经济的同时加快发展县域文化；四要推动经济建设和国防建设融合发展，实现县域内军民融合发展。

3. 县域经济要绿色发展

新发展理念要求县域经济的发展要坚持走绿色发展道路，这就要求我们要把绿色摆在县域经济发展的突出位置，不断推进资源节约型和环境友好型社会建设。在县域经济绿色发展中，要考虑当前也要考虑长远，要走文明发展道路，走绿色低碳循环发展产业体系道路，走县域内主体功能区道路，走全域无污染环境整治道路，形成人与自然和谐发展现代化建设新县域格局，也为国家生态安全筑牢县域生态屏障。

4. 县域经济要开放式发展

新发展理念要求县域经济的发展要坚持走开放发展道路，这就要求我们要把开放摆在县域经济发展的重要位置，不断提升县域经济开放程度。在县域经济开放发展中，要创新对外开放新格局，丰富对外开放新内涵，提高对外开放新水平，既加强与国内各地区的交流又努力走出国门。有条件的县，在对内发展中融入京津冀和长江经济带的发展，在对外发展中融入"一带一路"建设，打造陆海内外联动、东西双向开放的全面开放新格局。

5. 县域经济要共享式发展

新发展理念要求县域经济的发展要坚持走共享式发展道路，这就要求我们要把共享摆在县域经济发展的主要位置，不断增加人民群众的获得感。在县域经济共享发展中，一要坚持发展为了人民、依靠人民，保障人民，实现全县人民能一道进入全面小康社会；二要健全社会治理决策机制、促进社会公正，拓展社会治理组织结构、激发社会活力，创新社会关系调解机制、化解社会矛盾，创新社会主流文化传播、规范社会行为，健全社会公共安全体系、应对社会风险；三要保障社会民生、加强社会事业、增加公共服务，让"老有所养，幼有所教，贫有所依，难有所助，鳏寡孤独废疾者皆有所养"。

二 甘肃县域经济发展的理论模式

通过对全省14个市（州）所有县市进行资料的梳理、提炼和加工，根据各县县域经济发展面临自然环境、资源禀赋、交通条件、生产要素、区位优势、所有制形式、主导产业以及组织形式的不同特点，总结出甘肃省当前县域经济发展的主要模式如下。

（一）资源禀赋引领型模式

也叫资源依托型模式，其特点就是通过开发利用本区域内富足的自然资源从而促进县域经济发展。这种模式本身有很大的争议，反对的观点主要认为这种发展模式对于资源的依存度较高，一旦资源供给出现了问题，就很难具有可持续性，因而是一种较为被动的发展模式。一般而言，资源依托型模式主要在于矿产能源以及山水人文旅游资源较为富裕的地域和县。客观上说，这种资源禀赋引领型模式的出现适应了县域，特别是资源丰富而发展刚处于起步的县的发展，其在本县区域发展的初期是一种效率相对较高的模式。但是，随着时间的推移以及资源的使用，其资源环境的制约性会越来越强，县域经济也会慢慢失去之前的活力，甚至变成资源枯竭型区域。所以，从严格意义上讲，资源禀赋引领型模式并不是一种可持续型模式，最好在县域经济发展中成为特定发展阶段的一种过渡型模式。相对于其他省份，甘肃省矿产能源和人文旅游资源较为丰富，这也给甘肃省发展资源禀赋型模式提供了条件，也满足了甘肃县域经济发展"脱贫致富"的诉求。甘肃县域经济资源禀赋引领型模式主要有两种存在方式：矿产能源依托型和山水人文旅游依托型。

1. 矿产能源依托型模式

在该模式中，这些县抓住本县独特的矿产能源优势，进行了科学开发，拉长矿产资源的开发链、产业链、商贸链以及价值链，把矿产能源优势转化为品牌优势，比较典型是以玉门、瓜州和金塔为代表的新能源开发和装备制造产业区，还有以华亭和正宁为代表的煤电化产业区等。

2. 山水人文旅游依托型模式

在该模式中，这些县通过开发特色旅游资源，形成产业和品牌优势，从而形成了特色旅游模式，最典型的就是依靠旅游带动的敦煌模式以及全域旅游无垃圾示范区的甘南县域旅游模式。

（二）生产要素引领型模式

经济社会的发展、社会财富的增加，主要依赖于生产要素的积累和技术的提升以及创新。生产要素是经济学的基本范畴，一般包括土地、资本、劳动、企业家才能四种。随着科技发展和产权制度的确立，管理、技术、信息自然也作为相对独立的要素投入生产。在经济学上，促进经济增长的生产要素主要有土地、资本、劳动、管理以及技术等，所以在县域经济发展中也不例外。生产要素引领型模式在甘肃省发展比较快的是土地利用引起的特色农牧林业主导型模式、劳务输出型模式和新材料新技术型模式。

1. 特色农牧林业主导型模式

特色农牧林业主导型这几年发展比较快，成就了很多县域经济的主导品牌，比如以临泽和高台为代表的制种产业区，以民乐、永昌等为代表的酿造原料产业区，以临洮、会宁为代表的马铃薯产业区，以静宁、秦安为代表的林果产业区，以及以夏河、玛曲为代表的草畜产业区等。

2. 劳务输出型模式

劳务输出型模式是一些县充分利用政府以及民间力量加大培训投入，加大劳务推介力度，向外输出劳务，在异地开展工作挣钱，从而积累相应资金和技术返乡创业并带动县域经济发展的模式，比如白银会宁形成的保姆经济。

3. 新材料新技术型模式

新材料新技术发展模式是以科技为突破点，积极通过科技创新推动高新技术产业发展，从而带动一、二、三产发展并最终推动县域经济发展的一种模式，比较典型的有电商引领的"互联网＋"成县模式，还有玉门、瓜州、敦煌等县域依托风能、光能等新能源发展模式。

（三）区位优势引领型模式

不同的区域自然资源、交通设施、生产要素以及人文历史存在极大差异，这最后导致了区位的优劣。区位占有优势的县域可以利用区位优势形成区位引领型模式。具体到甘肃省，这几年发展较快的区位优势引领型模式主要有特色小镇发展模式、产业园区化模式、产业集群化模式以及城郊型发展模式等。

1. 特色小镇发展模式

特色小镇发展模式这几年全国都发展很快，比较热门。特色小镇既可以是以行政区划为分界的特色小镇，也可以是不存在行政区划的特色小镇，这也是城镇化模式的最新演变。在甘肃做得比较好的是以青城镇为依托的榆中县特色小镇模式、以松鸣岩松鸣镇为依托的和政县特色小镇模式。

2. 产业园区化模式

产业园区化模式已经成为各县政府区域开发、加快县域经济发展的一个通行做法，也成为加快县域经济发展的成功之道。但是，从目前的产业园区模式来看县域经济发展，各县域经济发展较快但是缺乏亮点。

3. 产业集群化模式

产业集群化模式是指在县域经济发展中，产业通过纵向或者横向组合的方式形成一种或者多种产业链以及各种经济主体共生发展的集聚成长方式。当前甘肃省县域经济中产业集群化发展模式有华亭的高新化工一体化产业群、岷县和宕昌的中药材和医药产业群、临洮和会宁的马铃薯农产品加工产业群以及会宁—平凉—庆阳的红色旅游产业群等。

4. 城郊型发展模式

城郊型发展模式也叫作城乡互动模式，其县域特征比较明显，主要分布于大城市周边或者在与大城市有比较便利交通的区域。这类发展模式下特别适合大城市的城郊县，比如兰州市的榆中县。

（四）主导产业驱动型模式

该模式与资源依托型有一定的相似性，都是以当地特有资源作为经济运行的开始，但是所不同的是，前者依赖于县域特色资源的质量竞争力，而后者比较依赖的是数量竞争力。既然是主导产业驱动，这就意味着该县域在选择产业的时候，必须从多种特色产业中进行产业选择。是选择一种还是多种产业的组合，这将会影响该县域经济的发展。和所有省份一样，甘肃县域经济发展中，主导产业驱动型模式的形成也体现在三次产业中，形成了农业主导模式、工业主导模式以及第三产业主导模式。

1. 农业主导模式

甘肃是农业大省，依托现有农业资源发展特色农业和现代农业成了很多县发展县域经济的考虑重点，该模式主要强调农业在该县县域经济发展中的基础性作用，发挥农业较强的产业关联效应，以带动县域二、三产业整体经济发展。做的较好的是民乐、永昌的酿造原料产业区，临洮、会宁的马铃薯产业区，静宁、秦安的林果产业区，夏河、玛曲的草畜产业区等。

2. 工业主导模式

工业在甘肃绝大多数县域发展中都被摆在十分重要的位置，很多县都提出了工业立县、工业强县的发展战略，强调工业在该县县域发展中的主导作用，这样的发展模式就叫工业主导模式。从甘肃现有的县域经济发展来看，能称为工业主导模式的大致出现了两大类：一类是农业农产品深加工型发展模式，比如苦水县、临洮县、渭源县、陇西县、岷县、临夏市等县域已经或正在形成百合制品加工、马铃薯淀粉精深加工、玫瑰制品加工以及中药材加工等；另一类是资源能源深加工型发展模式，比如河西众多县域的新能源新材料新技术发展模式。

3. 第三产业主导模式

在县域经济发展中突出服务业等第三产业的主导作用的一种发展模式。在甘肃县域经济发展中，当前比较突出的是旅游业引领县域经济发展，比如依靠旅游的敦煌模式和乡村旅游带动的康县模式等。

（五）所有制结构驱动型模式

经济所有制结构对促进经济的发展至关重要。组织存在的目标可以分为两个层面，组织整体目标和成员个人目标。组织要把个人的目标调整到组织所希望引向的目标。一个良好的组织之所以会得到长远发展，正是因为它处理好了这两者关系。新制度经济学观点认为，一个交易是否有效，取决于两个因素：产权和交易成本。所有制结构也就是产权界定的过程。良好的所有制结构会激励组织成员，从而使他在实现个人目标和人生价值的同时实现组织的目标，从而使组织获得成功。从资产所有权视角也即所有制结构驱动方面来看甘肃县域经济的发展，其发展模式也不尽相同。

1. 公有制为主的县域经济发展模式

公有制为主的县域经济发展模式指在县域发展中主要依靠公有制经济特别是集体经济来发展壮大本县县域经济实力。这种形式在甘肃省县域发展中影响较小，至今还没能形成典型的推广模式。

2. 民营经济为主的县域经济发展模式

民营经济为主的县域经济发展模式指本县县域经济发展中民营经济成为本区域经济发展的主导力量。这几年在甘肃县域经济发展中，民营经济发展较快，小微企业也获得了较快的发展。特别是随着精准扶贫的推进，很多县一方面吸引了省内外大型民营企业的进入，另一方面大力培育域内小微企业，这成为域内经济发展的主导发展模式。这种模式比较典型的是广河县、陇西县和甘谷县等。

（六）政策制度推动型模式

也可以称为政府推动型模式，其特点就是政府直接参与本县县域经济发展的进程。从目前我国县域经济发展的实践来看，一些县域经济的发展之所以能够获得成功是因为本县域政府直接介入社会经济领域。从甘肃县域经济实际出发，甘肃县域经济发展中也出现了一些政府推动型发展模式，最典型的就是甘南各县通过环境整治、改善基础设施建设、开展文化节目打造全域旅游，还有庆阳部分县着力推进基础设施建设、打造红色旅游。

当然，县域经济研究的是区域内的要素组合配置从而获得发展的一门学科，其要素不是匀质的而是带有生物性特点的，所以县域经济的发展具有两个同时作用的特征：依赖性以及变迁性。也正是基于此，有几点需要特别说明：一是县域经济发展模式具有动态性。随着时间的推进，本县域内原来的要素或区位因子也会不断地演进，这势必会引发原有的发展模式不断地发展变化，基于此我们要对现有成功的县域经济发展模式进行探索创新。二是县域经济发展模式应考虑其适用性。在不同的县域，其特定发展模式的形成和演进都有特定的历史背景，我们在借鉴时必须注意这种县域经济模式形成过程的特殊性以及偶然性，分析其所需要的条件，不能肆意照搬照抄。三是县域经济发展模式应考虑其复合性。任何县域经济的发展不可能只由一种模式构成，更多的是由多种发展模式所构成的复合体。基于此，任何县在选择县域经济发展模式时，应该从该县自身自然环境、交通区位、资源要素、县域经济特点以及发展阶段等要素出发，选择适合本县经济发展的一种或者多种模式。

三 新发展理念下甘肃县域经济发展的实践探索

从目前的数据和实践来看，甘肃县域经济获得了较快的发展，初步形成了一些独具特色的县域经济发展模式。

（一）敦煌：文化旅游模式

依靠独特的历史文化资源——敦煌莫高窟，敦煌在发展县域经济的同时，形成了要素资源禀赋引领型发展模式，主要采取了以下一些做法。

做法一：抢抓战略机遇，发挥国家大平台优势。抓住"一带一路"与华夏文明传承创新区建设这两大国家战略机遇，根据《敦煌国际文化旅游名城建设发展规划纲要》，出台"222"协调推进机制，省市县三级联动，协调推进名城建设。借用文博会这一国家级平台，全面实施总投资146亿元的9大类33个保障类项目，完善城市基础设施和配套服务功能，使敦煌接续丝绸之路繁荣辉煌。

做法二：狠抓基础设施，促进产业转型升级。扩建和完善文化、循环经济、新能源产业园区的基础设施建设。整合各级各类投融资平台，及时启动敦煌文旅集团组建和运营工作。招引MEMC、中船重工、长城影视、阳光招金等20多个世界500强及国内外知名企业进驻敦煌，推进了各项经济指标快速增长。

做法三：聚焦首位产业，优化产业体系，促进多产业融合。根据本地区实际，始终将文化旅游业作为本市的首位产业，并实现了从发展规模、速度到注重提升品质、效益的转型升级。目前，玉门关、悬泉置遗址已被列入世界文化遗产名录，雅丹、鸣沙山·月牙泉、莫高窟、阳关、玉门关、西湖自然保护区等六大景区捆绑申报为敦煌世界地质公园。

做法四：完善城乡规划管理体系，补齐城市发展短板。围绕《敦煌国际文化旅游名城建设发展规划纲要》，完成了总体规划、风景名胜区保护规划等各类规划共计37项，为城市发展划设了底线，拓展了空间，补齐了短板。

做法五：坚持以人为本，统筹社会事业，群众得到更多实惠。扩大民生和社会事业的投资比重，使民生支出在原来 45% 的基础上提高了 25 个百分点。同时，切实注重教育事业、公共卫生和医疗的全面协调发展，与此相配套全面落实了"2＋18"精准扶贫政策等措施。

（二）玉门：能源产业引领模式

这也是一种要素禀赋引领型发展模式，与敦煌依赖的历史文化资源不同，玉门更多的是依赖能源资源而发展县域经济。玉门深入实施"工业强市、多业并举、城乡协调"发展战略，依托基础和优势发展五大产业是玉门发展县域经济的主攻方向。

做法一：抓重点产业发展县域经济。突出发展石油化工、新能源和文化旅游产业。

在石油化工和煤化工产业发展方面：加快玉门炼化转型升级，着力打造石油特色小镇；做精做细石油化工产业。

在新能源及装备制业发展方面：编制《新能源及其装备制造业发展规划》，做好光热基地电力外送规划；把握光热项目布局相对集中的趋势，加快基础设施和公用配套设施建设；发展微电网、储能项目，推进电力直供和清洁能源跨区域交易，引进高载能项目，不断提升电力就地消纳能力。

在绿色有机农产品加工产业发展方面：壮大草食畜产业，加强繁育体系建设，提高养殖水平和饲草料生产能力；发展戈壁农业，引进拥有无土培育、立体栽培、旱生植物等高科技有实力的现代农业企业；加快枸杞产业发展步伐。

在文化旅游产业发展方面：编制《文化旅游业发展规划》，挖掘玉门关边关古驿和屯垦戍边文化，把文化元素融入旅游资源开发建设当中，发展小而精旅游业；在老市区重新选址布展铁人纪念馆，打造军民融合、工业旅游和红色教育基地，做大做强红色文化旅游品牌；发展体育文化旅游，大力发展休闲体育、体验体育、品牌体育；建设光热小镇、枸杞小镇、玉门关小镇等特色小镇，并且积极发展农业田园综合旅游。

做法二：以金融合作为支撑辅助县域经济。一是研究设立县域经济发展基金，通过市场化运作方式支持县域内一、二、三产业等实体经济发展。二是广泛开展对外合作，与实力雄厚的企业成立合资公司或开展 PPP 合作。三是依托玉门农业和新能源产业优势，设立农业和新能源产业基金。

做法三：以六个小组为队伍保障县域经济。通过外聘与内选相结合的方式，组建了石油化工及煤化工、新能源及其装备制造、绿色有机农产品生产加工业、文化旅游业、综合、金融等六个产业工作小组，每个小组由市委常委和政府副市长分工负责，为五大产业的协调有序发展提供智力支持和人才保障。

做法四：以体制机制创新服务县域经济。一是提高行政效能、优化投资环境，全面启动"一处跑、跑一次"行政审批制度改革。二是按照"符合国家政策、符合规定程序、其他地区能给的政策我们也给"的三条原则，授权各产业工作小组提出招商引资政策建议。三是坚持规划先行、专家参与。

（三）陇西：特色产业引领模式

作为主导产业引领型发展模式发展县域经济的典型代表，陇西按照"新发展理念"战略布局，立足县情实际，紧紧围绕打造"一都两中心"（"中国药都"、陇中现代物流中心、世界李氏文化中心）的目标定位，坚持走好夯实城乡基础、聚力精准脱贫、提升特色产业、壮大县域工业、发展现代物流、开发文化旅游六条路子，促进县域经济持续发展。

做法一：坚持规划先行，增强发展引领力。编制完成了第三版《陇西县城市总体规划（2011～2030）》《陇西县旅游业发展总体规划》《历史文化名城保护规划》等区域性规划，并严格执行各项规划。

做法二：加强园区建设，增强平台承载力。提高重大产业项目承接能力，规划建设了以铝冶炼及加工为龙头，农副产品加工、现代物流等综合发展的经济技术开发区，规划建设了中医药循环经济产业园、现代农业示范区以及农民工返乡创业示范园。

做法三：培育特色产业，增强支撑保障力。大力实施中医药产业"双百五十"工程；积极推进中医药研发与生产，不断健全完善仓储、检测和销售等市场服务体系。围绕建设主粮化战略先行试验示范区发展马铃薯产业，深入实施"23551"良种扩繁工程。按照"以草促畜、以畜带草、草畜联动"思路发展畜草产业，大力推行"5532""5522"等促农增收发展模式。按照"公司＋合作社"建园区模式发展菌菜产业。

做法四：注重扩大投资，增强经济驱动力。瞄准国家刺激投资、补齐短板和推动转型升级重点倾斜支持的脱贫攻坚、产业培育、交通水利、节能环保、生态建设、民生保障、教育医疗文化、棚户区改造等重点领域，编制完成国家重大建设项目库、"3341"项目库、PPP项目库等三年滚动计划。把招商引资作为扩大县域投资的"动力源"，深入实施"千亿元大招商"活动，主动出击开展产业链招商、以情招商、以商招商和上门招商。

做法五：优化发展环境，增强要素吸引力。大力实施重点生态工程和城区面山绿化工程，全面加强城乡环境综合治理。深入推进"放管服"改革和商事制度改革，大力推广"互联网＋政务服务"，降低市场准入门槛。

（四）成县："互联网＋"模式

作为所有制结构引领型发展模式发展县域经济的典型代表，成县走出了一条与甘肃省大多数县区发展县域经济不同的路子，其主要做法有以下四种。

做法一：抢抓"互联网＋"战略机遇，率先发展农产品电子商务。把帮助农民增收和推动农产品网络销售作为出发点和立脚点，打造电子商务全产业链，建设县域电子商务大生态，制定率先发展农产品电子商务的策略。成立西北第一家县级电子商务协会，建成全国第17家、西北第一家地市级淘宝"特色中国·陇南馆"。

做法二：积极构建多层次、多要素的基础保障和产业支撑，服务于电子商务拓展。从政策、机制、机构等方面积极建构行政推进；从人才培养、网络通信、物流快递、金融保障等方面为电子商务构建了基础保障；从产业基地、网购平台、龙头企业、质量监管等方面构建产业基础支撑；构建多级平台服务与传统媒体、新媒体创新融合等五项电商扶贫生态系统。

做法三：与阿里巴巴集团联手，建立电子商务产业孵化园，打造电商示范基地。成县被阿里巴巴集团列为西北首个试点县，被财政部、商务部列为全国电子商务进农村综合示范县，被农业部认定为全国农业电子商务示范单位，陇南电子商务产业孵化园被商务部列为国家电子商务示范基地。

做法四：普及电子商务，拓宽农产品销售渠道。在普及电子商务的基础上，引导广大群众调整种植结构，持续做强做优核桃产业，并积极引入大樱桃、反季节草莓、金银花等效益更高的农特产品，提升了农村经济发展的内生动力。

（五）康乐：养殖加工模式

康乐县从政策引导、技能培训、金融保障、人才培养等多方面入手，着力培育和发展以养殖加工为特色的富民产业，拓宽了县域经济发展的主渠道。

做法一：逐级提升集约化养殖水平，做大做强规模养殖。建成规模肉牛养殖场区，加大良繁体系建设，实施肉牛羊良种补贴政策，引导养殖场（户）扩大母畜引进；进一步发挥劳务经济带头人和中介组织的市场带动优势。

做法二：构建政策、资金、人才、技术等多层次、多要素的产业支撑体系。与甘肃建筑职业技术学院康乐校区联动协作，从政策保障、资金支持、技术培训、人才培养等方面拓宽养殖业发展空间。

做法三：大力开发旅游商品，加大康美农庄精品牛肉系列产品、新华牧业鸡肉系列产品、当归系列产品的开发力度，研发胭脂梦保健枕、莲花山奇石，仿制彩陶、瓷制"康乐牛"等旅游工艺品。

做法四：加大特色养殖产品销售的宣传推介力度，引进更多外地客商前来洽谈采购业务。配套养殖业发展，引进中药材标准化深加工生产企业，建立中药材交易市场。

（六）静宁：特色农产品加工模式

静宁发展县域经济的重点在于做强特色优势产业：特色农产品加工。已经做大做强的苹果产业成为当地群众脱贫致富的富民产业。

做法一：推动现代农业提质增效。优化品种结构、稳定种植规模，强化果园管理、提高果品品质，加强品牌宣传保护，延伸和拓展苹果产业链条，把静宁建成全国优质苹果生产加工基地。积极实施"藏粮于地、藏粮于技"战略，大力推进农业技术集成创新，持续优化种植结构和布局。

做法二：壮大地方工业经济实力。以加快实体经济发展为重点，以培育全产业链工业产业集群和培植稳定持续的地方财源为核心。依托苹果和畜薯优势产业，发展环保循环包装业，开发全链条农产品加工业，做好延链补链强链，拉长产业链，提升附加值。

做法三：配套特色产业发展培育现代服务业。积极规划建设适合现代农业发展的果品市场，加快苹果仓储和跨区域物流网络建设，建构农村现代流通体系。积极推进全国电子商务进农村综合示范县建设，从投融资、通信交流、养生健康、信息中介等环节提高特色产业的服务水平。

做法四：通过多种方式壮大龙头企业。建设了静宁苹果现代高新技术产业园区，积极引导龙头企业组建静宁苹果集团，吸纳社会资本参与苹果产业化经营，鼓励与农民合作组织共建生产基地，以参股合作方式与农户建立紧密的合作关系和利益共同体，稳定增加群众收入。

做法五：全面推进创业创新，提升劳务经济发展水平。积极推进"大众创业、万众创新"，特别是突出龙头企业的创新主体作用，通过强化模式创新促进科技成果转化利用，鼓励企业加大研发投入，提升创新效益。同时，不断推进创新平台建设，为县域经济发展提供更多的就业服务平台。

（七）金塔：重点项目驱动模式

金塔县把重点项目建设作为壮大县域经济的重要引擎，通过抓重点项目驱动全县经济发展。

做法一：理顺重点项目工作机制，带动固定资产投资。对重点项目主要抓好统筹调度、包挂包抓、协同联动、专项督查等几个关键性环节，在工作机制上保证重点项目的加速推进。如文化旅游大景区、300兆瓦光伏发电、航天大道的改建与扩建等重点项目，有力地带动了固定资产投资的稳健增长。

做法二：修订完善招商引资优惠政策，优化项目投资环境。按照"意向项目抓签约、签约项目抓落地，落地项目抓开工"的要求，修订完善了金塔县招商引资优惠政策，采取驻点招商、以商招商以及小分队招商等多种招商引资方式，建立新型政商关系，优化项目投资环境。对招商引资中碰到的棘手问题，采取全程跟踪服务，扫除行政壁垒，花大力气破解落地难题。

做法三：统筹各类投资要素，挖掘发展县域资源的优势和投资潜力。金塔县把重点项目的招商引资工作作为发展县域经济的动力源。结合国家扶贫攻坚工程和精准扶贫举措，利用有利政策和资金投入民生重点项目建设，补齐发展短板。特别抓好了关系到交通水利、产业培育、民生保障、棚户区改造等重点领域的基础设施建设。

（八）康县：乡村旅游模式

康县乡村旅游模式的最大特点是激活了资本、土地、人力等要素，整合了乡村生产与乡村生活以及生态资源的协调发展。

做法一：统筹城乡发展，创新旅游扶贫大思路。首先确立了打造全县生态旅游大景区的旅游开发新思路。把全县350个村统一做了整体规划，对三大产业总体上围绕旅游调整了结构，城乡交通围绕旅游保证畅通，城乡基础设施建设围绕旅游规划布局，农牧业发展与扶贫攻坚围绕旅游夯实基础，文化和卫生工作围绕旅游加强服务，凝聚全县合力发展乡村旅游产业。

做法二：整合各类资源，打造全域旅游大景区。依托美丽乡村政策，把美丽乡村建设作为乡村建设的重中之重，多方位、多层次，全面提升乡村旅游的发展水平；聚焦文化旅游，提高旅游景点的文化品味，增强乡村旅游的吸引力，目前已挖掘和整理出红军长征、茶马古道、民风民俗等具有康县地方特色的文化要素；做细旅游实体要素的各个环节，实施"十村百户千床"乡村旅游示范工程，提升了乡村旅游竞争力。

做法三：探索旅游扶贫新模式，构建生态旅游大产业。按照"生态建设产业化、产业发展生态化"的生态产业发展思路，注重开发"多元产品"的稳定增收和开发利用；坚持以核桃和花椒产业为主，辅之以茶叶、蚕桑、食用菌、天麻等特色产业发展，积极开发旅游产品；培育和扩大生态产业品牌效应，打造经济效益高且脱贫成效好的旅游扶贫品牌；探索"互联网＋""精准扶贫＋"等有益的旅游扶贫模式。

B.8
甘肃现代畜牧业发展体系研究

段翠清*

摘　要： 现代畜牧业体系的构建对于当前农业产业结构调整和优化具
有强大的推动作用。甘肃省近年来也着重加强了畜牧业的发
展，其大型牲畜的生产能力、畜牧业生产总值、家畜产品产
量都在稳步提升，尤其是牛羊存栏量都已跻身全国前十位，
为甘肃省现代畜牧业的发展奠定了良好的基础。但同时，农
村人口素质偏低、畜牧业起步较低、基层管理不到位等问题
也制约着甘肃省现代畜牧业的发展。建议甘肃省要在提升农
民内生动力、完善金融体系、优化管理模式等方面进一步提
升，以便早日构建出完善的现代畜牧业发展体系，提升农业
经济增速。

关键词： 现代化　畜牧业　发展体系

　　畜牧业作为农业产业的重要组成部分，对农业产业提升具有重要的推动
作用。而以现代科学技术为支撑的现代畜牧业的发展是体现一个地区农业现
代化水平和农业产业能力高低的重要标志，现代畜牧业的发展对于调整农业
产业结构、推动农村剩余劳动力就业、提升龙头企业增值能力都有强大的推
动力量。同时，现代畜牧业占整个农业产业的比重又是衡量一个地区经济发

＊ 段翠清，甘肃省社会科学院助理研究员、硕士研究生，主要研究方向为生态经济学、农村经
济学。

展水平是否现代化的主要标志。

近年来，甘肃省在调整农业产业结构方面，也将畜牧业作为优先发展产业进行推广。随着甘肃省近几年的不断发展，畜牧产业在产量上取得了一定的成绩，与其他省份相比，其畜牧产量也是排在前列：比如，牛存栏居第10位、羊存栏居第4位、毛绒产量居第4位、羊肉产量居第7位、牛肉产量居第14位、奶类产量居第16位，草食畜牧业产量得到快速发展，占甘肃省畜牧产业的57%，同时也奠定了以草食畜牧业为主导产业的畜牧产业布局。在2017年，甘肃省出台了《甘肃省"十三五"畜牧业发展规划》，规划中明确表示要将发展现代畜牧业作为未来农业产业发展的重中之重。

一 甘肃省畜牧业发展现状

（一）产业区域化布局初具规模，畜牧业生产力稳步提升

从发展布局来看，甘肃省形成了河西、中部、南部的三个肉羊产业带，以兰州、酒泉、临夏、张掖为主的奶牛基地，以兰州、白银、张掖等6个市为主的蛋鸡基地，和以陇东、河西及甘南牧区为主的肉牛生产基地等四个畜牧产品产业基地，其主要畜牧产品产量都占到全省产量的90%以上。其中，肉羊产业带年出栏肉羊1200多万只，奶牛基地年存栏奶牛15万头左右、年产牛奶为60万吨，蛋鸡基地年产禽蛋10.78万吨，肉牛生产基地年出栏肉牛近150万头。而且，金塔、民勤、山丹、会宁等12个县区被列入全国肉羊优势区域。甘州、泾川、崆峒、凉州、灵台等9个县区被列入全国肉牛优势区域。

从整体生产能力来看，甘肃省的畜牧业生产能力也在逐年提升，2016年，甘肃省羊存栏为2029.64万只，较2007年增加了382.99万只；牛存栏为512.87万头，较2007年增加了97.72万头；猪存栏为644.08万头，较2007年下降了30.85万头；羊出栏为1437.05万只，较2007年增加了459.67万只；牛出栏为203.54万头，较2007年增加了51.23万头；猪出

栏为719.61万头，较2007年减少了55.59万头。除生猪数量有所下降外，牛羊无论是年末存栏数还是出栏数都是处于连续增加的趋势，其中羊的存栏数和出栏数最多，10年间的增加数也最多，从年增长率看，羊出栏的年平均增长率最高，达到3.2%；其次为牛出栏，其年平均增长率为2.52%，牛存栏和羊存栏的年平均增长率分别为1.9%和1.89%，居第三位和第四位。

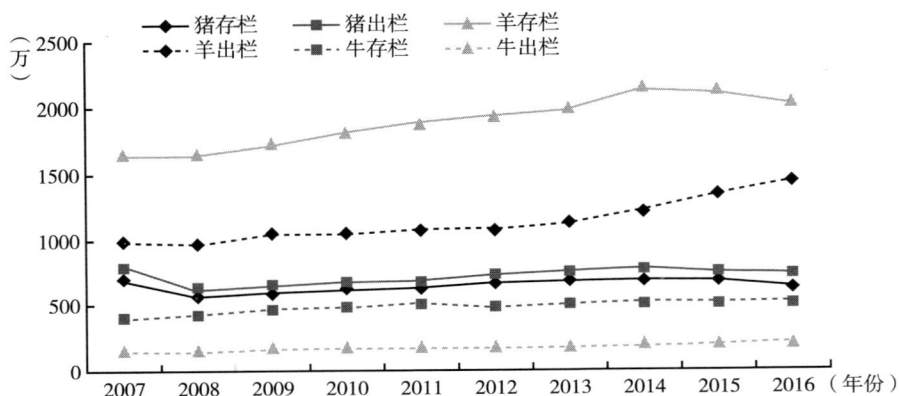

图1　2007~2016年甘肃省主要牲畜存、出栏状况

资料来源：甘肃省统计年鉴（2008~2016），甘肃省统计公报2016。

（二）畜牧产品产出量增长速度逐年加快，规模化养殖比重不断增大

2016年，甘肃省肉类总产量达到101.9万吨，较2007年增加了25万吨，年平均增长率为2.45%，其中猪肉产量为50.86吨，较2007年增加了9.06吨，年平均增长率为1.78%，牛肉产量为21.44吨，较2007年增加了6.98吨，年平均增长率为3.26%，羊肉产量为22.68吨，较2007年增加了8.08吨，年平均增长率为3.56%。在这三种主要肉类产量中，猪肉的增加量最多，羊肉次之，牛肉最少，但是从年平均增长率来看，羊肉最高，牛肉次之，猪肉最低。

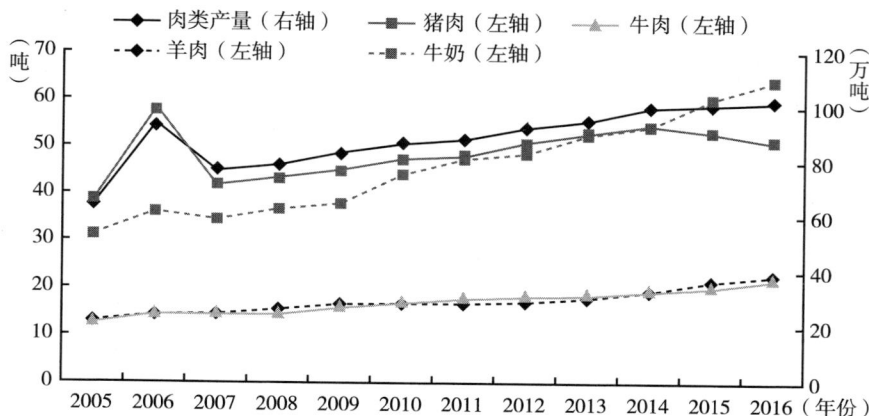

图 2　2005~2016 年甘肃省主要肉类产量变化情况

资料来源：甘肃省统计年鉴（2008~2016），甘肃省统计公报 2016。

除此以外，甘肃省禽肉、牛奶、绵羊毛、山羊毛、山羊绒、禽蛋等畜牧产品的附加品产量也呈现不断上升的趋势，其中禽肉 2016 年的产量为 4.63 吨，较 2010 年增加了 0.77 吨，年增长率为 2.38%；牛奶 2016 年的产量为 63.77 吨，较 2007 年增加了 29.08 吨，年增长率为 4.56%；禽蛋 2016 年的产量为 11.55 万吨，较 2007 年增加了 1.06 万吨，年增长率为 0.92%。

目前，甘肃省畜牧业的养殖模式已经从以前的"千家万户粗放式散养"向当前的"规模养殖小区精准化饲养"管理模式改进。以"正大模式"为代表的猪禽养殖模式、以"康美模式"为代表的肉牛养殖模式、以"庄园模式"为代表的奶牛养殖模式、以"中天模式"为代表的肉羊养殖模式等标准化规模养殖场（小区）已经占甘肃省畜牧业产品的很大一部分。据统计：截至目前，甘肃省规模养殖场（小区）已由 2005 年的 888 个增加到 8940 个，其中有 67 个部级畜禽养殖标准化示范场，373 个省级示范场，其他各级各类养殖场 8500 个，适度规模养殖户 39.2 万户，畜禽规模养殖比重达 50% 以上，比 2010 年提高了 6 个百分点。

（三）草食畜牧业成为发展潜力最大的优势产业

农业部《全国优势农产品区域布局规划（2008~2015 年)》和《特色

农产品区域布局规划（2013～2020年）》中，都将甘肃省纳入肉牛、肉羊主产区扶持范围。草食畜牧业既作为甘肃省的传统产业，又承担着未来甘肃农村经济增速的优势产业之一，得到了甘肃省委省政府的高度重视，并将其作为甘肃的主要支柱产业给予多方面扶持。

目前，甘肃省畜牧业总产值的53%以上是由草食畜牧业供给的，其总增加值已超过86亿元。尤其是以50个牛羊产业大县为代表的区域已成为甘肃省畜牧业产量的主要产出地区，无论是在产业规模还是增加速度上都远远高于其他地区。据统计，2016年，50个县区牛存、出栏量分别达到450.8万头和155.1万头，分别增长了11.9%和19.8%，高出甘肃省整体水平10个百分点左右；羊存、出栏量分别达到1712.4万只和932.2万只，分别增长了15%和23%，高出甘肃省整体水平20个百分点左右；尤其是羊存、出栏的比重增速分别占全省的90.2%和87.7%。随着畜牧产业规模的不断扩大，示范县区的牛羊肉产量达40.4万吨，占到甘肃省牛羊肉总产量的89.8%，而且在示范县区，单只羊出栏的肉产量可以达到15.8kg，出栏周期也可以缩短2～3个月。

根据畜牧产品价格统计，近年来，甘肃省畜牧产品的价格总体上呈连续上升趋势。根据2017年第三季度畜牧产品价格：甘肃省羊肉平均零售价格为40元/kg，比2008年上涨了52.32%；牛肉平均零售价格53元/kg，比2008年上涨了34.01%，创历史新高。剔除成本上涨因素，牛羊养殖效益长期保持稳步提升态势。据估算，出栏1头育肥牛可获利1000～1500元，出栏1只肉羊可获利150～200元，每只细毛羊羊毛增收20元，每只绒山羊羊绒增收30元。同时，牛羊养殖带动了农村劳动力的转移就业。按每饲养20头牛、60只羊各需一个劳动力计，全省仅牛羊养殖转移农村劳动力达200万人，畜牧业已经成为农民发家致富、奔小康的主要途径。

（四）龙头企业不断发展壮大，畜牧业产业化步伐加快

目前，甘肃省已建成的畜牧龙头企业771个，其中：国家级9个、省部级84个、市级152个、县级146个。据统计，这些企业年屠宰加工各类牲

畜 404.6 万头（只），家禽 1488 万（只），加工肉类 27.89 万吨，配（混）合饲料 31.35 万吨，草产品 58 万吨。

表 1 甘肃省畜牧业龙头企业分布情况

单位：个

企业数总数	肉类	乳类	养殖类	饲料类	草产品
771	120	41	496	71	43

资料来源：甘肃省统计年鉴（2008～2016）。

目前，甘肃省的畜牧业发展规模已经从农民的家庭副业向主要产业进行转变，从家庭自给自足的产业向产业化、规模化经营方式转变。目前，甘肃省参与畜牧业合作化、规模化经营的农户已达到 80 万户，每年人均增收可达 1000 元。随着畜牧业发展规模的扩大，甘肃省也已涌现以高原牛羊肉为代表的多个绿色无公害产业品牌，其中平凉红牛、天祝白牦牛、靖远羊羔肉、东乡手抓羊肉等获得省级以上名牌产品称号。

（五）饲养方式多样化

目前，甘肃省畜牧业发展类型主要分为农区畜牧业和牧区半牧区畜牧业两种类型。以家庭分散小规模经营模式、家庭规模化经营模式、集约化畜牧业经营模式为主的农区畜牧业主要分布在甘肃中南部和陇东地带，总经营面积达 33.87 万亩，比全国平均水平高出 12 万亩以上；以依靠天然草原的传统经营、产业化经营（"专业市场 + 牧户""公司 + 合作组织 + 牧户"等）和以保护生态为前提的草原生态畜牧业经营模式并存的牧区半牧区畜牧业主要分布在拥有 2.6 亿亩草场的河西和甘南草原地带。

二 甘肃省发展现代畜牧业的必要性

发展现代畜牧业，既是现代农业发展的必然趋势，也是加快提升农业经济发展速度的必要途径。而且，在国外，越是经济发达的国家，其现代畜牧业的体系越是完善。因此，现代畜牧业的发展程度已成为衡量一个国家或某一地区的经济发展程度和人民生活水平的重要量尺。发展现代畜牧业，对于甘肃作为一个主要以农业生产为主的产业省份，是提升农村经济和优化畜牧业产业结构，从而提升农民收入水平的迫切需求，是加速其农村经济发展的有效途径。

（一）恶劣的自然环境和地形制约着农业产业的发展

甘肃生态环境脆弱，85%的国土面积属于山地高原和沙漠戈壁，45.12%的国土面积受到不同程度的荒漠化，沙漠化土地面积占全省土地面积的28%，退化草地面积占年利用草地面积的39%，在全省主要的粮食生产基地河西走廊，荒漠化土地更是高达358.4万公顷。而且，全省年均降雨量在35～800毫米，年蒸发量为1100～3500毫米，人均水资源量相当于全国平均水平的一半，耕地（公顷）均水资源量不到全国平均水平的1/3。极端脆弱的生态环境和山地地形使农业产业的生产效率比较低下，影响了农产品的品质和数量，严重制约着种植业的发展，已经成为甘肃省农业产值快速高效增长的重大制约瓶颈。相对于农业，发展畜牧业受地形和环境的影响较小，对自然环境的破坏也相对较小，再加上现代畜牧业是以高科技技术和优质品种为依托的可持续绿色产业，更加适合甘肃的自然环境。

畜牧业作为发展生态有机产业的关键环节，可以延长自然界的生物链，对改进农村环境卫生、改善城乡生态环境、实现人与自然和谐发展具有重大的现实意义。

（二）居民生活水平的提升增加了对畜牧产品的需求

一个地区，人民对畜牧产品的需求程度可以体现这个地区人民的生活水平，生活水平越高，人们对畜牧产品的消费量和消费品质就越高。近年来，甘肃省城镇居民和农村居民的年收入都在不停地增长，人们自然而然对畜牧产品质量和数量的要求也在不断提升，而且收入水平越高的人，对肉、奶、蛋产品的品质要求会更高（见表2）。因此，在将来，随着居民收入的增加，对优质畜牧产品的需求数量将不断增加，将不断推动现代畜牧业的发展。

表2 2015年城镇居民家庭平均每人全年购买的主要食品数量

单位：千克

指标	全省平均	低收入户	中低收入户	中等收入户	中高收入户	高收入户
大米	20.6	16.1	22.0	23.2	21.4	21.4
面粉	36.6	38.8	39.7	38.0	32.2	32.7
鲜菜	99.0	68.9	99.7	107.0	105.6	126.9
食用植物油	11.7	10.0	12.4	12.6	12.4	11.6
猪肉	12.6	9.6	11.6	13.8	13.6	15.9
牛肉	2.7	1.9	2.9	2.8	2.7	3.7
羊肉	3.1	2.0	2.8	3.1	3.3	4.7
禽类	4.6	3.1	4.4	5.4	5.2	5.7
鲜蛋	9.2	6.6	9.0	10.4	10.0	10.9
鱼	3.1	1.4	2.9	3.2	3.7	5.2
糕点	3.1	1.6	2.7	3.3	3.6	5.2
鲜奶	16.6	9.3	14.9	16.6	19.4	26.4
奶粉	0.5	0.3	0.4	0.9	0.6	0.2

资料来源：甘肃省统计年鉴（2016）。

（三）发展现代畜牧业可以有力提升农民生活水平

随着人民生活水平的提高，人们对肉、蛋、奶等高蛋白的食物需求量将越来越大，而畜牧业是产生这些食品的主体产业。在市场经济作用的体制下，引导农民大力发展以效益较高、商品周期短、商品率高、变现快等为特点的现代畜牧业将是未来提升农民收入水平的重要途径，再加上目前在种植业基本趋于饱和的情况下，发展现代畜牧业更是提升农民收入的重要源泉。

表3 农村居民家庭人均可支配收入构成

单位：元

指标	2010年	2011年	2012年	2013年	2014年	2015年
总收入	3425	3909	4507	5108	5736	6936
工资性收入	1199	1526	1788	2203	2485	1975
家庭经营纯收入	1856	1867	2115	2231	2456	3025
第一产业经营收入	1586	1564	1792	1907	2040	2509

指标	2010 年	2011 年	2012 年	2013 年	2014 年	2015 年
农业收入	1377	1248	1442	1524	1635	2003
牧业收入	182	255	273	367	389	503
第二产业收入	52	35	36	39	70	36
第三产业收入	218	268	286	285	346	480
财产性收入	40	82	112	133	167	128
转移性收入	329	398	492	541	629	1808

资料来源：甘肃省统计年鉴（2009~2016）。

现代畜牧业的发展，不仅是养殖可食用的牲畜、家禽，而且是集养殖、生产、加工、科研为一体的一条龙产业体系，需要各级各类劳动力和技术人员。因此，发展现代畜牧业可以有效转移农村剩余劳动力，尤其是农村留守妇女。而且，随着现代畜牧业发展体系发展的不断完善，当地农民不用外出进城务工，在家门口就可以实现就业，这将极大地有利于农村劳动力的分流和就地转化。

（四）发展现代畜牧业是其未来农业经济发展的必然趋势

现代畜牧业是以高技术、低消耗、高生产率为支撑的现代化产业。现代畜牧业的发展不仅可以优化和调整农业产业结构，而且可以吸纳剩余劳动力，发达的畜牧业是现代农业的重要标志，是一个地区生产力发展现代化的重要标志。在发达国家，畜牧业占农业的比重一般为 60%，高的达 90%，而我国仅为 40%~50%，发展潜力巨大。据统计资料：当人均粮食 800 公斤以上时，牧业产值占农牧业总产值比重将达到 50% 左右，畜牧业和种植业平行发展。

甘肃省人均肉、蛋、奶占有量分别低于全国平均水平 24.1kg、17.3kg、4.1kg。这既是差距，也是潜力所在。随着国家工业化、城镇化进程加快，以及农民收入的不断提高，城市居民将进入新一轮的消费升级阶段，农村居民的畜产品消费将进入新时期，新增城市居民对畜产品的消费需求也将出现快速增长的趋势，对畜产品的总体需求量仍呈刚性增加。而且近年来，经济发达省份人畜争地、环境污染等矛盾越来越突出，畜牧业生产的重心开始向西部转移；同时，一些牧区省份由于草原生态环境恶化，被迫采取强制性禁牧措施，压缩草场载畜量，畜牧业发展受到较大制约。甘肃省地处农牧结合地带，作为牛羊生产最佳适宜区，具有广阔的发展前景。

三 甘肃省发展现代畜牧业的制约因素

在发达国家，以大规模畜牧产业生产体系和完善的产品安全生产检疫体系为基础，现代畜牧业是以高科技技术为支撑，并通过产学研相结合的多元经济体系，来构建现代畜牧业体系。因此，甘肃省要发展和构建现代畜牧业体系，还存在许多的制约因素，主要有以下六方面。

（一）农业经济结构单一，牧业产值增速缓慢

近几年，甘肃省的农业不断地由"石油农业"向"现代农业"转变，省领导不断重视对畜牧业、草业、水产渔业以及家禽产业等服务产业的发展。近几年来，虽然林业、牧业、渔业以及服务业的增加值在逐年增加，但从总体上看，以农业为重点的产业结构依然没有发生变化。2016年甘肃省农林牧渔业增加值为1027.73万元，其中农业增加值为764.45万元，占总增加值的74.38%；林业增加值为14.24万元，占总增加值的1.39%；牧业增加值为203.12万元，占总增加值的19.76%；渔业增加值为1.58万元，占总增加值的0.15%；农林牧渔服务业增加值为44.34万元，占总增加值的4.31%。虽然牧业在总产值和增加值上都位居第二，但是相对于传统的农业产值和增加值，还不足1/3。虽然近几年的增加速度有所加快，但是由于基数较小，占比偏低，对甘肃省的农业结构调整还起不了重要作用，而且牧业所占比重也是在逐年减小。

（二）产业产品过于单一，农业科技水平含量较低

目前，在"1+17"精准扶贫方案的实施下，甘肃各地区都致力于打

造"一县一业，一村一品"的特色农牧产业富民行动，并取得了不错的效果，各个地区都以此为契机，根据地域条件，扩大了本县特色畜牧产品的种植规模，有的地方还成立了农业公司、农业合作社等专业组织，用于农牧产品的对外销售。但是，与全国水平相比，甘肃的多数特色畜牧业还缺乏有效的市场竞争力，有些地区畜牧产品的产业结构比较单一、科技含量低，无法与其他省（市）形成强有力的竞争力。甘肃大部分地区成立的农业合作社和农产产业公司，基本都是用于销售直接产出的畜牧产品，很少有公司投入财力、物力进行科学技术研究，用于提升农产品的附加值。进行畜牧产品生产、加工、销售的龙头企业，也是进行最初级的产品加工，企业缺乏专业技术人才和核心的科学技术，依然无法与省外大型畜牧产品企业相抗衡。

（三）劳动力素质偏低，思想观念比较传统

发展现代畜牧业产业体系，人的因素至关重要，只有提高了农民的文化素质，才能使科学技术在畜牧业经济发展中得到更高效的利用。但是甘肃省农民的文化程度和综合素质都比较低，将科技成果转化成实用技能的速度也比较慢，创新能力不强，科技推广体系薄弱，缺少一些高新技术、品质技术、关键技术、加工技术、现实生产力转化技术等一些科技含量高，而且比较实用的农业科学技术。目前，全省农村劳动力普遍存在"小富即安的心理，缺乏干大事创大业的开拓进取精神。据统计：2016 年，甘肃省乡村从业总数为 1132.47 万人，其中高中及以上文化程度为 211.80 万人，初中文化程度为 439.81 万人，小学文化程度为 398.36 万人，文盲、半文盲为 82.50 万人。文化素养偏低限制了农民接受新技术的能力并在一定程度上使农民的增收速度变得缓慢，从而导致畜牧业经济发展的滞后性。除此之外，甘肃还面临农村整体劳动技能水平偏低，农村劳动力资源配置不够合理，人力资源外流现象比较严重等问题。这些因素严重阻碍了甘肃省现代畜牧业产业化发展和农村经济增长步伐，难以满足新农村建设方面对人力资源科技素质的基本要求，从而成为农村经济发展的绊脚石。

甘肃地形特殊，畜牧业的机械化水平长期不能得到提高，农民收入低且增长缓慢等因素，使甘肃省的贫困山区和农民居住都比较分散，不够集中。农民由于长期处于思想观念比较保守、安于现状、生活贫困的封闭状态，逐渐养成了"等、靠、要"的观念，较低的收入使农民潜意识中的目标只是解决目前的温饱问题，思维方式比较简单，自我脱贫的竞争意识不强，未能将其主动性得到充分发挥，也没有多余的资金可以投入学习技术技能，提高自身素养，寻求更多的能够让自己脱贫致富的道路中去。

（四）农业产业市场风险较大，农牧产品市场机制尚不完善

受甘肃特殊地形和农民整体素质的影响，甘肃的农业生产基本是以"户"为组织形式，生产出来的农牧产品基本只能处于自给自足的状态，一些特色经济畜牧产品的买卖基本也是以家庭零售为主要方式，畜牧产品的商品集约化程度不高，缺乏强有力的竞争。而且由于受到农民整体素质偏低的影响，农民接受新技术和新的农业产业结构的速度较慢，甚至有些农民还出现抵触情绪，无法改变固有的观念和生产方式，不愿意承担农业产业结构调整后带来的市场风险，导致现阶段农业市场的竞争机制尚未形成，农业结构调整存在"市场失灵"，依靠市场机制来激发农民调整农业结构的动机在目前是不现实的。

（五）基层干部结构老化，人才流失现象严重

甘肃现代畜牧业经济的发展离不开完善的基层管理结构和一批具有较高素质的基层干部。目前，全省农村基层干部还存在宗族、派性、选举拉票、贿选等问题，已影响到农村基层干部队伍的整体建设。近几年，为提高农村基层干部的整体素质，虽然国家实施优秀大学生选调、大学生村官、三支一扶等一系列鼓励优秀大学生下基层的措施，以便解决农村基层干部队伍后继乏人等问题。但是，由于农村基层干部工作任务重，报酬待遇低，能够到村任职的大学生还是少之又少，而且由于固有的干部任用方式，年轻、有能力的干部不能得到很好的任用，选用干部的实施过程中难免存在凭主观臆断选

人，存在不公平、不公正问题，甚至部分村干部有压制优秀人才以保全自身地位的私心，进而影响到甘肃省现代畜牧产业的发展。

（六）农村金融业发展缓慢，畜牧业投入明显不足

现代经济的发展都是以金融为核心，而全省的扶贫攻坚行动、新农村建设以及现代农业的发展都需要金融业的鼎力支持。甘肃省农村金融体系整体弱化，农村资金被分流且大量外流，面对信贷需求日益旺盛的农村中小企业，其资金总量的供应远远不足。银行网点的减少，现有金融机构数量难以满足日益增加的农村企业扩大再生产和配套基础设施建设所需资金融资的需求。农村金融网点收缩、银行信贷规模或审批权限限制等造成农村金融服务弱化，使全省农村地区普遍存在整体金融服务体系设置不利于农村中小企业贷款、支农产品创新力度不够、金融机构合力支农意识薄弱、农业产业化龙头企业贷款成本高、金融机构对农业企业贷款风险控制严格等问题。现有的农村金融机构不仅数量不足，而且缺乏有效的金融产品和技术，金融交易成本居高不下，有效的信用评估机构、专门针对农业的保险业务，以及农村信贷担保组织等非银行类涉农金融机构在农村的严重缺失，都对甘肃省农村经济的快速增长起到严重的制约作用。

总体看，资金严重缺乏仍是制约甘肃发展现代畜牧业的重要因素。由于资金的缺乏，全省很多地区基础设施不完善，公共事业发展受阻。国家近几年来出台的一系列有关农村经济发展的优惠政策，激起了很多农民发家致富的强烈愿望和坚定信念，可是农民缺乏创业启动资金，再加上投资畜牧业企业发展，前期投资大、周期长、见效慢、资金链的匮乏，这些减弱了农民本就不怎么坚定的发家致富的愿望和信念，也成为阻碍畜牧业产业发展的绊脚石。原本支持畜牧业和农村经济发展的农业银行，现在由于受政策的限制和利益的导向，已经把投资的重点转向了回报率比较高的高速公路、医院、学校等基础设施建设领域，这从根本上都不利于农牧业经济的发展。

四 对策建议

（一）加快优化畜牧业产业结构，积极发展特色优势产业

畜牧产业结构的合理与否直接关系到整个农村经济能否可持续发展。甘肃省长期以来已形成以第一产业为主导的农业产业结构，第二产业和第三产业发展速度始终处于一个较缓慢的过程。因此，甘肃省因根据自身资源条件和政策的扶持，以积极发展畜牧产业，并不断培育新兴产业和特色畜牧业为重点，着力提升特色畜牧业的发展水平，把发展绿色畜牧业作为突破口，突出做大做强草食畜牧业的优势产业，促进现代畜牧业产业化经营。优化畜牧业资源的配置，淘汰弱势和技术落后的旧产业，采用新技术、新品种，发展高产、高效、优质、安全的绿色产业。

根据甘肃省的地域特色，在保证粮食安全的基础上，优化畜牧业产业布局，发挥各地区的比较优势和特色优势，形成区域特色产业，鼓励有条件的农民发展养殖和畜牧业。利用甘肃仅有的大片平原地域优势及经济实力，大力发展绿色、天然草场畜牧业。积极推广高效节能灌溉技术，在沿黄灌区，可发展水产养殖等产业；在甘南、临夏等南部等地，积极发展稀有畜牧业、家禽养殖等经济产业和生态畜牧业。可以继续在河西和生产条件较差的东部地区发展草地农牧业相结合的产业，加大紫花苜蓿、红豆苜蓿等优质饲料的种植和深加工。各县区要组织专业人士对农户进行培训，抢抓苜蓿最佳收割时机，确保苜蓿的粗蛋白含量保持在最高水平。将甘肃省传统"粮食＋经济"的二元作物种植结构向"粮食－经济－饲草"的三元种植结构转变，缓解种养地矛盾。

（二）强化现代畜牧业科技创新体系建设，积极实施畜牧业"走出去"战略

甘肃是农业大省，第一产业比重相对较高，提高人均产业产出的重要举

措就是推广农牧业科技创新，提升牧业发展竞争力。在科技方面，切实加强畜牧业科技创新与推广协作，整合涉农高校、农业科研院所、产业化龙头企业、技术推广单位、科技示范基地、生产大户等科技资源，围绕特色优势产业发展开展全产业链技术研发集成，构建现代畜牧业产业技术体系。在农牧产品的种植和养殖方面，坚持良种良法配套、农机农艺融合，推进畜牧业技术集成创新，开展绿色高产高效创新。持续注重畜牧业新技术新装备新设施的研发，继续加强畜牧养殖高新技术的推广。在各类资源方面，开展水资源优化配置与规模化节水灌溉，优良品种选配、畜牧产品安全质量与轻简化生产体系建设、畜牧业废弃物与新能源利用等关键技术集成、示范。在新科技应用方面，发展智慧气象和农业遥感技术应用，创新气象为农服务模式。大力推进"互联网＋"现代农业，应用物联网、云计算、大数据、移动互联等现代信息技术，推动畜牧业全产业链改造升级。

在"一带一路"倡议中应发挥甘肃省区位、物种、生态优势，就出口内容而言，建设一批特色畜牧产品出口龙头和基地。支持畜牧业龙头企业加快名、优、特畜牧产品产地认定和产品认证，培育具有国际竞争力的畜牧业企业集团。就出口方式而言，创新畜牧产品营销体系，加快畜牧产品出口，加快畜牧产品出口中亚服务平台和霍尔果斯特色优势畜牧产品展厅建设，积极实施"走出去"战略。就畜牧业贸易平台而言，办好甘肃农博会，组织企业参加国内外畜牧产品交易会、洽谈会。鼓励畜牧业企业、农民合作社"走出去"。积极利用兰州新区综合保税区、武威保税物流中心等海关特殊监管区，开展跨境电子商务。就新型网络销售渠道而言，完善电商扶贫的行政推进、网店服务、网货供应监管、网络物流、人才培训和考核评价体系；切实抓好宽带网络建设、快递物流支撑、网店规模壮大、网络品牌培育、金融服务支撑、试点示范引领等工作。实施好国家电子商务进农村综合示范项目、电商扶贫试点和省级电子商务示范工程，加快培育一批在省内注册的电商龙头企业。加强与阿里巴巴、京东、苏宁等国内大平台在农村电商方面的合作。鼓励有条件的企业建设农产品电子商务平台，支持农业新型经营主体利用第三方电子商务平台开设网络旗舰店、专卖店。支持电子商务与物流快递协同发展，提高农村网店物流配送效率，促进线上线下销售，构建多层次、多渠道的农产品营销网络。

（三）加快促进农村金融体制的完善，积极推进畜牧业产业化发展

加快提升农村金融市场的发展规模，改变农村金融结构单一化的特征，在保证增加银行贷款量的前提下，积极发展畜牧产品期货市场、农业保险等其他金融产品和服务。

加强政策引导，通过鼓励和出台相关法律和政策，增加财政补贴额度，强化金融支持的保障；支持引导各类金融机构在农村地区的信贷投放，增加农村地区尤其是贫困地区的金融网点，确保农牧民在2.5公里半径之内享受金融服务；强化金融服务意识，积极发展村镇银行、小额贷款公司和扶贫资金互助社；加快推进双联惠农贷款、牛羊产业贷款、妇女小额贷款、易地扶贫搬迁农户建房贷款、农耕文明贷款等工作；探索利用股权基金、资本市场开展融资；完善抵押担保、信用担保贷款机制，加快土地承包经营权、宅基地使用权、林权等确权进度；拓宽农业保险险种和承保覆盖面，增强龙头企业和贫困户应对自然风险的能力；加快扶贫对象信用评定工作，推进信用体系建设；依据农村环境自身特色，制定出相应的金融产品和服务，使农村结构向多样化方向发展；在必要的时候，适度放宽农村地区银行从业人员的准入门槛，加快促进各大商业银行向农村地区的发展速度。

积极鼓励民间资本和民营小型银行对农村地区金融业的投资，通过民间集资、民间借贷、合会、小额信贷等方式凑集资金，提升农村金融的发展效率，构建多元化的农村金融市场。要对民间资本加强规范性引导，激发民间资本投入农村金融的积极性，营造良好的农村金融发展环境，使民间资本得以安全有效地注入村镇银行、小额信贷公司、农户互助信用社等新型农村金融组织，解决新型农村金融机构资金短缺的问题。加快金融立法工作，依法保障农村金融机构和农民的合法权益，降低农村金融面临的法律风险，使农村金融市场达到运营规范化、金融结构合理化、金融市场秩序化、结构分工

合理化。创新农村信贷担保模式，可考虑将农民土地承包经营权、水利使用权、经济林权、大型农机具、设施大棚等纳入法律的有效担保范围，解决农民抵押担保的难题。通过打通农村金融服务的"最后一公里"，尽快在广大农村地区实现普惠金融。

积极组建具有甘肃省特色畜牧产品的期货交易市场，减少因价格波动为农户带来的市场风险，帮助农户调整种植结构，增强农户的自我保护能力。鼓励农民积极参加畜牧业保险，降低畜牧业生产中的不稳定性为农户所带来的风险。

（四）加强农村生态环境建设，促进现代畜牧业经济的可持续发展

甘肃受自然条件和地域劣势的影响，农民长期以来都是以粗放的农作方式和化肥农药的大量使用，获到更多的农作物产量，这使甘肃本就很脆弱的生态环境变得更加脆弱，本来就不丰富的生物多样性变得更加贫乏。生态环境的恶化使甘肃农村发展的步伐变得举步维艰，农村地区脱贫致富的进程变得缓慢。为此，政府出台相应的政策和资金来加强对生态农业的投入，及时出台一些有关节能减排的相关法律，在畜牧性很强的区域要求按生态与经济的需求合理配置生态农业发展可持续之路，遵循3R原则。在此基础上，加强植树造林工作，防止水土进一步流失。

现代畜牧业体系的构建和畜牧经济的发展要依照各地区农村发展的状况、分阶段、分步骤进行。在甘肃省已经基本脱贫和农业经济发展状况比较好的河西走廊等平原地区，积极投入大量的资金，将可持续生态畜牧业理论和科学技术投入实践中去，构建现代畜牧业生态工程技术体系，发展种养结合的立体生态模式，积极尝试生物工程等新技术在畜牧业产业化中的应用，积极开拓甘肃省现代畜牧体系的新模式。在经济还比较落后的陇东黄土高原地区和"两州两市"地区大力发展以改进传统畜牧业方式和改变农民思想观念为主要方式的循环经济模式，发挥其后发优势。

（五）优化农村人力资源结构，拓宽农民增收渠道

重点扶持农村本地畜牧产业的发展，使农民在自家家门口就有工作可以做，积极发展畜牧产品加工业，扶持甘肃省龙头企业的发展，将第二、三产业有机结合，注重畜牧产品附加值的提高，促进小城镇建设，逐步形成一个良性循环的市场机制；逐步推进畜牧业补贴制度的完善，强化和逐步完善对畜牧业的保护、支持，以及风险防范机制，与东南沿海城市加强联系，以县为单位建立劳务基地，并定期举办培训班和人才招聘会，提升劳务转输的广度和劳务者自身的水平，增加农民的收入渠道。

同时，针对目前甘肃人力资源开发利用程度不高以及人力资源结构配置不合理等问题，提出以下几条建议。一是政府应加强政策支持，注重对教育的资金投入，重点扶持贫困地区的教育发展，促进区域教育的均衡发展。除了依靠政府支持外，应拓宽融资渠道，吸纳各种社会力量投资办学，鼓励农民参与支持，为企业办学提供政策保障和优惠服务，形成以政府为主导的社会各界力量积极参与的多元化投资渠道，为农村地区人力资源的开发提供物质保证。二要进一步转变农民的思想观念，开拓新的思维方式，为农村地区人力资源的开发提供精神保证。各地区管理部门办好教育的思维不应该仅仅放在九年义务教育上，根据各地区的特色，办好职业教育，经常举办一些符合当地特色的专业技术培训班。不仅要抓好青少年的基础教育，还要重视和增强对成人农民的再教育和再培训，强化终身教育的理念。三是要结合新农村和畜牧业现代化发展的要求，深化教育改革，培养各级各类实用人才，将普通教育和职业教育，普及化培训和针对性、专业性培训，正规的学历教育和非正规技术培训教育结合起来。开展多渠道学习，提升农牧民的学习能力，使广大农村地区人口压力的劣势转化为农村人力资源的优势。四要在农村地区建立一支高素质的师资队伍，通过多途径促进农村教师素质的全面提升，积极改善办学条件，对扎根在本地或长期从事农业专业技术培训的教师应给予精神上的激励和经济上的奖励；继续实施优秀大学生支教计划，制定各种优惠政策争取留住这些志愿者，并提供平台让他们有施展才能的机会。

只有提升广大农村地区的教育水平和农户的文化素养，才能更好地引导农户发展现代畜牧产业，为甘肃现代畜牧产业体系的构建打好扎实的基础、营造良好的环境。

参考文献

李霞、白晓燕等：《我国畜牧业现状与发展进程浅析》，《畜牧与饲料科学》2011年第4期，第63~64页。

佟莉莉：《采取有效措施，破解制约因素，推进畜牧产业发展》，《吉林农业》2015年第12期，第73页。

盖琳娜：《吉林省现代畜牧业发展的评价及影响因素研究》，硕士学位论文，吉林农业大学，2012，第2页。

于桂华、艾景利、格日勒等：《现代畜牧业的内涵及特征浅析》，《内蒙古民族大学学报》2011年第2期，第77~78页。

王杰：《国外畜牧业发展特点与中国畜牧业发展模式的选择》，《世界农业》2012年第10期，第32~35页。

甘肃发展年鉴编委会：《甘肃省发展年鉴2015》，甘肃省统计出版社，2016。

甘肃省"十三五"畜牧业发展规划，农牧厅。

B.9
甘肃农业保险发展问题研究

张彦珍*

摘　要：　甘肃省政策性农业保险总体发展平稳，农业保险保费收入规
模不断扩大，在全省范围内为农户建立了基本的风险保障体
制。甘肃农业保险的发展历程经历了探索、保险政策出台、
试点、央补农业保险推广推进、特色农业试点深入创新等几
个发展阶段。针对甘肃农业保险发展存在的诸多问题，我们
应着力从以下方面应对：一是完善农业保险政策支持体系，
建立多部门联动工作机制；二是强化"大三农"保险概念，
构建梯级农业保险体系；三是引进先进管理理念和技术手段，
构建农村基层服务网络；四是引入社会资金，建立多元化的
大灾风险分散机制；五是开放农险市场，形成保险公司的有
序竞争；六是以购买服务的方式，引入第三方评估机构和查
勘定损机构；七是建立农险信息数据库，多信息融合共享互
联互通；八是申请更高比例的央补财政，加大省级财政补贴
比例。

关键词：　农业保险　地方特色险种　梯级农业保险体系

我国农业保险目前是实行政府引导、市场运作、自主自愿和协调推进的
政策性农业保险。政策性农业保险使参保农民在遭受重大损失时能够得到有

---

* 张彦珍，甘肃省社会科学院农村发展研究所助理研究员。

效的帮助和救济，是一种应对突发性风险的风险转移机制。对于我国而言，农业保险的社会效益高于经济效益，是国家以保险为依托实施的一项惠农政策，是国家促进"三农"发展的一个重要组成部分，是政府对农业发展的投入。目前，政府不断加大对农业保险的补贴力度，使农业保险更好地为我国农业发展保驾护航。

2004～2017年的中央一号文件都对发展中国政策性农业保险提出了明确的要求，2004年中央一号文件提出"加快建立政策性农业保险制度，选择部分产品和部分地区率先试点"。探索适宜的农业保险经营模式，各级财政对农业保险给予保费补贴，之后的一号文件强调完善政策性农业保险经营机制和发展模式，建立再保险体系和巨灾风险转移机制，提出完善政策性农业保险制度，优化农业保险保费补贴方式，积极开展涉农保险，到2017年提出"开发满足新型农业经营主体需求的保险产品，采取以奖代补方式支持地方开展特色农产品保险。鼓励地方多渠道筹集资金，支持扩大农产品价格指数保险试点。探索建立农产品收入保险制度"。这些都反映出政府发展农业保险的决心和完善农业保险运行机制、提高农业风险保障水平的总体发展要求。农业保险问题日渐受到我国政府的高度重视，健全农业保险制度、完善农业保险发展模式已成为政府稳定农业生产、促进粮食增收、减少农民贫困、稳定农民收入的重要政策工具。

一 甘肃省农业保险的发展历程

甘肃省气候变化多端，生态环境十分脆弱，属于我国自然灾害种类最多、活动最频繁、危害最严重的省份之一。近年来，自然灾害呈现愈演愈烈的态势，农牧民因灾致贫、因灾返贫的现象也比较严重，在甘肃大力发展政策性农业保险对分散农牧民经营风险，有效保障农民利益，推动甘肃经济社会发展具有更加非凡意义。

甘肃省建立了政府主导、商业保险公司代办的农业保险经营模式。2007～2017年10年中，甘肃省政策性农业保险总体发展平稳，农业保险保费收入规模不断扩大，在全省范围内为农户建立了基本的风险保障体制。甘肃农业保险的发展历程经历了探索、保险政策出台、试点、央补农险推广、地方农险创新等几个发展阶段。

（一）甘肃省农业保险发展的前期探索和衰落终止（1950～2004年）

甘肃的农业保险从20世纪50年代开始试办，1958年农业保险连同国内保险业务全部停办，1982年中国人保率先开办了农业保险，主要以种植业为主、养殖业为辅。甘肃省曾在天水、平凉等地试办农业保险，开办险种最多时有二十多种，经营农业保险的保险公司只有中国人民财产保险股份有限公司一家。1996年中国人民财产保险股份有限公司从国营性质向商业性保险公司转型，农业保险业务也随之开始大量萎缩，保险品种和人才都在缩减，再加上农业保险的赔付率一直居高不下，保险公司亏损严重，农业保险业务一度处于停办状态，一直到2004年，农业保险基本处于停办状态。如2000～2004年5年间，农业保险累计收取保费1005万元，支付赔款1195万元，赔付率118.9%。2004年不但无保费收入，还有4万元退保，农业保费占全省总保费的比例由1999年的0.18%降至0.1%。直到2006年，政府出台了相关支持农业保险发展的政策，农业保险才重新被重视起来。

（二）甘肃省农业保险的政策出台和工作起步（2005～2006年）

随着2004年中央一号文件的出台，农业保险被提上议事日程，我国多个省份组织开展了政策性农业保险试点工作。甘肃保监局也深入定西、天水、陇南三市，就贫困地区农村保险的市场需求情况展开调研，重点调研了定西市"三农"保险产品需求情况，对发展"三农"保险进行了有益思考，形成了《甘肃省"三农"保险调研报告》，认为发展"三农"保险，需要地方政府的有力支持，提供税收优惠和财政补贴，也需要各方面的积极关注和探索。

2005年，甘肃省省长陆浩同志对省政府研究室关于《应加快发展我省

农业保险事业》的调研报告做了重要批示："此文符合中央要求，在研究
'十一五'规划和明年工作时应予考虑"。该报告指出："要充分发挥农业保
险对于完善农业保护体系、提高农业和农村保障水平的作用。一是要加强宣
传动员，提高全社会对发展农业保险事业的认识；二是要支持保险部门扩大
险种，拓宽经营范围；三是要加大政策扶持力度，减轻保险企业负担；四是
要健全保险机构，延伸保险服务领域；五是要加强调查研究，把加快发展农
业保险事业列为省级重大课题，为党委、政府科学决策提供依据"。

2006年，省政府先后发布了《关于大力推进保险业改革发展的意见》
（甘政发〔2006〕102号）和《关于充分发挥保险在社会主义新农村建设中
作用的意见》（甘政办发〔2006〕137号）两个文件，出台了支持、加快农
业保险发展的政策措施，全省农业保险工作开始起步。甘肃省财政也加大了
对农业险的扶持力度。

（三）中央支持的政策性农业保险的开展和地方政策性农业保险试点（2007~2011年）

2007年，中央确定甘肃省为政策性能繁母猪保险试点省份，2008年，
中央确定甘肃省为政策性奶牛保险试点省份；2010年，中央财政在能繁母
猪和奶牛保险的基础上，又安排新增玉米制种保险，2011年新增藏区青稞、
牦牛、藏羚羊保险项目，以扶持藏区农业保险发展。

从2007年到2011年，甘肃省逐年增加试点地区和品种（见表1），不
断完善组织方式和管理制度。甘肃省政策性农业保险形成了一定的规模，取
得了一定的成效。甘肃省保监局在2011年印发的《甘肃省保险业发展"十
二五"规划纲要》中提出要加大对农业保险的政策支持力度，扩大农业保
险覆盖区域，增加农业保险试点的品种，落实好各种有关农业保险的制度，
为农业保险的发展创造有利的环境，省政府的一系列支持农业保险发展的政
策也促进了甘肃省农业保险的发展。

2011年，全省农业保险保费收入达到1.65亿元，除了被中央纳入农业
保险保费补贴范围的玉米、青稞等6个品种外，甘肃省财政每年还安排资金

开展地方特色优势产业品种保险，形成了全国统办和地方特色品种共同发展的格局。

表1　甘肃省地方政策性农业保险试点范围及品种

年份	开展品种及试点范围
2007	奶牛保险(肃州区、临泽县)；玉米制种保险(肃州区、甘州区、临泽县)；苹果保险(静宁县、泾川县)；肉牛保险(甘州区)
2008	玉米制种保险(肃州区、甘州区、临泽县)；设施农业保险(靖远县、崆峒区)；啤酒大麦保险(玉门市)
2009	玉米制种保险(肃州区、临泽县)；设施农业保险(甘州区、凉州区、清水县)；啤酒大麦保险(玉门市)
2010	设施农业保险(甘州区、肃州区、凉州区、临泽县、靖远县)；啤酒花保险(玉门市)
2011	青稞险(甘南州、天祝县)；牦牛保险(甘南州、天祝县)；藏系羊险(甘南州、天祝县)

（四）基础农业保险依法推进和地方优势农业保险试点深入创新（2012年至今）

2012年启动的政策性马铃薯保险不仅标志着甘肃省最具特色、最具优势、最具规模和影响的马铃薯产业进入了政策性农业保险制度安排中，也标志着甘肃省农业保险发展进入了一个新的阶段，为全省马铃薯产业发展提供了新的契机。

2013年3月1日《农业保险条例》的实施，标志着农业保险进入依法推进阶段。目前，全国有水稻、玉米、小麦、油料作物、棉花、马铃薯、青稞、天然橡胶、森林、能繁母猪、奶牛、育肥猪、牦牛、藏系羊、糖料作物15个关系国计民生和粮食安全的大宗农畜产品保险保费财政补贴险种。

甘肃农业保险初步搭建起"覆盖大宗种养殖、区域性优势品种、地方性特色产品"和"传统成本保险、新型价格指数保险、天气指数保险"的综合保障体系。目前共开办玉米、马铃薯、冬小麦、牦牛、藏系羊和森林等11个中央补贴险种，中药材、苹果、设施蔬菜等6个省财政补贴险种，有关地区因地制宜开展设施蔬菜、肉牛、烤烟、樱桃、枸杞等特色保险试点，全省农险品种达到 30 余个。新型农险产品探索步伐加快，开办中药材产值保险及蔬菜、洋葱、百合等多个新型价格保险，开办茶叶、李广杏等 2 个天气指数保险。

二 甘肃省农业保险发展的特征

甘肃省自 2007 年开始与全国同步开展农业保险，在财政、农牧、林业、金融办、保监和保险公司各方协调推进下，农业保险取得显著成效，形成本省的发展特征。

2016 年甘肃全省实现保费收入 307.7 亿元，同比增长 19.8%。全省农业保险种植业承保面积 8039 万亩（含森林、林果面积），养殖业承保数量 543 万头（只），参保农户 202 万户次，目前已向 153 万户次受旱灾暴洪等极端天气自然灾害影响的农户支付灾害损失赔款 6.86 亿元，同比增长 31.3%。

（一）央补险种覆盖全省，省补险种点片分布

甘肃省自 2007 年开始与全国同步开展农业保险以来，已经累计提供农业风险保障 700 多亿元，农业保险覆盖所有市（州）、县区。

2016 甘肃省农险发展规模达到 8.4 亿元，继续位居全国中游，西北第二。农业保险继续扩面增品，新开办茶叶、李广杏、枸杞、洋葱、葡萄、军马等 6 个特色险种，目前农险品种达到 30 余个。

（二）大宗农业保额物化成本比例逐步提高，地方特色险种保额更凸显完全物化成本和市场价值

甘肃省政府出台的"1+17"精准扶贫政策文件，将保险机制纳入推进精准扶贫框架。相应提高部分险种保额，形成差异化保障产品。玉米、马铃薯和奶牛 3 个险种的保额分别提高 43%、100% 和 66%，大田玉米和高产示范区玉米保额分别达到每亩 500 元和每亩 1000 元，不同风险区域马铃薯保

额分别达到每亩 500 元和每亩 700 元，奶牛保险保额达到每头 5000 元，基本达到直接物化成本，接地气的差异化产品，受到农户的普遍欢迎。

2016 年试点茶树气象指数保险，承保 1.2 万亩，试点李广杏气象指数保险，承保 8 万株，受益 900 户。在嘉峪关、金昌、临夏开办蔬菜价格指数保险，承保 8500 亩。中药材产值保险在定西、陇南开办的基础上，扩大到兰州，共承保 26 万亩，参保农户 1.8 万户，提供风险保障 3.74 亿元，为药农提供自然灾害和中药材价格下跌的"双保险"，党参、黄芪和当归的投保对象分为散户和企业，保额 2000～3300 元、保费 120～198 元不等，地方财政每亩补贴 80 元，2016 年中药材产值保险简单赔付率在 100% 左右。

（三）自然灾害多样，涉面广危害重，农业保险频现超高赔付

甘肃省特色农产品面临的风险多样，开发专属产品的保额高，赔付也高。先后开展设施蔬菜、经济林果、玉米制种、烤烟、肉牛、肉羊、葡萄、枸杞等特色产业保险。2016 年，蔬菜价格保险保费 118 万元，赔付 389 万元。在静宁县、秦安县开办包括除霜机、防雹网等防灾防损设施责任在内的苹果种植综合保险，当年赔款 2600 万元，简单赔付率达到 126%。在正宁县试点烤烟保险，支付赔款 515 万元，简单赔付率 465%，户均赔款近 2000元。中药材产值保险 2014 年、2015 年、2016 年简单赔付率（赔款支出/保费收入）均在 100% 以上。苹果保险连年高额赔付，2016 年赔款 2596.41 万元。敦煌葡萄保费收入 120 万元，预计赔款超过 1000 万元。此外，烤烟、枸杞、肉羊等地方特色产品赔付也比较高，在充分发挥风险保障作用的同时，高赔付使保险经营主体损失严重。

（四）开展保险增信贷款，助农金融合作加深

甘肃省从农户反映的实际情况出发，扩大涉农小额贷款保证保险，让种养大户和涉农小微企业通过保单增信，在无抵押、无担保的情况下获得贷款，解决企业及养殖户资金短缺、银行贷款门槛过高、防范养殖风险等问题。通过"政银保"模式，在陇西县试点畜草产业贷款保证保险，缓解养

殖户融资难、融资贵的问题。由县政府为畜草产业贷款提供风险损失补偿基金和50%的贴息资金，保险公司为借款人提供保证保险产品，种养大户和小微企业通过保单增信、财政贴息，快速获得无抵押、无担保的低利率贷款。当贷款出现本金违约损失时，由政府补偿基金、银行、保险公司分别按照2∶1∶7的比例共担损失。业务开办以来，共向482户农户发放贷款超1亿元，满足了全县10%以上的养殖户的资金需求。该项业务实际融资成本远低于小贷公司和民间借贷，且无须担保抵押，运行安全可靠，是中国保监会在全国推广的典型模式。目前，全省9个县开展"政保银"小额贷款保证保险，累计支持580家涉农小微企业获得银行贷款超2亿元。

（五）立足"大三农"保险，拓展涉农保险服务领域

甘肃省在农业、农村、农民的"三农"基础上，在农民的农业财产、家庭财产、人身健康安全和养老等方面拓展涉农保险服务领域。2016年，省级财政补贴970万元，支持兰州市、平凉市等5市开展农房统保试点，定西市开展农房地震保险，目前已承保地震责任农房6万多户。农村家庭财产保险、农村"五小车辆"保险及农村小额人身保险、养老保险和健康保险、外出务工人员意外险等也加快发展。

由市、县政府全额或部分补贴，每户10~40元保费不等，提供泥石流、滑坡、暴雨等自然灾害以及火灾等风险保障0.5万~4万元，农房保险已覆盖9市28个县区，承保34.6万户，支付赔款363.5万元。迭部县政府还将全县655座寺院僧舍全部投保房屋保险，赢得了僧侣和社会的积极评价。

（六）藏区农业保险走在前端，稳藏富藏功效明显

针对贫困藏区，甘肃保险业在中央扶持下大力发展藏区牦牛、藏系羊保险，业务开办五年来规模稳居全国第一，截至2016年底累计承保牦牛615万头，藏羊1157万只，承保率已分别达到存栏量的89%、77%，支付赔款4.85亿元，受益牧民6.6万户，户均获得赔款7348元。广大牧民亲切地将牦牛、藏羊保险喻为"润泽草原和牧民的阳光雨露"。甘南州还将玛曲、夏

河等五大畜牧业县列为特色养殖保险示范区，通过政企共建服务网络、印制藏汉双语宣传、简化理赔流程等举措，加快业务发展，为金融稳藏富藏发挥了积极作用，为少数民族地区保险助力脱贫提供了经验。

三　甘肃省农业保险发展存在的问题

截至 2017 年，甘肃省农业保险保持了较快发展的态势，但仍存在突出问题。

（一）总体问题

一是一般险种保额较低，农业保险产品保障程度低。一般险种保障程度仅达到物化成本的 50%～80%，与农户期望存在差距。二是农业保险覆盖面窄，不能做到愿保尽保。大宗种植业品种承保面只有 50% 左右，养殖业品种不超过 70%。三是示范区建设成效显著，但扩面进程进展缓慢。设施蔬菜、经济林果、中药材、肉牛肉羊等特色产业受到财政补贴资金的制约，还没有大面积发展起来。四是地方高额险种需求量大，而配套资金却落实难。五是经营主体面临超高赔付，还要承受地方保费拖欠，地方保费财政补贴资金落实较难。截至 2016 年末，全省尚有农险应收保费 3.73 亿元，均为市（州）县区财政所欠。六是经营主体管理水平低，人员数量质量有待提高。产品保险责任过窄、基层服务网络不健全、经营不规范、服务不到位等问题都不同程度地存在。七是农业保险更专业更复杂，却缺乏专业社会组织的参与。

（二）从政府、保险公司、农户三方主体思考

1. 从政府主体来看：一是在中央财政补贴比例小而地方财政补贴难度大的情况下，难以做到应保尽保，导致农业保险覆盖率比较低；二是中央财政补贴品种少，地方财政补贴品种多，加大了自给不足的地方财政困难，不利于发展推广地方特色险种；三是保险指标下达滞后于农时节气，导致保险

公司保期滞后于生长期,不能有效减少农民种植业的损失;四是地区险种不能做到随着当地农业结构改变的动态调整,不能有效增加不同区域的险种。

2. 从保险公司主体来看:一是趋利行为使保险公司更倾向于承保合作组织、种植养殖大户,在承保指标有限的情况下,容易导致一般农户和贫困户的利益受损;二是赔付程序虽然在不断优化,但仍然存在人力不足、查勘定损难度大,赔付不及时的状况;三是仲裁评估机构专业性、权威性不足,不能使农户和保险公司双方满意认可,容易引起赔付纠纷;四是大灾风险分散机制仍然存在很多不足,有待于进一步完善。

3. 从农户主体来看:一是有些险种因赔付额度低、赔付时间长等原因拒保;二是险种门槛高,出现一般农户有保需求而不能保的尴尬局面,与政府普惠的初衷相违背;三是由于保险内部体系的不完善,农户骗保的风险仍然存在;四是农户可选险种少,增加新险种的需求不能有效得到满足。

总体来看,对农业保险的研究也存在一种动态性,农业保险目前处于飞速发展期,以往的研究成果不断得到采纳,新的问题也在不断产生,所以,对三方主体继续深入调查了解并寻求有效的解决方案是促进甘肃省农业保险发展的最佳途径。

(三)通过典型案例,从地方发展角度看问题

1. 甘南州农业保险情况分析

甘南是甘肃畜牧养殖业的主产地之一,甘南参加农业保险的险种主要有牦牛、藏羊、青稞、马铃薯和冬小麦几个品种。

(1)目前的总体状况

全州承保的牦牛和藏羊在数量上呈现增长趋势。牦牛从 2011 年的 46.6 万头增加到 2016 年的 120 万头,藏羊从 84.2 万只增加到 233 万只。青稞承保面积呈下降趋势,从 11.7 万亩减少到 9.6 万亩,这主要与种植结构调整有关。州级财政补贴资金全部到位,县级财政补贴到位不及时,个别县无力补贴。建立了"三农"基层服务体系和"三农保险服务站",由乡镇分管农牧领导兼任站长,兽医站技术骨干为协管员,村组干部为协保员,初步建立

了三农保险服务体系。

（2）甘南农业保险存在的问题

甘南农业保险财政补贴压力大，州县两级财政对青稞、牦牛、藏羊的补贴金额占公共财政预算收入的比重接近 3.76%。农牧业保险品种单一。特色种植业缺乏藏中药材、油菜、草场、蔬菜大棚等保险品种，牧业缺乏犏牛繁育、奶牛养殖。农业保险覆盖面还比较低，下达的指标额度远远不能满足群众需求，还不能做到应保尽保，不能让所有农民都能享受到政策性农业保险。基层牛羊保险数额巨大，地理环境恶劣，查勘难度大，核实理赔业务十分繁重，经营管理成本高，面临人员和经费不足和工作人员业务生疏的困境。

2. 临夏州农业保险情况分析

临夏州的政策性农业保险品种主要有奶牛、牦牛、能繁母猪、藏羊、马铃薯、玉米、冬小麦共七个险种。地方财政（永靖县）补贴险种有日光温室大棚、娃娃菜产值保险。

（1）目前的总体状况

经过多年运作，临夏州农业保险的种类、面积、畜禽投保数量、投保金额都呈逐步上升的趋势。承保玉米从 2014 年的 6.72 万亩到 2016 年的 14.6 万亩；承保的藏系羊从 2014 年的 17.5 万只到 2016 年的 29.9 万头；承保奶牛从 2014 年的 0.87 万头到 2016 年的 1.16 万头。2016 年全州签单保费收入 1470 万元，赔款金额 1341 万元，赔付率 91.2%。

临夏州是典型的民族农业地区，传统的种养殖业的投保比例很低，2016 年末全州能繁母猪存栏 5.3 万头，承保 2.3 万头，承保率 43.4%；奶牛存栏 3.8 万头，承保 1.2 万头，承保率 31.6%；肉羊存栏 144.9 万头，承保 29.9 万只，承保率 20.6%；玉米种植面积 115 万亩，承保 14.6 万亩，承保率 12.7%。

（2）目前存在的问题

农业保险政策的宣传主要采取传统媒体手段，微信等新型宣传手段缺乏。出现因农户不了解保险政策，在遭灾后因赔付额度与其心理预期的差距，对农业保险产生误解和不信任。由于临夏州属于农区，主要是肉牛饲养，牦牛饲养数量少，而肉牛没有纳入临夏农业保险范畴，牛类保险的作用发挥不够。保险主要集中在规模养殖场、规模养殖户中，小规模养殖户和散养户投保积极性不高或因门槛设置使小规模养殖户投保无门。县级财政困难，县级财政配套保险补贴资金难落实，难以使更多的农民群众从农业保险中受益。由于县财政困难，存在县级政府配套资金未到位情况，2015年积石山县、东乡县、广河县马铃薯县级财政配套资金未到位，共计金额117.47万元，2016年积石山县、东乡县、广河县、康乐县马铃薯县级财政配套资金未到位，共计金额165.21万元。

四 加快发展农业保险的对策建议

甘肃省农业保险在贯彻《农业保险条例》和《甘肃省人民政府关于加快发展现代保险服务业的实施意见》精神的基础上，结合贯彻落实中央一号文件和精准扶贫精准脱贫精神，按照中央支持保大宗、保成本，地方支持保特色、保产量，有条件地保价格、保收入的原则，进一步拓展农业保险广度深度，丰富产品供给，提高保障水平，规范经营行为，为全省农业发展提供风险管理。

（一）完善农业保险政策支持体系，建立多部门联动工作机制

把农业、林业、牧业、渔业、养殖业、防灾减灾体系、财政体系、监管体系、金融体系、社会治理、农村发展等相关政策与农业保险体系结合起来，完善现有的农业保险政策支持体系，在目前部门联合工作的基础上，引入更多涉及部门，建立协调配合、运行通畅的联动工作机制。

（二）强化"大三农"保险概念，构建梯级农业保险体系

"大三农"保险涉及农业、农村、农民的方方面面，可供开拓开发的领域也很多。在这个范围内，根据不同收入层次、不同的农业规模、不同人群的

不同保险需求，构建梯级农业保险体系。最底层是种植养殖面广的基础农业，中部是中等收益农业，顶部是高收益高风险农业，越底部种植养殖面积数量越多，种植养殖户散户的低投保需求多，规模种植养殖户的高投保需求越多。越顶部种植养殖规模越小，收益越高，种植养殖户的高投保和高保额的保险需求越大。根据他们的经济效益和种植养殖规模设立高、中、低三档保额，政府财政的补贴比例在梯级底部最高，依次由高到低，社会资本投入则由低到高。

（三）引入社会资金，建立多元的大灾风险分散机制

甘肃省是高度依赖中央转移支付的省份，县级财政很多是吃财政饭，财政资金的不足严重制约着本省农业保险发展的广度和深度，使农业保险的发展深陷瓶颈无法突破。在政府财政资金不足并将长期不足与高保额的农业保险需求的矛盾日益加深的情况下，多方引入社会资金对农业保险的投入，建立多元化的大灾风险分散机制对甘肃势在必行。

（四）开放农险市场，形成保险公司的有序竞争

政策性农业保险应采用竞标制，商业性农业保险向有资质的国内外、省内外保险公司和组织开放。目前，经营政策性农业保险的保险组织主要有：股份制的商业保险公司、专业农业保险公司、农业保险合作组织、政策性农业保险公司、外资或合资农业保险公司等。一直到 2016 年，甘肃省承保农业保险业务的主要有中国人民财产保险股份有限公司甘肃分公司、中华联合财产保险股份有限公司甘肃分公司。2017 年 4 月甘肃省多家保险公司招标农业保险，中标 3 家，7 月 12 日中国保监会批准华农财产保险股份有限公司在甘肃省开展农业保险扶贫试点。两家独霸农业保险市场的局面发生改变，政策性保险经营主体日益丰富，并形成多元化发展的态势，促进了农业保险市场的有序竞争，推动全省农业保险稳步向前迈进。

（五）以购买服务的方式，引入第三方评估机构和查勘定损机构

通过第三方评估机构，对农户进行规模调查和典型个案调查，对农户进

行精细分层，提供不同分层、不同区域、不同产区的农业保险满意度分析和农业保险需求分析，细化农业保险需求市场。建立农林牧渔和养殖业社会经济等相关专家和专业人员数据库，随机抽取组建查勘定损专家团队，对保险公司的查勘定损予以监督仲裁。

（六）建立多信息融合共享数据库，引进先进管理设备和技术

甘肃省很多地方山大沟深，地域辽阔，农业保险基层服务运用传统手段和设备成本高，人力不足，可以考虑网络、远程设备等远程处理赔案，引进先进的管理理念和技术手段。探索政府农村信息平台数据与农业保险、防灾减灾数据的融合，挺进平台数据与农业保险经营管理的融合共享，打通公司与农户之间的沟通渠道，提高了透明度，加强与畜牧兽医部门合作，通过保险这一市场化手段引导农户主动加强病死动物无害化处理，防止病死畜禽流入市场和餐桌，保障"舌尖上的安全"。

B.10
甘肃县域民营企业发展问题研究

胡 苗 徐吉宏*

摘 要: 民营企业已成为县域经济发展中最活跃、最积极、最具竞争力的经济成分,但县域民营企业的发展又被思想落后、产业结构布局不合理、分布不均衡、竞争力不足等内部因素和市场连接不紧密、融资难、投资环境弱等外部因素所困扰。因此,要促进县域民营企业的发展必须从解放思想、鼓励企业自主创新融资方式、政府部门创新服务等方面着手。

关键词: 县域民营企业 创新方式 发展模式

由于国外没有"县域"的专门概念,其研究主要集中在民营经济对区域经济的带动作用上。国内学术界对县域经济的相关研究始于20世纪80年代,随着供给侧改革的不断深入,县域经济是重要的参与主体,而民营企业作为县域发展的重要支柱,其发展已经成为我国经济理论界关注和研究的热点。在当前背景下,国内学者开始关注并深入研究当前国内民营企业发展中面临的资金瓶颈、创新机制、产权保护、投资环境等诸多机制体制问题[1]。

---

* 胡苗,甘肃省社会科学院农村发展研究所助理研究员,硕士,主要研究方向为农村经济学;徐吉宏,甘肃省社会科学院,硕士,主要研究方向为农村发展及地理信息技术。

[1] 金荣祥:《民营经济发展模式转型分析》,《经济科学出版社》,2006;Asian Development Bank (ADB):"The Development of Private Enterprise in the People's Republic of China, Manila, Philippines", *Asian Development Bank*, 2003。

民营经济作为县域发展的主要推动力量，已成为县域经济发展中最活跃、最积极、最具竞争力的经济成分。从全国范围发展情况来看，民营经济发展越好的地区，县域经济的贡献率越高。当前，我国民营经济占 GDP 的比重已超过 60%，对税收和就业贡献率也分别超过 50% 和 80%①。可以说，在经济发展和社会稳定等诸多领域，民营经济的贡献量事实上已经过了半数，占据了重要的地位。在经济发展新常态下，民营经济发展形势不容乐观，发展前景令人担忧。根据国家统计数据，2016 年民间投资增速急剧下滑，2015 年全年民间投资增速是 10.1%，而 2016 年前 11 个月只有 3.1%，这成为阻碍经济发展的一大因素②。面对这样的发展情况，作为县域经济主体的民营企业该如何发展？如何针对不同县域基础提出有针对性的发展政策？如何激发民间资本的投资活力，发展民营企业？如何在企业发展和政策高效之间寻找平衡点？这些都是亟须解决的问题。

一 甘肃省民营经济发展特征

按所有制经济成分划分，可将国民经济划分为国有经济、集体经济、个体私营经济、港澳台和外商投资经济③，有些省份将集体经济和个体私营经济统称为民营经济。由于各个地方的统计口径不同，甘肃省以非公经济为统计口径，本文将采用非公企业的相关数据。

根据《甘肃省发展年鉴》，2016 年，甘肃省共有 86 个县域单位，其中有 4 个县级市、17 个区、65 个县。只有 10% 的县域 GDP 超过了 100 亿元，有 13 个县区的财政收入超过了 10 亿元，占 11.63%，而达不到亿元的县区有 8 个，占 9.30%。

2016 年，甘肃省县域实现非公经济增加值 3404.35 亿元，占全省 GDP

---

① 葛鸣珏：《论党的十八届三中全会对非公有制经济发展的新贡献》，《中央社会主义学院学报》2014 年第 2 期。

② 《非公经济的 2017 展望》，《中国经济时报》2017 年 1 月 13 日。

③ 高洁：《民营经济成为浙江发展的重要引擎》，《市场周刊》2008 年第 6 期。

的比重达到47.6%，比2015年增加了1.8个百分点，实现地方税收收入208.14亿元，同比增长11.31%，占全省地方税收收入的48.37%，是甘肃省经济增长的重要引擎。从历年数据来看，2010年以来非公经济持续快速增长。2010~2016年县域非公经济增加值占全省GDP的比重保持在35%~50%，非公经济增加值年均增长13.74%，快于GDP年均增长速度9.63%，是甘肃省县域经济发展的重要推动力量。

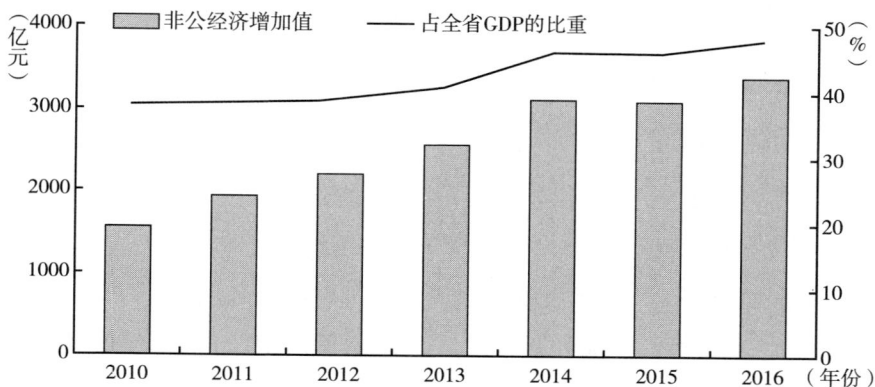

图1　2010~2016年甘肃省非公经济变化情况

2016年甘肃县域非公经济市场主体达到138.42万户，同比增长了11.04%，占全省市场主体的96.86%，比2010年高10个百分点，其中，私营企业达到20.89万户，比2010年的3.28万户增长了135.51%，解决就业近500万人；规模以上非公企业达到7656户，比2010年的3596户翻了一番多。以定西市陇西县为例，2016年，全县注册登记的非公经济户数达到19528户，实现增加值33.92亿元，同比增长12.1%，非公经济增加值占GDP比重达到54.9%；非公经济组织新增就业岗位4808个，从业人数超过4万人。

从甘肃省县域个体私营企业的产业分布来看，除了公共管理和社会组织外，其他行业均有非公经济，但其集中趋势仍很明显。其主要分布在制造业和批发零售业，占60%左右；其次是租赁和商务服务业、农林牧渔业、建筑业。非公企业的分布呈"三、二、一"的格局。从2016年甘肃省民营企业 50 强的产业情况看，一、二、三产业分别为 4 户、31 户、15 户，占比分别为 8%、62%、30%，总体上第二产业比重偏大，第三产业比重偏小；从行业分布来看，房地产业 15 户，占 30%；综合 10 户、占 20%；制造业 8 户、占 16%；排在前三位。

二　制约县域民营企业发展的突出问题

（一）非公经济体整体实力和综合竞争力不强

从总体上看，全省非公经济发展滞后，对县域经济的支撑力很弱，非公企业增加值占 GDP 的比重不足一半，而甘肃省非公经济贡献地方税收 1309 亿元，占全省地方税收的 55.2%，高于经济增加值近 8 个百分点，非公经济主体的税负较高，税收优惠政策对非公经济的激励效应还不明显。同时，2016 甘肃省县域非公企业近 140 万户，数量庞大但经济总量贡献尚不足 50%，低于全国 60% 的平均水平，私营企业和个体工商户户均注册资金分别为 548.83 万元、7.02 万元，每万人拥有的中小企业只有 37 户，仅为全国平均水平（116 户）的 1/3。以兰州市非公企业调查为例，非公经济市场主体的比例达到 84%，说明非公经济主体规模小，对县域经济的带动作用小，骨干龙头企业屈指可数，无法和公有制主体及省外发达地区的非公经济主体平等竞争。

与全国和经济发达地区相比，差距依然甚大，县域非公企业增加值占 GDP 的比重（47.6%）低于全国平均水平 10 个百分点，甘肃省县域非公经济增加值总量仅相当于江苏的 1/15，广东的 1/11，四川的 1/6，陕西的 1/3 左右；即使与西部 12 省份相比，甘肃省生产总值达到 7152.04 亿元，位居西部地区倒数第四位，县域非公经济增加值占 GDP 的比重排名仅超过青海、新疆维吾尔自治区、西藏自治区 3 省份。

在全国工商联调查公布的 2016 年中国民营企业 500 强中，中国民营企业 500 强的区域经营效率差距呈逐年拉大的态势，东部地区企业上榜数量一直处于主导优势。其中，以江浙地区的民营企业最为突出，不管是营业收入，还是资产总额，浙江与江苏连续居于前列。2013～2016年，中国民营企业500强榜单上，东部地区数量由375家增加到398家，中部地区数量略有下降为53家，西部地区企业则由60家持续减少至51家，呈现了"东强西弱"的格局，而甘肃无一家企业上榜。

（二）市场准入门槛高，产业结构不合理

由于在市场准入等方面的限制，甘肃省非公企业相对于国有、外资企业来说，存在着较大的政策差异。特别是在基础设施和公用事业等垄断行业领域仍存在不同程度的"限进"情况。在产业分布上，70%的非公企业主要集中在房地产开发、建材、商贸、餐饮、农产品初加工等产业链初端，以小规模、分散性经营，劳动密集型为主，无法进入有长期收益和贡献的电力、水利、铁路、石油、金融保险等领域，同时，金融、教育、信息类新兴产业领域的市场主体较少。非公经济主体即使依托甘肃特色产业，也由于创新力不足，产品的深加工、龙头企业和完整产业链条的机制尚未形成，非公经济的产业集聚优势不明显。以兰州市县域非公企业为例，工业体系中资源型重工业行业和大型企业占主导地位，资金密集和高投入、高消耗、低产出的弊端严重，使投资能力薄弱的非公企业难以进入，已进入的非公企业多为高消耗、重污染的中小企业，重型工业行业普遍缺少中、下游环节的企业和项目，产业链条短，难以形成集群优势，大量的非公企业无法借靠集群优势争得市场，生存、发展能力脆弱。

（三）非公经济发展不均衡，布局不合理

甘肃省县域非公经济发展不均衡，布局不合理。甘肃省个体私营企业所占比重居前五位的是兰州市（24.88%）、定西市（9.69%）、天水市（9.37%）、武威市（8.34%）、庆阳市（7.87%），嘉峪关市、金昌市的个体私营企业所占比重较小。从2016年甘肃省非公企业50强分布情况看，兰州市17户、白银市5户、金昌市4户、酒泉市4户、张掖市4户、陇南市4户、临

夏州3户、武威2户、庆阳市2户、嘉峪关市1户、定西市1户、平凉市1户、天水市1户、甘南州1户，且50强企业绝大多数分布在各市（州）的中心城市。

表1 甘肃省区域个体私营企业分布情况

| 地区 | 私营 | | 个体 | | 合计 | 所占比重 |
| | 户数 | 从业人员 | 个体户数 | 从业人员 | （户数） | （％） |
	（户）	（人）	（户数）	（人）		
兰 州 市	89382	564995	181755	394079	271137	24.88
嘉峪关市	4289	26244	20435	33104	24724	2.27
金 昌 市	4348	51724	22134	41667	26482	2.43
白 银 市	12737	119457	62983	129412	75720	6.95
天 水 市	12184	178495	89891	203375	102075	9.37
武 威 市	9820	73017	81081	133814	90901	8.34
张 掖 市	11640	124698	54727	121544	66367	6.09
平 凉 市	8303	77939	75748	134621	84051	7.71
酒 泉 市	12333	109305	55077	94165	67410	6.19
庆 阳 市	14010	140172	71801	139967	85811	7.87
定 西 市	9244	105514	96355	227100	105599	9.69
临 夏 州	6758	93284	55644	86260	62402	5.73
甘 南 州	2902	87880	24256	41698	27158	2.49

资料来源：《甘肃发展年鉴》2016年。

（四）企业融资难、融资贵

从调研中发现，甘肃省非公企业融资渠道单一，新增投资的资金主要来源仍然是自有资金和银行借贷。一是融资担保门槛高。担保机构尤其是民营担保机构在与银行业机构合作上处于劣势和弱势，银行往往对担保公司的信用持怀疑态度，甚至设置很高的资金门槛，导致部分担保机构的作用不能充分发挥。2016年甘肃省364家担保公司，在保责任余额仅423亿元，其中政策性担保公司的资本金和业务量均占1/4，且主要倾向于农村贷款的担保，大部分中小微型企业因为得不到有效担保而无法获得贷款。二是贷款审批环节多、时间长。比如，从五大国有银行贷款，贷款行需要将贷款手续提交省级分行或者总行审批，程序烦琐、冗长，企业获取贷款审批时间过长，经常发生贷款到位时企业已错失商机的现象。三是"抽贷"和"断贷"现象经常发生。受经济下行影响，银行在贷款到期时经常减少对企业的再次贷款额度或终止发放贷款，导致企业生产陷入困境。据平凉市工商联反映，2015年底，该市西开牧业公司同建设银行约定还上5000万元贷款后将立即如数续贷，但时隔3个月后，建设银行仅续贷了1000万元，4000万元的资金缺口对企业形成了巨大压力。四是抵（质）押物可选范围窄。银行往往以土地、房产等不动产作为企业的抵（质）押物，而多数企业发展规模较小，能够用于抵（质）押的土地、房产等不动产较少，自身抵（质）押获贷能力有限。五是银行对非公企业贷款利率上浮比例高。各家商业银行对非公企业的贷款利率比基准利率上浮20%～50%，个别银行甚至高出基准利率的2～3倍，企业处于"融不到、用不起"的两难境地。

（五）科技创新服务体系不健全，经营管理和创新能力不足

科技创新引领作用发挥有限，企业自主创新能力弱。一是科技创新公共服务体系建设滞后。现有创新平台和科技服务组织数量少、规模小，网络体系不健全，覆盖面窄，功能不完善，服务能力弱，服务资源辐射带动作用不强，影响了对成果的深度开发和利用。二是企业自主创新氛围不浓。受传统观念和经营环境影响，大多数非公企业对自主创新认识不足，存在不愿创新、不敢创新、不能创新的现象。表现为重生产销售、轻研究开发，重技术引进、轻消化吸收，科研经费投入不足，获得政府支持难度大，创新层次低，自主品牌少。三是企业经营管理水平较低。甘肃非公企业大多是家族式企业，经营管理粗放，法人治理结构不健全，内部管理制度不完善，大多数还没建立起科学规范的现代企业制度。四是专业人才短缺。企业缺少技术、人力资源等各方面的人才，制约和限制了非公企业进一步做大做强。

（六）政企信息交流不畅，政府服务非公企业的机制有待完善

一是没有建立起科学规范的统计体系，指标口径不一致，汇总分析不及

时，信息共享不到位。据调查，有70%左右的非公企业对各级政府出台的调控政策和扶持政策表示不了解。

二是一些地区和部门对非公经济发展重视不够，缺乏主动作为的意识。据国家统计局甘肃调查总队对甘肃省2014年新设立商业小微企业和个体户经营情况进行的跟踪调查分析，被调查的348家小微企业和个体户反映享受优惠政策的比例不到一半。在享受优惠政策的企业和个体户中，只有18.7%的享受过税费减免政策，近3%的享受过政府资金支持或贷款优惠。

三　国内外县域民营企业发展的经验借鉴

（一）国外县域民营企业发展经验借鉴

民营经济是区域经济中最具活力的元素。只有通过民营企业的发展，才能真正实现县域经济的全方面提升。对英国、日本、韩国等国家民营企业发展的成功经验总结，主要表现在以下几个方面。

1. 政府对民营企业的积极扶持

从发达国家民营企业发展历程来看，政府为民营经济发展提供了良好的发展环境，给予了大力支持。首先政府通过立法确定了民营企业的地位，再通过落实相关的政策法规，为民营企业营造良好的发展软环境。同时，这些法规政策与企业资金相挂钩，真正实现全民创业。

2. 金融支持解决民营企业融资压力

资金的保障是民营企业发展的关键，国外发达国家的发展经验正验证了这一点。为解决资金的短缺，英国、日本、韩国各国纷纷推出多种特色融资方式。如英国的另类融资、韩国的 P - CBO 等方式。并且，韩国还通过银行对中小企业进行直接投资，成立专门为这些企业服务、提供融资方式的商业银行以及政策银行①。众所周知，国内民营企业主要靠自筹资金

---

① 赵霞：《四川省民营经济推动县域经济发展研究》，硕士学位论文，吉林大学，2015。

和部分民间融资以及少量银行贷款进行企业的正常运转，但部分企业信誉不强，竞争力弱等因素导致银行对企业贷款缺乏信任。而发达国家通过政府的威信力对民营企业进行贷款担保，也通过 P – CBO 将次级信用度上升到优先级信用度。这些措施都在一定程度上帮助民营企业解决了资金短缺的问题。

3. 重视劳动力的素质提升

教育是一个国家社会经济发展的关键，国外发达国家不仅重视学校教育，而且大力发展职业技术领域的培训。如韩国提出职业技术学校与民营企业合作，根据企业发展需要，定期向企业开展职工技能培训，培养专业化水平的人才，不断完善和升级高水平的职业技术教育和培训体系。英国政府提供专项资金，对企业员工进行需求性培训，德国高水平的职业技术教育和培训体系促进了德国制造业的发展。这些都反映出了教育特别是职业技术教育对民营经济发展的重要性。

4. 创新与创业是民营企业壮大的推动力量

创新与创业是培育和催生经济社会发展新动力的必然选择。各个国家都采取了不同的创新方式，如韩国通过立法推进了创新，英国在技术研发方面投入了巨资；创新模式如日本的"一村一品"模式，韩国的"东亚模式"；融资方式的创新如英国的另类融资。总之，这些国家民营经济的快速发展都与创新密切相关。从投资需求看，传统产业经过多年快速发展趋于饱和，大众创业将引导社会资本投向新技术、新产品、新业态和新商业模式，不断创造出新的投资空间。英国从 20 世纪 80 年代就开始进行创业教育，国外发达国家都纷纷创建创业基金鼓励创业。

（二）国内县域民营企业发展经验借鉴

1. 晋江模式

晋江一直是福建经济发展最快、实力最强、最具活力的地区之一。晋江和中国大多数小城镇的工业化道路相似，即以乡镇企业和开发区为承载工业化的主要平台，形成了被动的粗放式的"城镇化"，但资源禀赋、经济基础等条件并不算优越的晋江，能够在改革开放中走出一条符合当地实际的乡村工业道路，并走出享誉海内外的"晋江模式"，一是受益于改革开放。二是解放思想、敢为人先、一定要成功的精神气质。三是政企的良好互动。过去一段时间，晋江经济发展更多依赖自身蓬勃发展，而对外来资本的吸引方面相对有限。近年来，这种想法逐渐得以改变，通过各种渠道主动进行招商选资。

2. 温州模式

不断解放思想，充分发挥群众首创精神。改革开放以来，浙江省各级党委政府一直对民营企业发展进行各种政策鼓励，同时，在全社会普及创业精神与创业理念，改变人们原有的固化思想，不再安于现状，要有积极向上的生活和工作态度，对事业执着追求和一丝不苟的工作精神。正是良好的创业氛围以及一批创业者的创业实践造就了浙江规模庞大的民营经济。

服务型政府、企业、民间资本与市场在地方政府层面有机结合。经济的发展不依靠政府投资、国家地区优惠政策等，而是通过一系列的产权制度创新，不断建立完善全国首家个体私营企业、首家股份合作制企业、首家实行利率改革的信用社、首家股份合作制城市信用社、首部股份合作制企业的地方性法规，形成民众投资、民间营运、服务型政府和公正、透明、可预期的体制框架。

3. 红豆模式

江苏红豆集团30年的发展实践，探索出的"现代企业制度＋企业党建＋社会责任"的"三位一体"企业发展模式，对广大民营企业具有很好的指导意义和借鉴作用。红豆集团建立起相对完善的现代企业制度，包括边界清晰的多元产权制度、制衡高效的法人治理制度、体系科学的经营管理制度等。尝试把"企业党建"和"社会责任"融入红豆集团的现代企业管理，形成了"现代企业制度＋企业党建＋社会责任"的发展模式，有效突破了企业管理的"天花板"。在这一模式中，"现代企业制度"是基础，"企业党建"是灵魂，"社会责任"是使命，三者缺一不可。

四　启示

国内外发展县域民营经济的经验，给我们许多有益的启示。

转变观念，勇于创业。甘肃民众自我发展、自我创业意识不够，思想固化、安于现状，百姓的脱贫意愿不强烈。正是缺乏这种开拓进取、自强自立，在夹缝中生存的执着精神，从而阻碍了甘肃民营企业的发展。所以，要加强党员干部思想意识的教育，弘扬坚韧不拔、吃苦耐劳的奋斗精神，在民众中形成大众创业的氛围。

鼓励企业进行自主创新。创新不仅是技术的创新，还体现在经营方式的创新上。设立了扶持民营企业发展专项资金，通过财政资金带动民营企业加大对技术改造和新产品开发研究的投入，提高企业自主创新能力和产品科技含量。同时，引导有一定资本积累、生产步入轨道的民营企业突破家庭管理模式，积极开展管理创新，逐步建立法人治理结构和专业人才治理结构。

创新融资渠道或方式。融资难是各地民营企业发展遇到的共同难题，应借鉴国内外发展经验，根据不同区域特点，用创新的办法破解融资难问题。如要开通特殊通道，对信誉好、发展好的民营企业，在资金链紧张时期，简化贷款审批手续，以帮助他们度过困难时期；积极探索新型民营企业贷款担保机构组织体系，如规定商业银行对于这些企业贷款的指标，提供信用担保等，为区域内、行业内的民营企业贷款提供规范有效的担保。

加强对企业内部职工的培训。通过调查发现，县域内民营企业人才缺乏，企业对技能人才培训的意愿非常强烈。虽然部分企业开展了企业员工内部培训，但大多仅限于企业内部非专业性的传统模式，针对性不强，效果不明显。政府应实施企业在岗职工技能提升性培训补贴，并设立专项经费，对县域重点优势企业开展在岗职工技能提升性培训实施分类补贴，即由企业根据自身需求，帮助企业对其员工进行培训，以保证员工技能水平与企业发展平衡。

非公企业政策的包容性、匹配性。就企业如何有效经营品牌，企业的发展首先是定位，要走规范化发展的道路，要善于经营品牌，而经营品牌的关键就是要重视产品的质量。尽管以往也有鼓励政策出台，但由于观念和创业环境存在问题，实际效果并不明显。要想解决这个问题，最根本的是政府有关部门要从服务投资者的角度出发，建立较为完善的行业信息咨询、企业诚信咨询、个人诚信咨询等网络，为企业降低交易成本，提供创新服务。

改进机关作风，创新服务手段。对县域民营企业实行政策上的"特殊关照"，将民营企业纳入县行政服务中心服务范畴，加强对民营企业改革发展的指导，协助解决民营企业在发展过程中遇到的种种困难，为民营企业提供更加优质、高效的服务，将各项利好政策落实到企业，为企业的发展提供帮助。同时，大力宣传鼓励、支持和引导民营经济发展的法律法规和方针政策，宣传民营经济在县域经济建设中的重要地位和作用，宣传和表彰民营企业中涌现的先进典型，营造良好的舆论环境。

B.11
甘肃特色小镇建设研究

刘伯霞 *

摘　要：　本研究在分析甘肃特色小（城）镇建设现状的基础上，指出
了甘肃特色小（城）镇建设中存在的问题，推荐了可资借鉴
的 10 个特色小镇建设类型。最后，针对问题提出了相应的对
策措施：完善政策保障体系，加大政策支持力度；建立多元
化的投融资机制，重点引入 PPP 模式；规划先行，分类施策；
突出主题，彰显特色；培植和发展特色产业，提高产业竞争
力和吸纳就业的能力；建设生态、美丽宜居宜游、风貌独特
的新镇；彰显特色传统文化，建设文旅小镇；创新特色小
（城）镇体制机制，激发内生动力。

关键词：　甘肃省　特色小镇　典型模式

近年来，国内外特色小镇的建设实践不断深入推进。如瑞士、美国、
法国等国相继建成了瑞士达沃斯小镇、美国格林威治小镇、美国纳帕谷
农业小镇和法国普罗旺斯小镇等一大批特色鲜明的小镇。2014 年，浙江
省为破解发展瓶颈和实现转型升级，率先提出"特色小镇"战略，截至
目前已推出三批 113 个省级特色小镇。习总书记指出"从供给侧培育小
城镇对于当下新常态的经济发展具有重要意义"，"抓特色小镇、小城镇
建设大有可为，对经济转型升级、新型城镇化建设都具有重要意义"，充

＊ 刘伯霞，甘肃省社会科学院农村发展研究所研究员，硕士，研究方向为城市经济、农村经济。

分肯定了特色小镇和小城镇建设的重要性。2016 年 7 月，住建部、国家发改委、财政部三部委联合发布了《关于开展特色小镇培育工作的通知》，提出到 2020 年，在全国培育 1000 个各具特色、富有活力的休闲旅游、商贸物流、现代制造、教育科技、传统文化、美丽宜居的特色小镇。同时，住建部公布了首批 127 个中国特色小镇名单，覆盖全国 31 个省份，把浙江特色小镇建设经验迅速推向全国，由此各地掀起了特色小镇的建设高潮。

特色小镇、小城镇是新型城镇化发展的重要载体，是促进城乡协调发展最直接最有效的途径。特色小镇是按照五大发展理念，打造以特色业为主导、产业定位明确、市场要素集聚、管理机制创新、生产生活生态统筹布局的综合性发展平台。特色小镇建设对于推动政府与市场互动、激发创新创业活力、推进供给侧改革、促进经济结构调整、加快经济社会发展具有重要意义。

一 甘肃特色小镇发展现状

（一）甘肃特色小镇发展面临巨大的政策机遇

住房城乡建设部、国家发展改革委、财政部、中国农业发展银行、国家开发银行等部门发布的《关于开展特色小镇培育工作的通知》《关于做好 2016 年特色小镇推荐工作的通知》《关于加快美丽特色小（城）镇建设的指导意见》《中央财经领导小组办公室、国家发展改革委、住房城乡建设部联合召开特色小（城）镇经验交流会主要意见》《关于推进政策性金融支持小城镇建设的通知》《关于推进开发性金融支持小城镇建设的通知》《国家级西部大开发"十三五"规划》提出的"西部建设百座特色小城镇"等支持政策，都给甘肃省发展特色小镇、小城镇带来前所未有的巨大发展机遇。

（二）甘肃省确立了一批国家级、省级、市级特色小镇建设名单

甘肃省确立了兰州市榆中县青城镇等8个国家级特色小镇、定西市通渭县平襄书画小镇等18个省级特色小镇。白银市、武威市、定西市分别确立了5个、10个、8个市级特色小镇（见表1）。甘肃省确立了临潭县冶力关镇等8个国家级特色小城镇，兰州市确立了榆中县青城镇等5个特色小城镇试点镇、永登县红城镇等7个特色小城镇培育（见表2）。

表1　甘肃省特色小镇名单

级别	数量	名单
国家级	8个	兰州市榆中县青城镇、武威市凉州区清源镇、临夏州和政县松鸣镇、兰州市永登县苦水镇、庆阳市华池县南梁镇、天水市麦积区甘泉镇、嘉峪关市峪泉镇、定西市陇西县首阳镇
省级	18个	定西市通渭县平襄书画小镇、定西市临洮县洮阳马家窑洮砚小镇、定西市陇西县首阳中药材小镇、兰州市皋兰县什川梨园小镇、兰州市榆中县青城历史文化小镇、兰州市西固区河口黄河风情小镇、陇南市康县阳坝生态度假小镇、陇南市成县西狭颂文化养生小镇、武威市凉州区清源葡萄酒小镇、临夏州和政县松鸣冰雪运动小镇、天水市麦积区甘泉民俗风情小镇、张掖市临泽县倪家营七彩丹霞小镇、庆阳市华池县南梁红色旅游小镇、甘南州夏河县拉卜楞民族风情小镇、金昌市金川区双湾香草、平凉市崆峒区崆峒养生休闲小镇、酒泉市肃州区酒泉玉文化小镇、白银市景泰县黄河石林小镇
市级	23个	白银市景泰五佛佛枣小镇、白银市平川打拉池红色旅游小镇、白银水川休闲度假小镇、白银市靖远法泉旅游小镇、白银市会宁汉唐旅游产业小镇、武威市清源葡萄酒小镇、武威市天堂民族风情小镇、武威市红沙岗绿色工业小镇、武威市黄花滩绿洲小镇、武威市邓马营湖生态移民现代农业小镇、武威市西营温泉度假旅游小镇、武威市古城塔尔湾冰雪运动小镇、武威市西渠生态旅游小镇、武威市松山移民产业小镇、武威市炭山岭生态休闲小镇、定西市临洮县洮阳马家窑彩陶小镇、定西市临洮县洮阳卧龙湾洮砚小镇、定西市陇西县首阳中药材小镇、定西市通渭县平襄书画小镇、定西市安定区巉口文化旅游小镇、定西市渭源县五竹旅游休闲小镇、定西市漳县遮阳山旅游休闲小镇、定西市岷县梅川中药材小镇

表 2　甘肃省特色小城镇名单

级别	数量		名单
国家级	8 个		甘南州临潭县冶力关镇（旅游休闲型）、陇南市康县阳坝镇（旅游休闲型）、临夏州永靖县刘家峡镇（健康疗养型）、定西市陇西县首阳镇（商贸物流型）、兰州市榆中县和平镇（科技教育型）、张掖市肃南县马蹄藏族乡（文化民俗型）、武威市凉州区黄羊镇（特色制造型）、平凉市华亭县安口镇（能矿资源型）
市级	5 个	试点镇	兰州市榆中县青城镇、兰州市西固区河口镇、兰州市皋兰县什川镇、兰州市永登县武胜驿镇、兰州市西固区达川镇
	7 个	培育镇	兰州市永登县红城镇、兰州市永登县连城镇、兰州市永登县苦水镇、兰州市榆中县金崖镇、兰州市红古区平安镇、兰州市七里河区阿干镇、兰州市七里河区西果园镇

（三）甘肃省已制定了特色小镇建设的规划和方案

2016 年 7 月，为统筹城乡经济社会协调发展，提高城乡居民收入水平，实现到 2020 年与全国一道全面建成小康社会目标，甘肃省人民政府办公厅发布了《甘肃省关于推进特色小镇建设的指导意见》，全面规划、部署了甘肃省特色小镇建设的目标要求、实施步骤、创建要求和保障措施。随后，白银市、武威市、陇南市、定西市和庆阳市先后出台了《关于推进特色小镇建设的实施意见》，定西市、武威市、白银市和兰州市还分别对纳入国家级、省级、市级重点特色小（城）镇创建名单的特色小（城）镇建设进行了规划和部署。

二　甘肃省特色小镇建设存在的问题

（一）甘肃省城镇化发展滞后，还有多一半人口滞留农村

2016 年甘肃省域镇化率达到 44.69%，比上年提高 1.5 个百分点，但仍排全国后位。目前，甘肃省还有 55.31% 的人生活在农村，整体处于农村社会，城镇化发展严重滞后。甘肃省城镇化发展滞后的原因有很多，但

其中主要原因之一，就是缺少特色小镇、特色小城镇这样的载体就地就近转化农民。

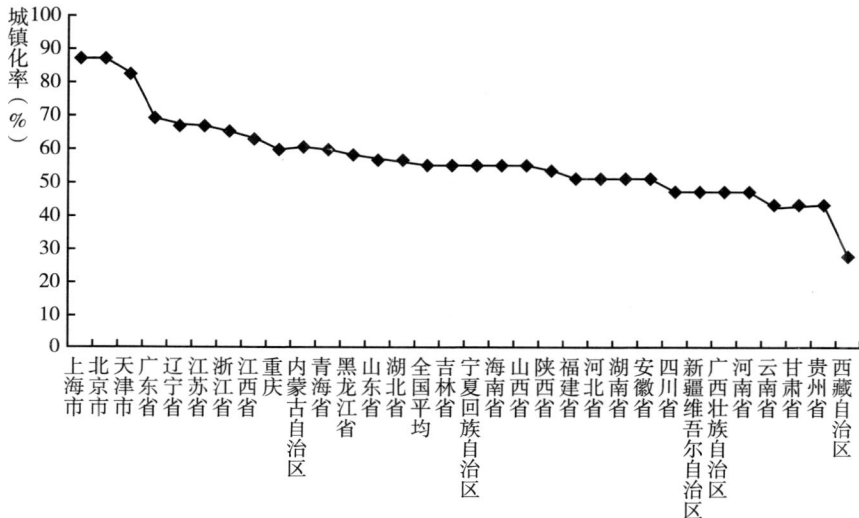

图1 2015年全国各省份城镇化率排名

资料来源：2016年《中国统计年鉴》。

（二）甘肃省特色小镇数量少，类型单一，主题不鲜明

甘肃省国家级特色小镇数量少。国家分两批公布了403个特色小镇，有12个省份特色小镇数量超过10个（见表3），其中最多的浙江省达到23个，江苏省和山东省各有22个，广东省和四川省各有20个，而甘肃只有8个，仅占总数的2%，排全国倒数第8位。

表3 全国特色小镇分布一览

特色小镇数量（个）	所属地区	特色小镇数量（个）	所属地区
23	浙江省	11	黑龙江省
22	江苏省、山东省	10	新疆维吾尔自治区
20	广东省、四川省	9	吉林省、上海市

特色小镇数量（个）	所属地区	特色小镇数量（个）	所属地区
16	湖北省、湖南省	8	甘肃省
15	河南省、安徽省、贵州省	7	北京市、海南省、西藏自治区、宁夏回族自治区、天津市
14	广西壮族自治区、福建省、陕西省	6	青海省
13	云南省、重庆市、辽宁省	4	新疆生产建设兵团
12	内蒙古自治区、山西省、江西省、河北省	—	—

甘肃省国家级特色小城镇数量少。西部百个特色小城镇中，甘肃仅有8个，占总数的8%，在西部12省份中排名靠后；甘肃省省级小城镇数量少，确立了18个省级特色小镇，而发展最快的浙江省已公布了三批省级特色小镇共113个，是甘肃省的6.3倍。四川、云南提出到2020年建设200个特色小镇，河北省等13个省市提出建设100个。从数量级别上看，甘肃省的省级特色小镇数量太少。甘肃省特色小镇类型也不多。目前，特色小镇较成熟的类型已达20余种，但甘肃特色小镇和特色小城镇类型都比较少。8个国家级特色小镇4种类型；8个国家级特色小城镇7种类型（见表2）；18个省级特色小镇，4种类型。而且甘肃已确立的特色小镇主题不突出，宣传不到位，缺少"吸引核"。比如特色小镇命名多为："市名+县名+镇名"，无创意、无特色，主题不明确。

甘肃特色小镇、特色小城镇数量少的背后，是各级政府对特色小镇和特色小城镇的重大意义认识不到位，重视程度不够高；甘肃特色小镇、特色小城镇类型单一、主题不鲜明的深层原因，是各市（州）对当地的资源特色、产业特色、地域特色和文化特色挖掘程度不够深。

（三）政策扶持不力，建设热情不高

截至目前，相关部委已在全国范围内发布特色小镇建设方面的文件7份。特色小镇发展的先行者浙江省，从2015年4月发布第一份文件《关于加快特色小镇规划建设的指导意见》起，至今在促进特色小镇建设发展方

面已发布相关文件 15 份之多，而甘肃省，至今仅发布了《甘肃省关于推进特色小镇建设的指导意见》一份文件，可见重视程度和支持力度差距之大。

当下，"特色小镇"在各地"一呼百应"，在全国掀起高潮，从中央到地方，各级政府在推动特色小镇建设方面浪潮翻滚、不遗余力，已进入井喷态势。但是，甘肃，尤其一些市（州）反应慢，行动迟缓。目前还有 9 个市（州）未出台特色小镇建设的实施意见（或规划）；还有 10 个市（州）至今未列出市级特色小镇（或特色小城镇）的创建名单。还有 7 个市（州）没有一个国家级特色小镇，6 个市（州）没有 1 个国家级特色小城镇，1 个市没有 1 个省级特色小镇。

甘肃特色小镇建设投融资渠道较少，建设资金严重不足。甘肃省经济欠发达，特色小（城）镇建设资金的来源主要是省级财政整合相关部门的资金、"以奖代补"的奖补资金、特色小镇建设用地的租赁收入和小城镇基础设施配套费等资金，企业和社会投资热情不高。

三　特色小镇建设的基础与借鉴的政策

（一）甘肃建设特色小镇的基础

甘肃省具有突出的自然区位优势、政治区位优势、经济区位优势等复合优势；土地资源、矿产资源、水利资源、林地资源和野生动植物资源、能源资源等自然资源丰富；旅游资源丰富，有 10 种自然风光类旅游资源、5 种人文景观类旅游资源、四大旅游线路、4 个国家重点风景名胜区和 4 个国家历史文化名城等著名旅游资源；文化资源丰富，有伏羲文化等中华文明源头文化、丝绸之路文化等灿烂的历史文化，有黄河文化，有革命历史遗址遗迹遗存等丰富的陇原红色文化，有伊斯兰教文化、藏传佛教文化、特有民族文化和以花儿为代表的民间民俗文化等多元多样的民族民间文化；甘肃省有多民族共同繁荣发展的坚实基础，有发展宗教文化和宗教文明的雄厚基础。甘肃是一个多民族的省份，伊斯兰教、佛教（汉传和藏传）、道教、基督教和天主教五大教派齐全。这些都为甘肃发展特色小镇提供了"特色挖掘"的物质基础和历史文化资源。

（二）特色小镇建设可借鉴的类型

甘肃省特色小镇建设还处于摸索阶段，非常需要借鉴发达地区的成功经验与做法。目前，特色小镇已有20余种：历史文化型小镇、城郊休闲型小镇、新型产业型小镇、特色产业型小镇、交通区域型小镇、资源禀赋型小镇、生态旅游型小镇、高端制造型小镇、金融创新型小镇、时尚创意型小镇、基金小镇、特色农业小镇、特色工业小镇、互联网小镇、创客小镇、体育小镇、温泉小镇、知识产权小镇、人才创业型小镇，等等。但比较成熟的可资借鉴的有以下10种（见表4）。

表4　十大类型特色小镇的打造要点和典型案例

类型	打造要点	典型案例
历史文化型小镇	一是小镇历史脉络要清晰可循； 二是小镇文化内涵要重点突出、特色鲜明； 三是小镇的规划建设要延续历史文脉，尊重历史与传统	莲都古堰画乡小镇、湖州丝绸小镇、越城黄酒小镇、龙泉青瓷小镇、南浔善琏湖笔小镇、上虞围棋小镇、朱家尖禅意小镇、天台山和合小镇、奉化布龙小镇、古北水镇、茅台酿酒小镇、平遥古城、馆陶粮画小镇、湘西边城小镇、石鼻古民居小镇、三都赛马小镇、新兴禅意小镇、永年太极小镇
生态旅游型小镇	一是小镇要有良好的生态环境，宜居宜游； 二是产业特点要以绿色低碳为主，可持续性较强； 三是小镇要以生态观光、康体休闲为主	仙居神仙氧吧小镇、宁海森林温泉小镇、武义温泉小镇、临安红叶小镇、乐清雁荡山月光小镇、、景宁畲乡小镇、青田欧洲小镇杭州湾花田小镇、龙江碧野小镇、万宇水乡小镇、莲麻乡情小镇、廊下田园小镇、锦洞桃花小镇、丽江玫瑰小镇、联溪徒步小镇
城郊休闲型小镇	一是小镇与城市距离要近，位于都市旅游圈之内，距城市车程最好在2小时以内； 二是小镇要根据城市人群的需求进行有针对性的开发，以休闲度假为主；三是小镇的基础设施建设与城市差距要小	安吉天使小镇、太湖健康蜜月小镇、丽水长寿小镇、黄岩智能模具小镇、下城跨贸小镇、永嘉玩具智造小镇、瓯海生命健康小镇、临安颐养小镇、旧州美食小镇、琼海博鳌小镇、小汤山温泉小镇、花桥物流小镇、龙溪谷健康小镇、大路农耕文明小镇、钟落潭健康小镇

类型	打造要点	典型案例
资源禀赋型小镇	一是要突出小镇的资源优势,并处于领先地位; 二是小镇市场前景要广阔,发展潜力巨大; 三是要深入挖掘小镇的优势资源,充分体现小镇资源特色	青田石雕小镇、开化根缘小镇、定海远洋渔业小镇、西湖龙坞茶小镇、磐安江南药镇、桐庐妙笔小镇、仙居杨梅小镇、庆元香菇小镇、泾阳茯茶小镇、桐乡桑蚕小镇、陇南橄榄小镇、双阳梅花鹿小镇、通霄飞牛小镇、怀柔板栗小镇、宝应莲藕小镇、金山麻竹小镇、花都珠宝小镇
交通区域型小镇	一是小镇要有良好的交通区位条件,属于重要的交通枢纽或者中转地区,交通便利; 二是小镇产业建设应该能够联动周边城市资源,成为该区域的网络节点,实现资源合理有效的利用	建德航空小镇、西湖紫金众创小镇、萧山空港小镇、九龙山航空运动小镇、新昌万丰航空小镇、宁海滨海航空小镇、安吉航空小镇、人和航空小镇、北京新机场服务小镇、深沪海丝风情小镇、千年敦煌月牙小镇、秦栏边界小镇、博尚茶马古道小镇
特色产业型小镇	一是小镇产业特点要以新、奇、特等产业为主; 二是小镇规模不宜过大,应是小而美、小而精、小而特	大唐袜艺小镇、嘉善巧克力甜蜜小镇、吴兴美妆小镇、玉环生态互联网家居小镇、桐乡毛衫时尚小镇、平阳宠物小镇、温岭泵业智造小镇、安吉椅业小镇、东莞石龙小镇、文港笔都工贸小镇、信阳家居小镇、亭林巧克力小镇、王庆坨自行车小镇、吕巷水果小镇、秀全珠宝小镇
新兴产业型小镇	一是小镇要位于经济发展程度较高的区域; 二是小镇要以科技智能等新兴产业为主,科技和互联网产业尤其突出; 三是小镇要有一定的新兴产业基础的积累,产业园区集聚效应突出	余杭梦想小镇、临安云制造小镇、西湖云栖小镇、上虞 e 游小镇、德清地理信息小镇、江干东方电商小镇、秀洲智慧物流小镇、余杭传感小镇、枫泾科创小镇、天子岭静脉小镇、新塘电商小镇、黄埔知识小镇、太和电商小镇、朱村科教小镇、菁蓉创客小镇、福山互联网农业小镇
高端制造型小镇	一是小镇产业要以高精尖为主,并始终遵循产城融合理念; 二是要注重高级人才资源的引进,为小镇持续发展增加动力; 三是要突出小镇的智能化建设	萧山机器人小镇、宁海智能汽车小镇、长兴新能源小镇、江北动力小镇、秀洲光伏小镇、海盐核电小镇、江山光谷小镇、新昌智能装备小镇、南浔智能电梯小镇、城阳动车小镇、中北汽车小镇、路桥沃尔沃小镇、寮店高端制造小镇、爱飞客航空小镇

类型	打造要点	典型案例
金融创新型小镇	一是小镇要位于经济发展迅速的核心区域，要具备得天独厚的区位优势、人才优势、资源优势、创新优势、政策优势； 二是小镇要有一定的财富积累，市场广阔，投融资空间巨大； 三是科技金融要成为小镇发展的强大动力和重要支撑	上城玉皇山南基金小镇、富阳硅谷小镇、梅山海洋金融小镇、义乌丝路金融小镇、拱墅运河财富小镇、西溪谷互联网金融小镇、房山基金小镇、乌镇互联网小镇、南海千灯湖小镇、花东绿色金融小镇、万博基金小镇、新塘基金小镇
时尚创意型小镇	一是小镇要以时尚产业为主导，并与国际接轨，引领国际时尚潮流；二是小镇应该以文化为深度，以时尚为广度，实现产业的融合发展；三是小镇应该打造一个时尚产业的平台，促进国内与国际的互动交流	余杭艺尚小镇、西湖艺创小镇、滨江创意小镇、江干丁兰智慧小镇、安吉影视小镇、大江东巧客小镇、乐清蝴蝶文创小镇、兰亭书法文化创意小镇、杨宋中影基地小镇、张家楼油画小镇、宋庄艺术小镇、增江街1978文化创意小镇、狮岭时尚产业小镇

（三）特色小镇建设可借鉴的政策

目前，北京、山东、浙江、江苏、天津、广东、河北、四川、陕西、福建、贵州等省份都制定了一系列支持特色小镇建设的政策（见表5）。尽管《甘肃省关于推进特色小镇建设的指导意见》对甘肃特色小镇建设提供了一定的政策支持，但还需继续完善政策保障体系，进一步加大政策支持力度。尤其是，可以后发赶超、借鉴浙江等先发省份对特色小镇的资金支持政策，为破解甘肃特色小镇建设资金不足难题提供一定的政策依据。

表5 主要省份的特色小镇资金支持政策

省份	特色小镇资金支持政策
浙江省	新增财政收入上交省财政部分，前3年全额返还、后2年返还一半给当地财政
河北省	省级财政用以扶持产业发展、科技创新、生态环保、公共服务平台等专项资金，优先对接支持特色小镇建设。鼓励和引导政府投融资平台和财政出资的投资基金，加大对特色小镇基础设施和产业示范项目支持力度。 省市县美丽乡村建设融资平台对相关特色小镇的美丽乡村建设予以倾斜支持，对符合中心村申报条件的特色小镇建设项目，按照全省中心村建设示范点奖补标准给予重点支持，并纳入中心村建设示范范管理，对中心村建设示范县（市、区），再增加100万元奖补资金，专门用于特色小镇建设

省份	特色小镇资金支持政策
内蒙古自治区	各级财政统筹整合各类已设立的相关专项资金,重点支持特色小镇市政基础设施建设。在镇规划区内建设项目缴交的基础设施配套费,要全额返还小城镇,用于小城镇基础设施建设
辽宁省	研究制定相关配套优惠政策,整合各类涉农资金,支持特色乡镇建设。列入省级新型城镇化试点,并可推荐申报国家新型城镇化综合试点镇。省财政通过不断优化财政支出结构,支持各地推进特色乡镇建设
山东省	从2016年起,省级统筹城镇化建设等资金,积极支持特色小镇创建,用于其规划设计、设施配套和公共服务平台建设等。鼓励省级城镇化投资引导基金参股子基金加大对特色小镇创建的投入力度
安徽省	整合对特色小镇的各类补助资金。省发展改革委支持符合条件的建设项目申请专项建设基金;省财政对工作开展较好的特色小镇给予奖补;市、县财政要进一步加大特色小镇建设投入
福建省	新增的县级财政收入,县级财政可以安排一定比例的资金用于特色小镇建设。发债企业1%的贴息,省地各承担一半。50万元规划设计补助,省发改委、省财政厅各承担25万元。国家专项、省专项,垃圾污水省以奖代补
海南省	对于特色风情小镇建设:项目和资金上优先;建议预算安排一定资金;村镇规划区内建设项目缴交的基础设施配套费全额返还小城镇;部门整合支持。 对于百个特色产业小镇建设:一是设立产业小镇产业发展引导基金,重点用于产业小镇的产业培育;二是各方面的财政专项资金(基金)在符合投向的情况下,要向产业小镇的产业发展及相关基础设施建设等项目倾斜。 新增财政收入部分,省财政可考虑给予一定返还
重庆市	加大市级小城镇建设专项资金投入,调整优化市级中心镇专项建设资金,重点支持特色小镇示范点建设。特色小镇示范点建设项目打捆纳入市级重点项目
陕西省	重点示范镇每年省财政支持1000万元,文化旅游名镇每年支持500万元
四川省	从2013年开始,连续3年,每年启动100个省级试点镇建设。省级财政安排专项资金,支持试点镇市政基础设施建设,完善公共服务功能,提升试点镇的承载能力和吸纳能力。市(州)、县(市、区)财政也要安排专项资金,加大投入
贵州省	加强资金筹措:各市(州)、试点县要加大本级财政对小城镇建设发展的支持力度,在年度财政预算时要安排小城镇建设发展专项资金,集中用于支持试点县小城镇建设发展。"财政补助、信贷支持、社会投入"
广西壮族自治区	自治区将整合涉及示范镇建设的相关资金和项目,积极为示范镇争取＊＊专项和转移支付资金支持。自治区本级资金补助标准为每个示范镇1000万元,示范镇总投资一般不低于2000万元

省份	特色小镇资金支持政策
西藏自治区	自治区财政安排 10 亿元特色小城镇示范点建设工作启动资金。 地(市)、县(区)人民政府要以规划为统领,以基础设施项目、产业项目、民生项目为重点,进一步整合交通运输、住房城乡建设、农牧、水利、林业、电力等部门资源,调整资金结构,按照"渠道不乱、用途不变、统筹安排、集中投入、各负其责、各记其功、形成合力"的原则,加大对特色小城镇建设的投入力度。 同时,要广泛吸纳社会资金和民间资本支持特色小城镇示范点建设。充分发挥援藏资金在小城镇建设中的重要作用

四 对策与建议

(一)建立多元化投融资机制,重点引进 PPP 模式

目前,特色小镇建设的主要融资模式有:政府主导模式、企业主导模式、综合主导模式、银行参与融资模式、股权融资模式。国家的支持是特色小镇建设的战略基础,发达的民营经济是特色小镇建设的投资基础。各市(州)要利用好国家相关部委的支持,利用好包括基金资金、开发性银行政策资金、商业银行信贷资金、政府贴息、贷款资金、PPP 开发资金等多种融资方式建设特色小镇。一是争取国家发改委等相关部门特色小镇建设的专项建设基金,建设好国家级特色小镇。二是争取中央财政的奖励资金。三是争取农业发展银行的中长期政策性贷款。争取集聚城镇资源的基础设施建设和特色产业发展配套设施建设方面的贷款。谋划一批"资源整合型、产业集聚型和'互联网+'型"特色小镇,争取优先得到农发行的信贷支持。四是争取开发性金融支持特色小镇建设。要积极谋划一批以农村人口就地城镇化为目的的设施建设、以提升特色小镇公共服务水平为目的的设施建设、以提高承载能力为目的的设施建设、促进特色小镇产业发展的配套设施建设、促进特色小镇宜居环境塑造的工程建设项目和传统文化传承的工程建设项目,以及贫困地区的特色小镇,争取得到政策性银行专项建设基金的优先支

持；五是吸引有实力的私营企业到特色小（城）镇入驻、投资。六是争取社会资金投入，重点引入 PPP 模式。政府和社会资本合作，转换政府职能、减轻财政压力、降低和分散风险，有效解决甘肃特色小镇培育过程中资金不足的难题。

（二）规划先行，分类施策，突出主题，彰显特色

要科学规划特色小镇建设，找准发展定位，明确特色小镇的发展思路和重点；要突出规划的前瞻性、科学性和协调性，根据特色小镇的资源环境承载能力和发展潜力，科学规划特色小镇的经济、人口和用地规模，合理规划其基础设施、公共服务设施配置和生态环境保护，充分衔接、协调产业、文化、旅游、空间、生态等专项规划内容。产业是立镇之本，产业规划一定要"找准产业特色，提高竞争力，注重高端产业、新兴产业与传统产业的融合发展"。文化是特色小镇发展之源，文化规划要重视挖掘文化特色，展示文化魅力。旅游规划要注重挖掘、整合小镇的特色自然与人文资源。对"大城市周边的重点镇、远离中心城市的小镇、具有区位优势的小镇和具有特色资源优势的小镇"，要因地制宜，分类施策，统筹地域、资源、特色和功能四大重点。

谋划特色小镇，要彰显"特色"，突出旅游、制造、贸易、农业、教育、科技、双创、健康等主题。挖掘"特色"，深挖小镇的地域特色、资源特色、产业特色和文化特色。比较优势是小镇的最大特色，一定要发挥小镇的比较优势。做强"特色"，做强产业特色，做亮形态特色，做深人文特色，做美生态特色。注入"特色"，将原来没有特色的区域改造为新的有产业、有特色的小镇，在原来单一的城市功能区新植入特色小镇，把原有特色不足的区域，用建筑改造的方法、产业的方法，甚至用互补的办法来改造升级为特色小镇。

（三）培植和发展特色产业，提高产业竞争力和吸纳就业的能力

特色小镇建设的关键在于培植特色产业，要注重产业组织，形成产业聚

集，再形成产业区域品牌。要挖掘产业文化渊源。要在产业中展现不同文化的融合，并在特色小镇建设中体现出这种文化融合所产生的社会价值。

坚持产业建镇。注重培育特色小镇"特色产业＋旅游产业"的"双产业"。培育以"信息经济、金融、高端装备、健康、时尚、环保"等新兴产业和以"茶叶、丝绸、文房、石刻、青瓷"等传统产业为主的特色产业；培育以"旅游＋农业、旅游＋工业、旅游＋乡村、旅游＋科技、旅游＋教育、旅游＋健康、旅游＋体育运动"为主的泛旅游产业。各地要根据本区域的要素禀赋、区位优势、历史文化、产业集聚、生态环境，挖掘其基础最雄厚、比较优势最强、潜力最大、成长最快的特色产业，宜农则农、宜工则工、宜商则商、宜游则游，每个特色小镇只主攻一个产业或一种产品，定位"一镇一业"或"一镇一品"，创建制造业小镇、农业小镇，或第三产业小镇，突出"特而强"。

坚持产业富民。不断延伸特色小镇特色产业的产业链、提升价值链，扩大就业，集聚人口，不断为当地居民提供大量的、稳定的、较高报酬的、体面的、非农就业岗位。在实现特色产业立镇、强镇、富镇的同时，实现产业富民。

（四）彰显特色传统文化特色，建设风貌独特的特色小镇

首先，特色小镇的形态要"突出精致"，展现"小而美"。其次，特色小镇的风貌要有特色。注重挖掘与传承地域文化，要用文化元素指引特色小镇的建筑、街区、空间、环境等多维度的风貌建设，突出地域性、民族性和时代性特征，形成具有文化底蕴的独特风貌。最后，打造宜居宜游的旅游环境，促进小镇特色旅游业发展。要增加冬季项目，发展小镇全季节旅游。要装扮小镇夜色夜景，增加文化娱乐等消费项目，吸引旅客滞留。

特色小镇建设中要彰显特色传统文化，记录、整理、挖掘传统文化内涵，传承民俗、餐饮、民间技艺、戏曲等独特的传统文化类型；保护和利用好文物保护单位、历史文化名村名镇名街名城、民族风情小镇、传统建筑、有纪念性的挂牌等物质文化遗存；开展非遗文化活动，活态传承非物质文化

遗产。形成独特文化标识，并与小镇的特色产业发展相融合，彰显小镇魂。同时，依托古镇、古村、历史文化街区等历史遗存，进行产品整合，业态升级，开发建设一批统一包装、华丽升级的有历史记忆的文旅特色小镇；依托历史遗迹、自然景观、历史故事、人物、民俗，通过将资源转化为产品，产品转化为项目，开发建设一批"平地起新城"式的有文化脉络、有地域风貌的文旅特色小镇。

（五）创新特色小（城）镇体制机制，激发内生动力

释放特色小（城）镇的内生动力关键要靠体制机制创新。创新体制机制，首先要深化改革，创新发展理念与发展思路、创新制度、创新建设模式、创新运作模式、创新社会治理模式和服务手段。特色小（城）镇建设中，一是要创新建设模式；二是要坚持"政府引导、企业主体、市场化运作"的原则，处理好政府与市场的关系，形成特色小（城）镇"大市场、小政府"的环境基础。政府搭建平台、为企业生产服务、为创新创业创造条件，主要负责小镇的定位、规划和制度制定，负责提供政策、公共服务、配套设施、要素保障、生态环境保护和生产安全监督等管理与服务。特色小镇创建的责任主体是县市区政府、实施主体是镇政府。企业重点把特色产业做特做强，并负责人才引进、项目推进、市场营销，效益追求等工作。

参考文献

《PPP 投资新高地——特色小镇政策与法规概览》，来源：PPP 知乎，2017 年 1 月 5 日。

甘肃省人民政府办公厅：《甘肃省特色小镇政策——关于推进特色小镇建设的指导意见》，《甘肃日报》2016 年 8 月 2 日。

《甘肃省特色小镇政策汇总：将特色小镇建设成 3A 级以上景区（附表）》，中商情报网，2017 年 5 月 16 日，http://www.askci.com/news/chanye/20170516/13562498179.shtml。

张祝平：《郑州市特色小镇建设分析》，《潍坊工程职业学院学报》2017 年第 4 期。

《特色小镇政策汇总及实施必备资料（全）》，2017 年 3 月 3 日，微窗口 http：//www.vccoo.com/v/127kql。

张祝平：《河南省特色小镇建设问题分析》，《职大学报》2017 年第 4 期。

《"中国特色小镇"充满生机》，《消费日报》2017 年 4 月 1 日。

国家发改委：《关于加快美丽特色小（城）镇建设的指导意见》，《城市规划通讯》2016 年第 22 期。

《国家级特色小镇的创建方法与申报条件!》，2017 年 3 月 23 日，来源：http：//www.crttrip.com/showinfo－79－2140－0.html。

伏润之：《甘肃着力创建特色小城镇》，《甘肃日报》2016 年 8 月 10 日。

邱玥、陈恒：《特色小镇建设，如何不违初衷》，《光明日报》2017 年 1 月 24 日。

常晓华、屈凌燕、王政：《特色小镇是什么？——浙江全面推进特色小镇创建综述》，新华每日电讯 3 版，2016 年 2 月 29 日，《光明日报》2017 年 1 月 14 日。

方明：《特色小镇 关键在"特"》，《光明日报》2017 年 1 月 14 日，第 12 版。

李芳、蒋建云：《新平台带来新供给 袜艺小镇探索与实践再次受到关注》，《纺织服装周刊》2016 年第 9 期。

王晶：《特色小镇未来将是市县域经济增长的主战场》，《中华建设》2017 年第 8 期。

部委动态：《城市规划》，2017 年 2 年 9 月。

陈菲妮：《厦门打造特色小镇思路研究》，《厦门特区党校学报》2016 年第 6 期。

郭志合、陈立明：《西藏边境人口较少民族地区特色小城镇建设调查研究——以错那县勒布地区门巴民族乡为例》，《西藏大学学报》（社会科学版）2017 年第 2 期。

赖志勇、罗翔：《中国特色小镇规划建设政策体系分析》，《北京规划建设》2017 年第 3 期。

刘少华：《特色小镇：新型城镇化的"特色担当"》，人民网－《人民日报》海外版，2016 年 3 月 23 日。

吴耀明：《特色小镇与美丽乡村的协调发展之路——河北省武强县打造周窝音乐小镇的启示》，《领导之友》2017 年第 6 期。

周晓东：《特色小镇：让小空间承载大战略》，《江淮时报》2017 年 2 月 13 日。

刘锡宾：《关于宁海县岔路镇创建国家级特色小镇的若干对策建议》，信息处发布日期：2017 年 8 月 31 日，来源：http：//www.nbjczx.com/detail_ 31678_ 542.html＞。

《我省特色小镇建设原则和对策研究》，《政策瞭望》2015 年第 9 期。

甘肃省人民政府办公厅：《甘肃省关于推进特色小镇建设的指导意见》。

《特色小镇，从浙江走向全国》，《浙江日报》2017 年 3 月 9 日。

《浙江特色小镇"特"在哪里？》，《小康》2017 年 1 月 6 日。

《特色小镇大有讲究 代表委员热议"特色小镇"》，新蓝网·浙江网络广播电视台。

庄晋财：《水南腐竹的启示：特色小镇如何挖掘农村传统产业的文化基因》，2017 年 3 月 10 日。

《特色小镇的生命力始于策划终于产业链》，中国房地产商学院，2017 年 6 月 15 日。

仇保兴：《复杂适应理论（CAS）视角下的特色小镇》播报酱，清华同衡规划播报，2017 年 3 月 30 日。

《特色小镇的本质解读及开发模式!》，http：//mp. weixin. qq. com/s？＿＿ biz ＝ MzIzMjc2MDc2Mg% 3D% 3D&idx ＝ 3&mid ＝ 2247484261&sn ＝ e80a8d238dc08297 b1d06aec02d31df9，2017 年 3 月 15 日。

B.12
甘肃农业土地流转的风险防控研究*

李振东　潘从银　徐吉宏　何　剑**

摘　要： 本文通过对甘肃省农村土地流转宏观统计数据和甘肃省成县、
陇西县、宁夏回族自治区原州区、陕西省勉县4县（区）的
田野调查微观数据分析比较发现：甘肃省农村土地流转存在
"非农化"倾向，流转土地经营种类以非粮为主，经营规模
以中小规模为主，土地流转方式以出租为主，农民的参与意
识有待提高，土地流转合同签订有待完善等问题。提出以下
防控土地流转风险的应对建议：1. 积极培育新型粮食生产经
营主体防控"非粮化"风险；2. 加强法制宣传和土地用途监
管监督防控"非农化"风险；3. 倡导土地流转更多地采用股
份合作模式；4. 提高农民的参与意识，构建土地流转经营共
同体；5. 建立健全农村土地流转服务体系。

关键词： 甘肃农村　土地流转　风险防控

截至2016年6月底，全国承包耕地流转面积达到4.6亿亩，超过承包

---

　* 本研究受国家社科基金项目"西部连片特困区农村土地承包经营权流转调查研究"（项目编
号：14XJY011）支持。

** 李振东，甘肃省社会科学院农村发展研究所副所长，副研究员，博士，主要从事生态经济方
面的研究；潘从银，甘肃省社会科学院助理研究员，区域经济学硕士，主要研究方向为农村
经济发展；徐吉宏，甘肃省社会科学院助理研究员，硕士，主要研究方向为农村发展及地理
信息技术；何剑，甘肃省社会科学院农村发展研究所助理研究员，硕士，研究方向为农业经
济、农村发展。

耕地总面积的1/3，在一些东部沿海地区，流转比例已经超过1/2；全国经营耕地面积在50亩以上的规模经营农户超过350万户，经营耕地面积超过3.5亿多亩；[1] 全国2.3亿农户流转土地农户超过了7000万，比例超过30%，东部沿海发达省份农民转移多的地区这一比例更高，超过50%。[2] 2017年中央一号文件提出"加快发展土地流转型、服务带动型等多种形式规模经营"，继续稳步推进土地流转，大力培育新型农业经营主体；同时，为了防止土地流转风险，"鼓励地方探索土地流转履约保证保险"。甘肃省是地处西部的内陆干旱省份，农业在国民经济中占重要地位，2016年甘肃省农业增加值983.39亿元，占地区国内生产总值比重高达13.66%，在全国31个省（区、市）中排名第7。在中央积极推动农村土地制度改革中，甘肃省农业土地流转推进如何？存在哪些风险？如何应对存在的风险？本文通过对甘肃省及相邻省（区）土地流转的田野调查来探讨这些问题。

一 甘肃省土地流转现状[3]

（一）土地流转面积持续增加

2009～2016年甘肃省土地流转面积持续增加，从2009年的141.1万亩增加到2016年的1220.2万亩，增加了8.65倍，平均增速为36.10%；2011年土地流转面积增速最快，达到83.59%，2014年土地流转面积增速开始下降，但2014年土地流转面积年净增量达到最大值238.7万亩，2016年土地

---

[1] 农业部：《全国承包耕地流转比例已超过三分之一》，新华网，http://news.xinhuanet.com/politics/2016-11/17/c_1119933443.htm。

[2] 坚持所有权稳定承包权放活经营权为现代农业发展奠定制度基础——韩长赋在国新办发布会上就《关于完善农村土地所有权承包权经营权分置办法的意见》答记者问（分享自@农民日报），http://szb.farmer.com.cn/nmrb/html/2016-11/04/nw.D110000nmrb_20161104_7-01.htm?div=-1。

[3] 该部分数据来源：2009～2013年的数据来自《甘肃县域社会发展评价报告（2015）》，第180页，2014～2016年的数据从甘肃农业信息网整理。

流转面积增速降到个位数（7.38%），为近年来的最低增速，土地流转面积年净增量也从三位数降到两位数，为83.9万亩，但仍高于2010年净增量57.5万亩，是2010年净增量的1.46倍。2009～2016年全省土地流转面积占承包耕地的比重从3.00%增长到25.00%，7年内已有1/4的承包耕地进行了流转（见图1）。

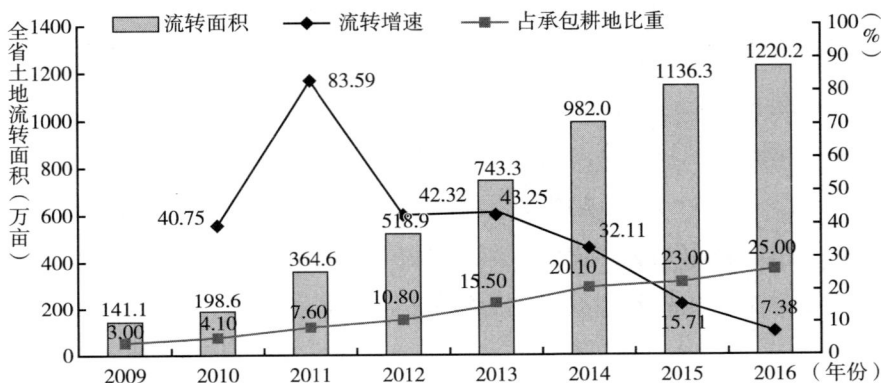

图1　2009～2016年甘肃省农村土地流转面积变化情况

资料来源：2009～2013年的数据来自《甘肃县域社会发展评价报告（2015）》，第180页，2014～2016年的数据源自甘肃农业信息网。

（二）土地流转以出租为主

从2014～2016年全省土地流转的方式来看，甘肃省土地流转以出租为主，有一半以上的土地是以出租的形式流转出去的，并且所占比例还在逐年提高。其次转包的土地比重较大；互换的土地占比略高于10%，转让、股份合作和其他方式的土地流转面积占比均在10%以下。以出租、转包和转让三种形式流转土地面积的比例达到80%，以股份合作方式流转的土地面积占比最少，不到2%（见图2）。

（三）流转土地经营以中小规模为主

从2014～2016年全省流转土地的经营规模来看，50亩以上的规模经营

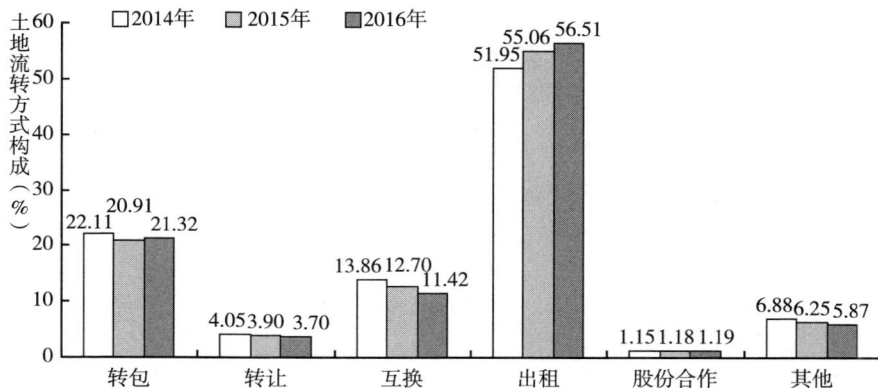

图2 2014~2016年甘肃省农村土地流转方式变化

资料来源：甘肃农业信息网。

面积占全省流转面积的比重从55.76%上升到58.65%，说明全省超过40%的流转土地仍然处于小规模方式经营中。在50亩以上的规模经营单位从17799家增加到26552家，增加了49.18%，其中，50~100亩的经营单位增速最快，2014~2016年平均增速达到26.20%，其次为101~500亩的经营单位2014~2016年平均增速达到18.61%，501~1000亩和1000亩以上的经营单位增速分别为11.97%和17.08%。从50亩以上的经营单位构成来看，50~100亩的经营单位的比重逐年增长，从2014年的53.92%上升到2016年的57.57%，101~500亩、501~100亩和1000亩以上三种经营单位的比重均在下降。2016年50~100亩的经营单位所占比重达到57.57%，101~500亩的经营单位比重为30.39%，1000亩以上的经营单位比重为4.65%，501~1000亩的经营单位比重为7.39%（见表1）。

表1 2014~2016年50亩以上的经营单位发展情况

单位：家，%

项目		50~100亩	101~500亩	501~1000亩	1000亩以上
2014年	数量	9597	5736	1565	901
	比重	53.92	32.23	8.79	5.06
	增速	—	—	—	—

241

项目		50~100 亩	101~500 亩	501~1000 亩	1000 亩以上
2015 年	数量	13685	7968	1762	1106
	比重	55.81	32.49	7.19	4.51
	增速	42.60	38.91	12.59	22.75
2016 年	数量	15285	8070	1962	1235
	比重	57.57	30.39	7.39	4.65
	增速	11.69	1.28	11.35	11.66
2014~2016 年平均增速		26.20	18.61	11.97	17.08

资料来源：甘肃农业信息网。

（四）流转土地以非粮经营为主

从 2014~2016 年全省流转土地 50 亩以上规模经营类型来看，用于其他经营的面积最大，达到 1/5，其次为林果，然后依次是玉米、马铃薯、中药材、蔬菜和制种，其中，玉米和马铃薯可归为粮食生产。2016 年玉米和马铃薯仅占 30.76%，其余经济作物（林果、中药材、蔬菜和制种）比重占 48.60%，其他经营面积占 20.64%（见图 3）。

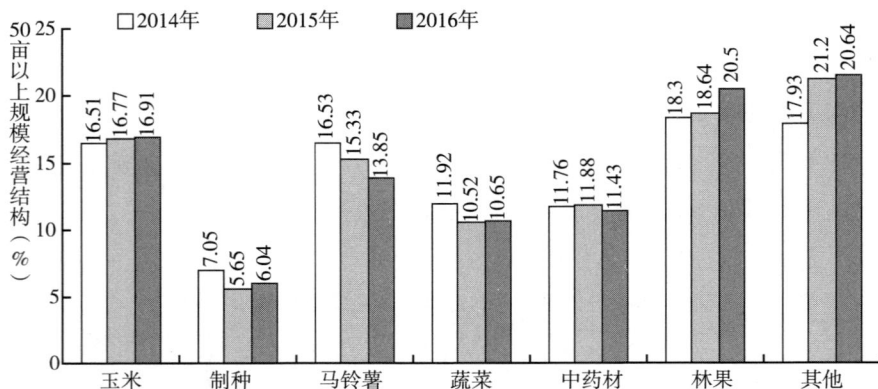

图 3　2014~2016 年甘肃省 50 亩以上规模经营结构变化

资料来源：甘肃农业信息网。

二　土地流转调研

（一）调研样本

2017 年 7 ~ 9 月对甘肃省成县、陇西县、宁夏回族自治区固原市原州区和陕西省汉中市勉县 4 县（区）土地流转情况进行调研，成县、原州区和勉县各走访 6 个村，陇西县走访 5 个村，每村随机抽取 15 ~ 20 户农户对其土地流转情况进行问卷调查（样点分布见表 2），共计调查 417 农户，获得有效问卷 377 份。

表 2　2017 年 7 ~ 9 月土地流转调研样点

省（区）	县（区）	乡（镇）	村
甘肃省	成县	陈院镇	梁楼村
			白马寺村
		抛沙镇	丰泉村
			广化村
		城关镇	石碑村
			枣儿沟村
	陇西县	马河镇	川口村
			卜家渠村
		权家湾乡	桌儿岔村
			袁家岔村
		永吉乡	今农村
宁夏回族自治区	原州区	彭堡镇	彭堡村
			姚磨村
		头营镇	陶庄村
			杨郎村
		官厅镇	薛庄村
			庙台村

省(区)	县(区)	乡(镇)	村
陕西省	勉县	金泉镇	雍东村
			墓上村
		定军山镇	郭寨村
			吴家湾村
		勉阳街道办	舒平村
			天荡山社区

（二）样本农户土地流转方式

在对农户选择的土地流转方式调查中，整体来看，有 2.3% 的样本农户的土地以转包和转让方式流转，有 1.27% 的样本农户的土地以互换方式流转，有 69.49% 的样本农户的土地以出租方式流转，有 21.19% 的样本农户的土地以股份合作方式流转，有 5.75% 的样本农户的土地以其他方式流转。从不同的县（区）来看，甘肃省成县和陇西县样本农户的土地流转方式以出租为主，出租土地的农户超过样本农户的 75%，成县达到了 94.29%；甘肃省成县和陇西县选择转包、转让、互换、股份合作等方式样本农户均未达到 10%；宁夏回族自治区原州区样本农户的土地流转方式只有土地出租和股份合作两种方式，以土地出租为主；陕西省勉县样本农户的土地流转方式以股份合作和土地出租为主，分别达到 54.24% 和 28.81%（见图4）。

在对农户喜欢的土地流转方式排序调查中，整体来看，没有样本农户喜欢以转包和转让方式流转土地，有 6.76% 的样本农户喜欢以互换方式流转土地，有 43.81% 的样本农户喜欢以出租方式流转土地，有 45.14% 的样本农户喜欢以股份合作方式流转土地，有 4.30% 的样本农户喜欢以其他方式流转土地。从不同的县（区）来看，样本农户最喜欢的土地流转方式是股份合作和土地出租，与目前选择的土地流转方式相比，更多农户倾向于选择股份合作方式流转自己的土地。具体来看，甘肃省陇西县样本农户最喜欢的土地流转方式为土地出租，其比重与现采用的比重相当，均达到 76%；其

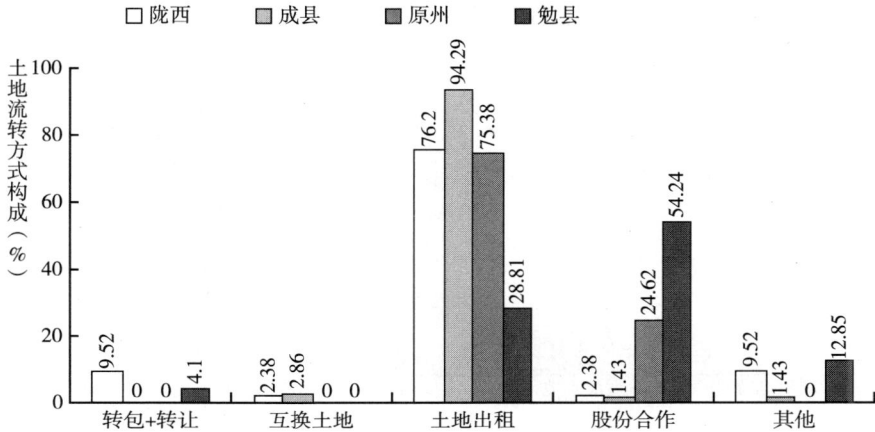

图 4　样本农户流转土地方式构成

资料来源：调研数据。

次为股份合作，期望股份合作方式流转土地的农户比重增加了 16.44 个百分点。甘肃省成县样本农户最喜欢的土地流转方式为土地出租，但农户比重下降了 40.26 个百分点；其次为股份合作，期望股份合作方式流转土地的农户比重增加了 28.79 个百分点。宁夏回族自治区原州区样本农户最喜欢的土地流转方式为股份合作，期望股份合作方式流转土地的农户比重增加了 25.04 个百分点；其次为土地出租，农户比重下降了 37.28 百分点。陕西省勉县样本农户最喜欢的土地流转方式为股份合作，期望股份合作方式流转土地的农户比重为 76.61%，增加了 22.37 个百分点；其次为土地出租，农户比重下降了 13.49 百分点（见图 5）。

（三）样本农户土地流转方向

在对农户土地流转方向的调查中，整体来看，有 3.14% 样本农户土地流转给亲戚朋友，有 13.00% 的样本农户土地流转给邻近村民，有 11.66% 的样本农户土地流转给经营大户，有 41.26% 的样本农户土地流转给合作社，有 26.91% 的样本农户土地流转给农业生产企业，有 4.04% 样本农户土

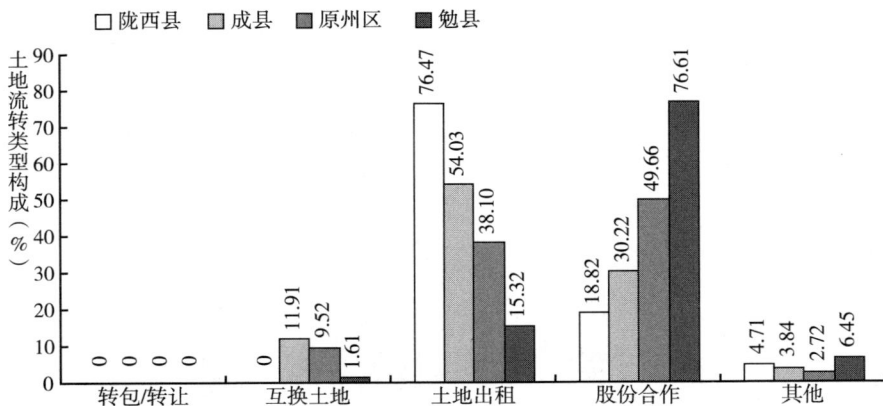

图5 样本农户最喜欢的流转土地方式构成

资料来源：调研数据。

地流转到其他主体。79.82%的样本农户流转土地流向规模经营主体（合作社、农业企业和经营大户），其余样本农户的流转土地流向亲戚朋友及周边村民。从不同的县（区）来看，甘肃省成县有89.55%的样本农户土地流向规模经营主体，其中43.28%的样本农户流转给农业企业；甘肃省陇西县有75%的样本农户土地流向规模经营主体，其中40.63%的样本农户流转给农业企业；宁夏回族自治区原州区有76.36%的样本农户土地流向规模经营主体，其中25.45%的样本农户流转给农业企业；陕西省勉县有75.36%的样本农户土地流向规模经营主体，其中5.80%的样本农户流转给农业企业（见图6）。

（四）样本农户土地流转合同签订

在对农户土地流转合同签订情况的调查中，整体来看，样本农户土地流转书面合同签订率为80.09%，有11.11%样本农户土地流转只有口头合同，有8.80%样本农户土地流转没有合同。从不同的县（区）来看，甘肃省成县样本农户书面合同签订率最高，达到86.89%；其次为陕西省勉县，书面合同签订率为84.21%；宁夏回族自治区原州区书面合同签订率为81.03%；

甘肃省陇西县样本农户书面合同签订率最低，只有 62.50%，22.50% 的样本农户仅有口头合同，还有 15.00% 的样本农户没有合同（见图 7）。

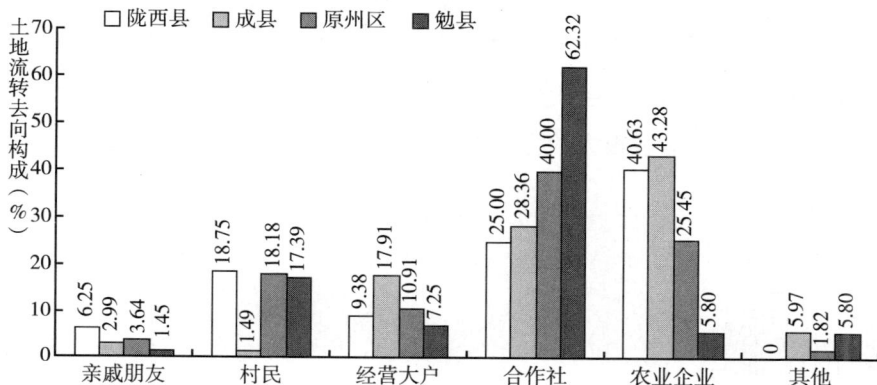

图 6 样本农户土地流转去向构成

资料来源：调研数据。

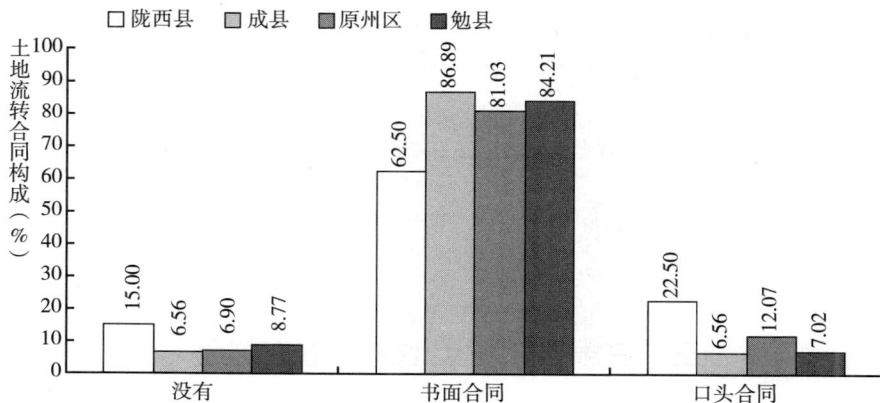

图 7 样本农户土地流转合同签订率

资料来源：调研数据。

在对如果土地流转时不签订书面合同是否会发生纠纷的调查中，整体来看，有 40.41% 样本农户认为土地流转时不签订书面合同不会发生纠纷，有 8.22% 样本农户认为发生纠纷的可能性很小，有 13.01% 样本农户认为有可能发生纠纷，有14.38%样本农户认为发生纠纷的可能性很大，有23.97%样本农户认为肯定会发生纠纷。有48.63%样本农户认为纠纷不会发生或发生可能性很小，有13.01%样本农户认为纠纷可能会发生，有38.36%样本农户认为纠纷肯定会发生或发生可能性很大。具体到4个调查县（区）情况基本相同，认为纠纷不会发生或发生可能性很小的样本农户比重高于纠纷肯定发生或发生可能性很大的样本农户比重（见图8）。

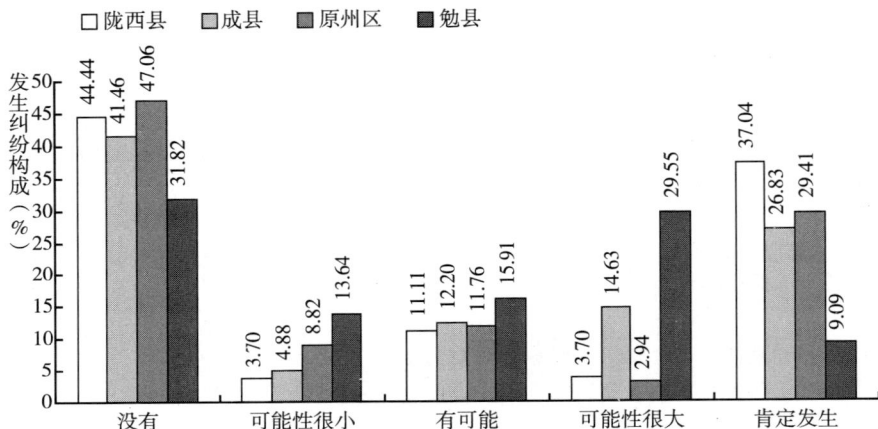

图8　样本农户对土地流转不签订书面合同时的纠纷发生率估计

资料来源：调研数据。

三　甘肃省农村土地流转潜在风险

（一）"非粮化"倾向

2009～2016年甘肃省粮食作物种植面积最大时为2013年的4288.06万亩，2009～2013年粮食作物种植面积持续增加，2013～2016年粮食作物种植面积在波动中下降，2009～2016年甘肃省粮食作物种植面积增速在波动中下降，从2009年的1.99%下降到2016年的-1.25%，2016年全省粮食生产播种面积 4220.93 万亩，比上年减少了 53.51 万亩；2009～2012 年甘肃省粮食总产量增速持续上升，从 2.13% 上升到 9.37%，从 2013 年开始甘肃省粮食总产量增速不断下降，2016 年粮食总产量 1140.59 万吨，比上年减少了 30.54 万吨，减幅 2.61%（见图 9）。虽然 2016 年土地流转面积增速降到个位数，年净增量也从三位数降到两位数，为 83.9 万亩（见图 9），但土地流转能破除土地细碎化和土地被抛弃闲置、撂荒问题，实现农业生产的规模化和机械化，提高了农业生产的效益，从而吸引部分青壮年劳动力投入现代农业生产，进而改善了农业劳动力结构，为现代农业技术推广和农产品品牌建设提供了便利，是破解当前农业发展难题根本途径，是农业产业化发展的根本动力，也是现代农业发展的必然趋势，更是政府积极推进的农业土地改革。因此，土地流转面积将会不断增加。

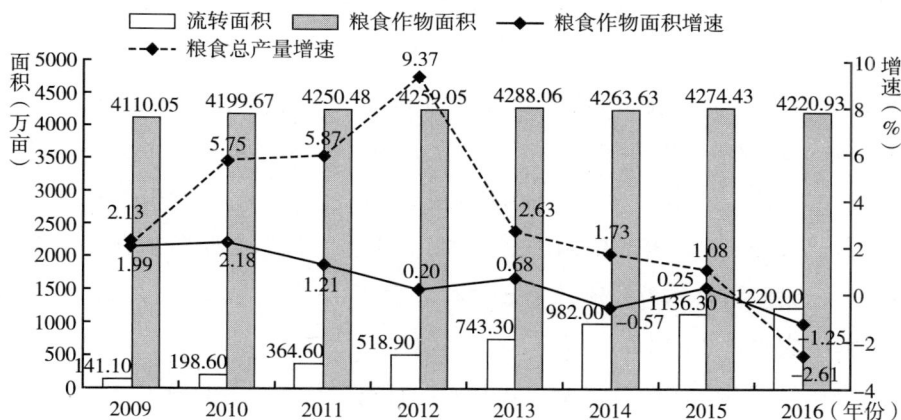

图 9 2009～2016 年甘肃省粮食作物面积及粮食总产量和土地流转面积变化

资料来源：粮食作物面积和总产量数据 2009～2015 年源自《甘肃发展年鉴》（2010～2016），2016 年由国家统计局甘肃调查总队提供；土地流转数据 2009～2013 年的数据来自《甘肃县域社会发展评价报告（2015）》，第 180 页，2014～2016 年的数据源自甘肃农业信息网。

在前述土地流转现状中提到流转土地以非粮经营为主，其原因主要有两个，一是甘肃省粮食作物一般只能种一季，且比较效益低；二是甘肃省积极推进的农业特色优势产业分别为：草食畜牧业、优质林果、蔬菜、中药材、现代制种、酿酒原料，2016 年全省 50 亩以上规模经营的流转土地中种植玉米和马铃薯面积仅占30.76%，并呈下降趋势（见图3）。截至2017年6月底，陇西县土地流转面积222273.86亩，50亩以上规模经营流转面积56257.4亩，其中粮食作物马铃薯种植6153亩，占规模经营流转面积的10.94%；成县土地流转面积99031亩，50亩以上规模经营流转面积11237.13亩，规模经营种植作物均为中药材和林果等经济作物，不种植粮食作物。在调研中发现部分流转土地改变用途，在基本农田上种植林果、修建养殖、旅游设施，发展林果业、养殖业、"农家乐"、乡村旅游等产业。因此，随着土地流转的不断深入，"非粮化"倾向是否会不断扩大，是否会影响到粮食安全也是我们考究的问题。

（二）出租为主的土地流转隐患重重

2014～2016年甘肃省土地流转以出租为主，并且比重还在逐年提高，以股份合作方式流转的土地面积占比不到2%。在入户调查样本中，甘肃省成县和陇西县样本农户以出租方式流转土地占比分别达到94.29%和76.20%，以股份合作方式流转土地占比分别只有1.43%和2.38%；宁夏回族自治区原州区样本农户的土地流转方式只有土地出租和股份合作两种方式，占比分别是75.38%和24.62%；以土地股份合作为脱贫新抓手的陕西省勉县，以股份合作方式流转土地的样本农户达到54.24%，以出租方式流转的样本农户占28.81%。

合作经营共担风险的经营模式基本被甘肃省样本农户抛弃，土地流转中的自然风险、市场风险、经营风险、政策风险等所有风险基本上由土地流入方（经营者）承担，使土地经营者在独自面对上述风险的同时还要面对土地流出方（农户）违约、毁约和到期不续约等的风险；农业生产建设投资周期长，资金回收慢，从细碎耕地的小农生产到规模化生产，需要经过平田整地、水利灌溉设施、道路建设、农作物苗木培育等前期投入，众多长期的生产性前期投入和地租对经营者形成巨大的融资压力，在众多的风险和巨大的融资压力下，经营者崩盘的风险不容小觑。农户为了规避上述风险放弃了合作分红增加收入的机会，但须面对经济发展、通货膨胀等因素的变化使固定地租的收益受损风险，经营者拖欠租金及后期崩盘的风险，同时，由于不参与土地经营，土地利用风险、经营者违约风险也在增加。

（三）农民的参与意识有待提高

在对农户最喜欢的土地流转方式调查中，甘肃省成县和陇西县样本农户最喜欢的土地流转方式是出租，占比分别达到 54.03% 和 76.47%；其次为股份合作，占比分别达到 30.22% 和 18.82%，期望股份合作方式流转土地的农户比重分别增加了 28.79 个和 16.44 个百分点。宁夏回族自治区原州区样本农户最喜欢的土地流转方式为股份合作，占比 49.66%，增加了 25.04 个百分点，其次为土地出租，占比 38.10%，下降了 37.28 百分点。陕西省勉县样本农户最喜欢的土地流转方式为股份合作，占 76.61%，增加了 22.37 个百分点；其次为土地出租，农户比重下降了 13.49 百分点。虽然不同省区的调查农户对股份合作的喜好程度不同，但有一个共同特点：期望股份合作方式流转土地的农户比重均高于目前已采用股份合作方式流转土地的农户比重，也就是说有更多的样本农户期望加入股份合作。这也体现了农户对股份合作的认知过程，早期流转土地的农户对股份合作比较陌生，大多选择土地出租模式，随着股份合作的发展，土地股份合作社成功实例的不断出现，逐渐提高了农户对股份合作的认同感，其加入股份合作的意愿也在逐步加强。如陕西省勉县土地股份合作社给入股农民带来四份收入：土地入股收入、入股农户在合作社务工收入、股民分红收入和政策性补贴收入，同时也给勉县带来了"四重变革"：改革了组织经营方式，克服了家庭分散经营的弊端，壮大了集体经济实力，带动了贫困群众增收脱贫[1]。但与宁夏原州区和陕西勉县相比甘肃省农户参与股份合作的意愿较低，甘肃省土地流转中股份合作模式发展不足，土地流转对农村赋闲在家的青壮年和仍能参加农业劳动的老弱妇残劳动力吸纳不足，没有带动农户发展，经营的效益与农户的收

---

[1] 《汉中勉县：土地股份合作成为勉县脱贫新抓手》，《陕西日报》2017 年 8 月 9 日。http://www.shaanxifpb.gov.cn/newstyle/pub_ newsshow.asp? id=29016648&chid=100238.

入无关，农户没有主体责任感，流转双方仅仅是合同的甲方乙方，双方沟通中时常出现矛盾，甚至有个别农户只见经营效益好，不见前期投入，经营效益好时，总觉得地租偏低，想增加土地租金或者分红，故意寻衅滋事破坏经营，经营效益差时，合同土地租金也要及时足额支付。因此，应借鉴宁夏原州区和陕西勉县土地股份合作的经验，培养甘肃省农户参与股份合作的意识，提高农户股份合作的比例，以提高土地流转经营的稳定性。

（四）"非农化"倾向

在对农户土地流转方向的调查中，甘肃省成县和陇西县分别有43.28%和40.63%的样本农户土地流向农业企业，宁夏回族自治区原州区有25.45%的样本农户土地流向农业企业，陕西省勉县只有5.80%的样本农户土地流向农业企业。农业企业与农业经营大户和农业合作社相比，其土地非农化利用的概率较高，甘肃省成县和陇西县样本农户将土地流转给农业企业的比例明显高于宁夏原州区和陕西勉县，因此，甘肃省土地流转中"非农化"倾向较宁夏和陕西高。

在调研中还发现部分经营者和农户法律意识淡薄，以土地流转名义，改变了土地的农业用途，从事非农产业，如在基本农田上修建农产品加工、贮藏设施、挖沙建厂、打桩盖房等；以土地流转名义，签明暗两份合同，私下一次性付款买卖土地，且完全改变了土地的农业用途。这一现象在城郊区和公路沿线时有发生。

（五）土地流转合同签订有待完善

在对农户土地流转合同签订的调查中，甘肃省成县样本农户书面合同签订率均高于甘肃省陇西县、宁夏回族自治区原州区和陕西省勉县，口头合同和没有合同的样本农户比重均低于甘肃省陇西县、宁夏回族自治区原州区和陕西省勉县；甘肃省陇西县则相反，样本农户书面合同签订率最低，口头合同和没有合同比重最高。甘肃省成县和陇西县整体样本农户书面合同签订率为74.79%，均低于宁夏回族自治区原州区和陕西省勉县。在对如果土地流转时不签订书面合同是否会发生纠纷的调查中，有42.94%甘肃省样本农户认为土地流转时不签订书面合同不会发生纠纷，这一比重略低于宁夏原州区，高于陕西勉县。因此，甘肃省土地流转发生合同纠纷的风险高于宁夏原州区和陕西勉县。

调查中发现甘肃省土地流转程序、合同签订不规范现象较普遍，总体来看，农村土地流转普遍存在"三多三少"现象，即私下流转的多，组织流转的少，口头协商或私下文字协议的多，采用正规合同的少，零星流转的多，集中流转的少。从规模土地流转看，一是个别农民由于受传统思想或其他一些因素的影响，宁愿撂荒，不愿流转土地，成为土地流转的"钉子户"，影响土地流转业主规模化经营项目的规划和实施。二是部分农户反映，土地流转合同在村委会，合同期限和租金等内容农户不清楚，说明部分乡村组织土地流转"心切"，为民包办做主，不经过农户同意和委托，直接与企业签订土地流转合同。三是一些企业和农户签订的土地流转合同不采用规范合同文本，私下签订，既不鉴证，也不备案登记；有的流转后协议不能兑现，挫伤了农户的流转积极性；有些规模流转合同条款对农户约束多，对业主约束少，收益固定化、长期化，不平等条款使农民的合法权利受到损害。

甘肃省土地流转中土地出租比例高，但是，目前土地流转合同中对地租一般都采用货币计价，并且以固定地租为主，随着社会经济的发展和物价上涨、货币贬值等因素的变化，农户土地流转的实际收益将会不断下降。还有部分租期较短的合同对到期后地力恢复、地界分割等内容未作明确约定，也会给农户带来损失；同时，部分合同中缺少到期后续约、地上物设施处置及补偿等的相关约定，将会给经营者带来损失。因此，土地流转合同的不规范将会给流转双方收益带来风险。

四　甘肃农业土地流转的风险防控

（一）积极培育新型粮食生产经营主体防控"非粮化"风险

积极培育种粮大户、家庭农场、农民合作社、农业产业化龙头企业等新型粮食生产经营主体，鼓励农户在自愿的前提下，将承包土地经营权流转给新型粮食生产经营主体。强化土地流转过程中用途监管和土地流转后的土地流转"非粮化"的监督检查，防止出现基本粮田中发展林果业、养殖业、"农家乐"、乡村旅游等产业。认真完善和落实粮食补贴政策，提高补贴精准性、指向性；逐步推进粮食直补与粮食生产者挂钩，与高产、优质的粮食品种挂钩。加强补贴资金监管，确保资金及时、足额补贴到粮食生产者手中。努力提高种粮比较收益，切实保护农民种粮积极性。引导和支持金融机构为粮食生产者提供信贷等金融服务。完善农业保险制度，对粮食作物保险给予支持。

（二）加强法制宣传和土地用途监管监督防控"非农化"风险

加强《土地管理法》《农民专业合作社法》《农村土地承包法》《基本农田保护条例》《关于引导农村土地经营权有序流转发展农业适度规模经营的意见》《农村土地经营权流转交易市场运行规范（试行）》《关于加强对工商资本租赁农地监管和风险防范的意见》《农业部关于印发〈农村土地经营权流转交易市场运行规范（试行）〉的通知》《关于完善农村土地所有权承包权经营权分置办法的意见》等法律法规政策的宣传，提高农户和流转主体对耕地保护的认识，使其明确土地流转"非农化"是违法违规行为。强化土地流转过程中用途监管和土地流转后的土地流转"非农化"的监督检查，防止出现工商资本企业"下乡圈地"、流转土地"毁约弃耕"、以土地流转为名"融资诈骗"等问题，出现工商资本到农村流转土地后违规搞非农建设问题，及时纠正查处影响耕地保护、损害农民权益的违法违规行为。

（三）倡导土地流转更多地采用股份合作模式

重点宣传农村土地承包经营权入股方式流转，在不改变土地承包经营权和不失地的前提下，土地变股权，农户当股东，有地不种地，收益靠分红；股份合作模式在保证农民每年有保底收入、分红收入外，还有打工收入，股份合作模式有利于农民分享土地增值收益，保证了农民对土地的长期收益权；股份合作模式有利于农户与公司、合作社等企业建立稳定而长久的流转合同关系，最大限度地减少双方的矛盾纠纷，稳定生产和经营，实现双赢。对已出租的土地，通过协商将流转土地经营权估价入股，按股保底分红，克服企业经营变化对农户流转收益的不利影响。

（四）提高农民的参与意识，构建土地流转经营共同体

加大土地流转政策及农民专业合作社和股份合作社相关资料的宣传力度，积极培育农民专业合作社和股份合作社示范社，让农户切实体会到合作经营带来的收益与固定地租的差异，消除农户对农业合作经营的顾虑，大力鼓励承包经营权向农民专业合作社和股份合作社流转。应制定更加优惠的政策，加大扶持力度，拓展发展空间，优先安排符合条件的农民专业合作社和股份合作社承担涉农项目，在补助标准上与农业企业同等对待，制定出台金融扶持、人才扶持、财政扶持、税收优惠等政策。通过新型合作经营主体的培育吸纳部分农村青壮年劳力就地就业，吸收仍能参加农业劳动的老弱妇残劳动力，构建土地流转经营共同体，同时缓解"空壳村"和农业生产人员老化的突出问题。

（五）建立健全农村土地流转服务体系

1. 建立健全公开的农村土地流转交易市场。借鉴武汉、成都、温州农村产权公开市场交易的经验，进行农村土地流转交易市场建设试点。按照政府搭台、农经部门管理、职能部门联动以及便民、节俭、高效的基本要求，通过市场推动的方式组建农村土地流转交易市场，逐步形成并完善县、乡、村三级土地流转服务网络体系。彻底解决当前农村土地流转信息不畅通、流转交易不规范、供需市场不对接的问题。通过建立健全农村土地流转交易市场，探索创新和激活土地流转机制，促进土地的合理流转和土地资源的优化配置，形成"政府引导、市场推动、农民自愿、依法有偿"的流转机制，推进农村土地流转交易管理的市场化、制度化、规范化，为促进农业增效、

农民增收和农村稳定提供市场平台和体制保障。

2. 加强基层农经服务体系建设，充分发挥农经站在土地流转过程中的信息服务、中介协调、法律咨询、监督管理等职能，积极向农户和流转主体提供有关法律政策宣传、流转信息、流转咨询、合同签订指导、利益关系协调、纠纷调处化解等服务。规范合同约束条款，平等签订流转合同。通过指导农户和加强备案鉴证，进一步明确完善流转双方的权利和义务，重点把握两点，一是土地流转到期地上物设施处置、补偿、地力恢复、地界分割等。二是土地流转收益，从维护农民流转收益和土地流转业主经营稳定的角度出发，应宣传指导流转双方按以下三种方式商议流转收益：其一，固定实物（如每亩一年一定数量的小麦）计租，克服物价上涨和货币贬值对农户流转收益的影响；其二，按比例或按年份增长流转收益，克服经济发展、条件改善、效益提高对农户流转收益的影响。

参考文献

张传华：《我国农村土地经营权抵押担保制度研究》，《农业经济》2017年第9期。

伊庆山：《"三权分置"背景下农地权利体系的重构、制度优势及风险规避》，《西北农林科技大学学报（社会科学版）》2017年第4期。

郭栋、邸敏学：《农村基层政府在土地流转中的作用分析——基于益阳、杨凌、太谷土地流转模式》，《经济与管理研究》2017年第7期。

吴松江、符少辉：《当前我国农村社会矛盾的风险探源》，《人民论坛·学术前沿》2017年第12期。

郭晓鸣、张克俊、庞淼、付娆：《必须高度重视农村土地流转中存在的问题和潜在风险》，《农村经济》2011年第2期。

段贞锋：《"三权分置"背景下农地流转面临的风险及其防范》，《理论导刊》2017年第1期。

陈志、梁伟亮：《土地经营权信托流转风险控制规则研究》，《农村经济》2016年第10期。

苏海珍、刘学录、张明明：《基于ISM模型的土地流转风险评价》，《云南农业大学学报》（自然科学）2016年第5期。

李长健、胡月明：《工商资本参与农村土地流转的风险防范研究》，《农业经济》2016 年第 9 期。

孟光辉：《当前农村土地流转的风险因素》，《中国党政干部论坛》2016 年第 8 期。

李长健、杨莲芳：《三权分置、农地流转及其风险防范》，《西北农林科技大学学报》（社会科学版）2016 年第 4 期。

李景刚、王岚、高艳梅、臧俊梅：《风险意识、用途变更预期与土地流转意愿》，《生态经济》2016 年第 7 期。

李毅、罗建平、林宇静、牛星：《农村土地流转风险：表现、成因及其形成机理——基于浙江省 A 乡的分析》，《中国农业资源与区划》2016 年第 1 期。

高强、孔祥智、邵锋：《工商企业租地经营风险及其防范制度研究》，《中州学刊》2016 年第 1 期。

李景刚、高艳梅、臧俊梅：《农户风险意识对土地流转决策行为的影响》，《农业技术经济》2014 年第 11 期。

万梦娴、邱佳敏：《土地集中与利益分化：土地流转的潜在风险——基于皖南溪村的实证研究》，《农村经济》2014 年第 9 期。

李毅、罗建平、牛星：《复合生态系统视角下土地流转风险管理》，《农村经济》2014 年第 1 期。

B.13
甘肃精准扶贫背景下精准退出和
稳定退出问题研究*

徐吉宏　胡　苗**

摘　要： 贫困人口的精准退出和稳定退出不仅是检验精准扶贫战略成败的关键，也是如期全面建成小康社会的重要保障。本研究立足于对甘肃省精准扶贫背景下精准退出和稳定退出现状调查的基础上，分析其精准退出和稳定退出中存在的问题，从而提出推进精准退出和稳定退出的对策建议。

关键词： 精准扶贫　精准退出　稳定退出　甘肃省

党的十八大以来，以习近平同志为核心的党中央把脱贫攻坚作为全面建成小康社会底线任务和指标。"全面建成小康社会，最艰巨最繁重的任务在农村，特别是在贫困地区。没有农村的小康，特别是没有贫困地区的小康，就没有全面建成小康社会"。①"我们不能一边宣布实现了全面建成小康社会目标，另一边还有几千万人口生活在扶贫标准线以下。如果是那样，就既影响人民群众对全面小康社会的满意度，也影响国际社会对全面建成小康社会

* 本文系甘肃省社科规划项目"增强甘肃省农村发展内生动力研究"（YB174）的阶段性研究成果。

** 徐吉宏，甘肃省社会科学院助理研究员，主要研究领域为农村发展及地理信息技术。胡苗，甘肃省社会科学院助理研究员，主要研究领域为农村发展。

① 陈永堂：《切实加快贫困地区全面建成小康社会步伐》，《理论与当代》2014 年第 3 期，第 8 ~ 10 页。

的认可度。"① 精准扶贫作为我国新现阶段扶贫攻坚工作的基本方略，是中国特色扶贫开发的积极探索、创新和实践，也是全面建成小康社会的内在要求。随着扶贫攻坚进入冲刺期，每年都有许多贫困人口退出贫困，但如何确保贫困人口的精准退出和稳定退出，不仅是检验精准扶贫战略成败的关键，也是如期实现全面建成小康社会的重要保障。因此，本文通过抽样问卷调查方式，对甘肃省精准扶贫背景下精准退出和稳定退出的现状调查分析，并结合典型访谈深入剖析精准退出和稳定退出中存在的问题，从而提出推进精准退出和稳定退出的对策建议。

一 甘肃省精准扶贫成效

甘肃省属全国典型贫困省份，按国家扶贫标准，共有扶贫开发县 75 个。其中：纳入国家新一轮集中连片特困区的有 58 个，插花型贫困县的有 17 个。2012 年初，甘肃省实施联村联户为民富民行动（以下简称"双联行动"），全省 1.5 万多个机关单位、40 多万名党员干部联系帮扶 1.6 万多个行政村的 101.3 万贫困户。② 之后持续开展实施"1236"扶贫攻坚行动、"1 + 17"精准扶贫行动，2014 年通过建档立卡，识别 6220 个贫困村的 129 万贫困户，贫困人口 417 万人。近 5 年来，甘肃省立足实际，解放思想，抢抓政策叠加机遇，深入实施扶贫开发工作，脱贫效果显著，取得了甘肃省扶贫历史成就。

（一）贫困人口减幅显著

截至 2016 年，甘肃省贫困人口有 227 万，贫困发生率为 10.9%，贫困地区农民人均纯收入达 6487 元。2011～2016 年甘肃省贫困人口累计脱贫人

---

① 《习近平谈扶贫》，《人民日报海外版》2016 年 9 月 1 日，http：//theory.people.com.cn/n1/2016/0901/c49150 - 28682345.html? from = singlemessage&isappinstalled = 0。

② 孙海峰：《决胜全面小康的成功实践——全省联村联户为民富民行动综述》，《甘肃日报》2017 年 2 月 6 日。

口达 615 万，年均脱贫 123 万人，贫困发生率下降 29.6 个百分点，贫困地区农民人均纯收入年均增长 14.1%。可以看出，2011～2016 年甘肃脱贫人口数量、贫困发生率递减、贫困地区农民人均纯收入增长等方面取得了巨大的成效，减贫效果十分显著。

（二）基础设施明显改善

2012～2016 年，甘肃省累计新修乡村公路 5.4 万公里，村道硬化率提高 16.84%；农村自来水入户率提高 20.87%；解决农户通电 9.47 万户；改造农村危房 62.36 万户，砖混砖木结构住房比例提高 14.73%，农村生产生活条件得到极大改善。

（三）有效破解资金难题

从 2012 年开始，甘肃依托"双联"行动，推出政府贴息的"双联"等惠农贷款政策，着力解决贫困群众资金难得难题。截至 2016 年底，甘肃省累计发放 300 亿元"双联"惠农资金；累计发放 248 万元产业扶贫贷款。同时结合实施精准扶贫专项贷款工程，为贫困户提供 1～3 年的 5 万元以内，全额财政贴息，免抵押免担保的小额信贷，累计发放贷款 395.3 亿元，受益贫困户 86.8 万户，贫困人口 358.4 万人。

（四）制度建设扎实推进

甘肃省按照国家统一标准聚焦精准识别，扎实开展全省建档立卡工作，结合"双联"帮扶人和驻村帮扶工作队，通过精准识别的贫困对象，制订精准的帮扶措施和帮扶责任制等措施，聚焦精准攻坚，并实施动态精准管理。① 2016 年，甘肃省制定了《全省建立贫困人口和贫困县退出机制的实施细则（试行）》，并首次开展第三方评估，力求脱贫验收结果公开透

---

① 《党的十八大及省第十二次党代会以来甘肃大力实施脱贫攻坚综述》，《甘肃日报》2017 年 2 月 10 日，http://www.gansu.gov.cn/art/2017/2/10/art_35_299734.html。

明。此外，甘肃省实施"双联"行动与精准扶贫深度融合，致力扶贫攻坚工作。

二 甘肃省贫困人口精准退出与稳定退出现状调查与分析[①]

精准退出和稳定退出是实施精准扶贫、精准脱贫的重要内容，也是检验扶贫攻坚成败的关键。2016 年 4 月，中共中央办公厅、国务院办公厅印发了《关于建立贫困退出机制的意见》，甘肃省相继出台了《甘肃省建立贫困人口和贫困县退出机制实施细则（试行）》（下称"《实施细则》"），对扶贫对象退出的标准和程序进行了详细规定。因此，本研究在借鉴《实施细则》，围绕脱贫人口的收入水平和"两不愁、三保障"等内容，课题组对甘肃省 12 个县 350 个脱贫户进行了问卷调查和访谈，收到有效问卷 300 份。

（一）脱贫人口收入水平调查与分析

对脱贫户收入水平调查主要选取脱贫人口的收入水平、收入结构等情况进行分析。

从收入水平来看，样本人均纯收入低于 3500 元，占有效样本的 1.67%；样本人均纯收入 3500 ~ 5000 元，占有效样本的 15.33%；样本人均纯收入 5000 ~ 7000 元，占有效样本的 28%；样本人均纯收入 7000 ~ 10000 元，占有效样本的 25%；样本人均纯收入大于 10000 元，占有效样本的 30%（见图 1）。反映出甘肃省大部分脱贫人口收入水平已达脱贫标准，且收入水平不断提高。

从收入结构来看，样本脱贫户人均收入达 9590 元。其中，工资收入占家庭总收入的 50.67%，种养业收入占家庭总收入的 26.33%，家庭转移性收入占家庭总收入的 16%，其他收入占家庭总收入的 7%（见图 2）。

---

① 注：除特别说明外，数据均来源于调查数据。

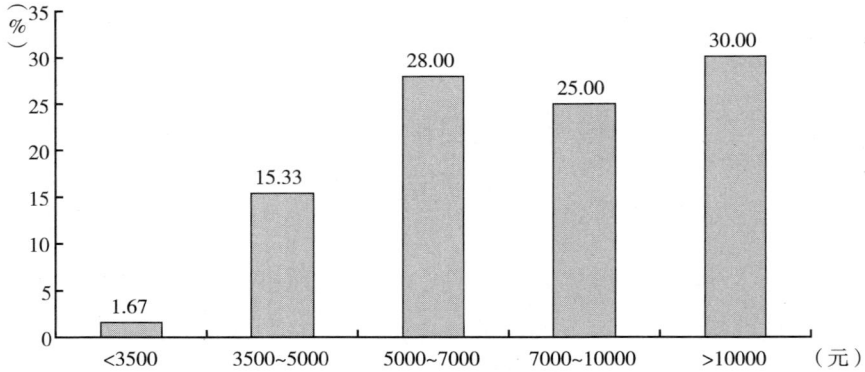

图 1　样本脱贫户人均纯收入水平

资料来源：调查数据。

在一定程度上反映了脱贫户家庭收入主要依赖于工资性收入，而非种养业收入。

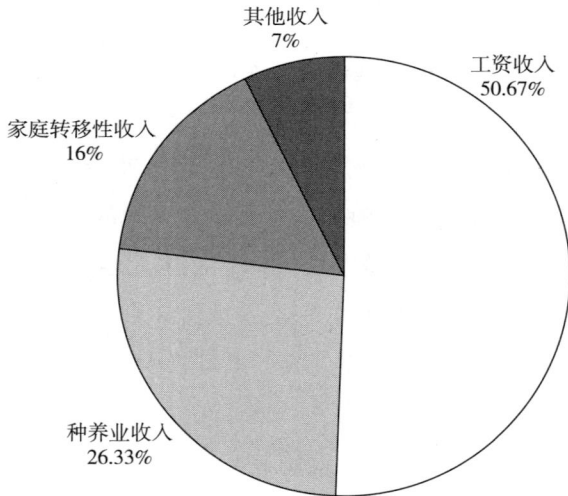

图 2　样本脱贫户收入来源

资料来源：调查数据。

从人均纯收入低于 5000 元的收入来源来看，种养业收入占家庭总收入 32.45%，工资收入占家庭 44.6%，家庭转移性收入占 19.28%，其他收入占 3.67%。在一定程度上反映了部分脱贫户对于家庭转移性收入存在一定的依赖性。

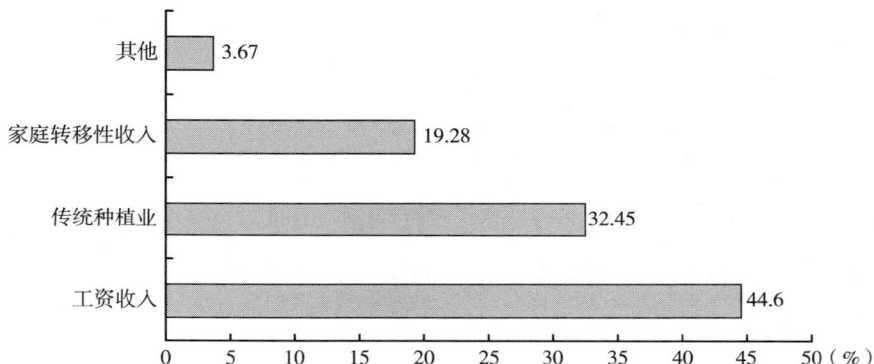

图 3 人均收入低于 5000 元的脱贫户收入来源

资料来源：调查数据。

（二）脱贫人口的"两不愁"调查与分析

对脱贫人口的"两不愁"调查主要围绕不愁吃、不愁穿和安全饮水等情况进行分析。

从不愁吃、不愁穿调查来看，不愁吃、不愁吃的样本户分别占总样本的 100% 和 100%，反映了脱贫户已解决吃、穿的问题，其满意度达 100%。

从饮水安全情况来看，有安全饮水的样本户占总样本的 100%，反映了脱贫户已全部解决安全饮水，其满意度达 100%。

（三）脱贫人口"三保障"调查与分析

对脱贫人口"三保障"调查主要从调查义务教育、医疗保障、安全住房等指标进行分析。

1. 义务教育调查与分析

从义务教育阶段适龄人口辍学的学生来看，脱贫户有义务教育的适龄人口占总有效样本的72%；而在这72%的义务教育适龄人口中，有99.1%脱贫人口接受义务教育，且在接受学前、高中、中职等教育的学生都享受了相关特惠政策，0.9%未接受义务教育及相关的学生优惠政策，其主要是因重大疾病、残疾等特殊原因不能上学。脱贫户对其义务教育及相关优惠政策满意度都达100%。

2. 基本医疗有保障调查与分析

从脱贫户参加城乡居民基本医疗保险情况来看，符合条件的脱贫人口，100%参加了城乡居民基本医疗保险，且100%享受了参保费用补贴政策。符合条件的患病人口，100%享受了大病保险等特惠政策。对其政策满意度达100%。

3. 住房安全有保障调查与分析

从有安全住房来看，96.33%的脱贫户有安全住房，且达到安全住房标准。3.67%的样本户脱贫户没有安全住房，归其原因主要：一是部分脱贫户因子女都在外务工，家里仅留守老人，老人有随子女搬迁意愿，而不愿意修建房屋；二是贫困户在脱贫当年，因脱贫标准及其他原因没有解决安全住房的脱贫户。

三　甘肃省精准扶贫背景下精准退出与稳定退出中存在问题

在以上对甘肃省精准退出和稳定脱贫的指标调查分析基础上，可以看出，大部分贫困户通过精准扶贫已解决"两不愁"（不愁吃、不愁穿和安全饮水）、"三保障"（义务教育、医疗保障、安全住房）等基本生活保障难题，并在一定程度上大幅度提高农户的收入水平，使其达到了脱贫标准。但在访谈中也发现精准退出和稳定退出中还存在的一些问题。

（一）精准退出中识别问题依然存在，精准退出动态机制不完善

精准识别扶贫对象是精准扶贫工作的关键，也是能否精准脱贫和稳定脱贫的前提。从调查和访谈过程中我们发现，部分贫困对象识别精准依然存在不少问题。一是在贫困对象识别过程中，还存在少部分"漏扶""评错"的问题。调查中发现边缘贫困户（个别特殊群体）或脱贫户中，个别边缘贫困户接近贫困户标准但不愿袒露自己的真实贫困状况，出现贫困统计偏差，而没有享受相关扶贫政策；少部分脱贫户收入刚达或未达评定收入标准而评定为脱贫户现象；还有部分脱贫边缘或边缘贫困户，或因扶贫对象的客观原因，或因帮扶工作人员原因，或因其他原因，精准识别扶贫对象很难精准界定。二是有些农户存在贫困户政策依赖思想，对于收入等情况存在瞒报情况，有些农户对于随机打零工，或外出务工的贫困人口的收入存在少报和瞒报情况，收入标准很难准确统计。三是部分地方为了让贫困户脱贫存在向贫困户发金钱、物品等现象，而帮扶干部直接将其收入计入转移收入，存在一定的假脱贫和被脱贫的现象，造成精准退出和稳定退出误差。四是精准退出动态机制不健全。对于脱贫人口后期动态管理不健全，致使返贫人口不能及时统计于贫困人口的问题依然存在。

（二）脱贫户收入渠道单一，稳定增收尚未得到有效解决

稳定增收是贫困户精准退出和稳定脱贫的核心问题，也是同步小康社会的关键。调查中发现，较低收入（低于5000元收入）的脱贫户收入主要来源传统种养收入（32.45%）和务工收入（44.6%），还有部分来源政策性补贴收入（19.28%），其他收入几乎全无。在一定程度上反映出脱贫户收入来源存在一定的风险（结合访谈）主要是：一是大部分脱贫户种植结构仍靠低端化的传统农业，农业经营规模小，标准化程度低，当发生自然灾害、子女上大学、结婚等情况时，返贫风险非常大；二是部分脱贫户中，存在依赖政策性补贴脱贫问题，随着脱贫退出政策逐步取消政策性补贴收入，在其他经济来源不稳定的情况下，返贫风险极高；三是调查中了解到部分脱

贫户通过调整农业种植结构，促进收入增加，但因其对市场对接能力弱，收入很不稳定，或达到脱贫收入标准或直接返贫的风险极大。四是调查中有27%的脱贫户认为技能培训效果不大。其原因主要是：部分农户觉得针对外出务工培训较多，对务农者帮助不大，培训基本走了形式；部分农户认为培训形式单调，现场指导培训较少，根本无法真正学到技能；还有部分农户认为，培训形式主义严重，存在"发放"培训证书而无真正培训现象，无法使贫困户真正掌握稳定增收的技能。

（三）产业扶贫带动力不足，脱贫"造血"功能弱

产业扶贫是脱贫户稳定脱贫的关键。从调查和访谈中发现，一是部分贫困村在产业扶贫项目和帮扶项目落实中，因资金等原因，产业规模小，无法实现规模化、标准化生产经营，致使产业增收作用不明显，在一定程度上影响了脱贫户发展产业的积极性。二是部分贫困地区虽然产业扶贫雏形基本形成，但规模化、集中化程度低，致使产业带动能力不足；同时，其相关的产业链发展不足，致使产业扶贫发展后劲不足，产业增收效果不明显。三是由于涉农领域的产业发展具有一定的回报期，产业扶贫带动、"造血"功能尚未发挥效应。四是因地方政府或帮扶单位等因素，在其扶贫产业项目选择上，追求"见效快"产业，而对于市场研判不足，造成农产品销售难、"丰产不增收"等，挫伤了贫困人口发展积极性。调查中发现，有61.33%的农户认为产业扶贫对持续稳定增收信心不足，其主要原因就是农产业价格波动太大，产业增收风险太大。此外，调查中还发现，56.67%农户将产业扶贫贷款未真正用于发展产业。其原因主要是，部分农户认为有限的贷款不足以发展产业所需资金；部分农户认为发展产业风险太大，担心按期还不能还款，致使其利用贷款还欠款或存利息增加收入。在一定程度上也反映了扶贫资金未发挥真正效益，更谈不上扶贫产业带动和"造血"作用。

（四）贫困人口内生动力不足，等靠要思想依然严重

贫困人口是扶贫攻坚的主要对象，更是全面建成小康社会的关键。贫困

人口的积极性、主动性等内生动力更是精准脱贫与稳定脱贫的重要内容。在调查和访谈中发现，21.33%的对脱贫奔小康信心不足。其主要原因：一是因脱贫指标主要是上级部门安排，为了更好地完成上级脱贫任务，地方干部和帮扶干部作用发挥过大，致使贫困户和脱贫户参与度不高，内生发展动力不足。二是部分农户虽有致富奔小康的想法，但因缺乏发展资金，限制发展空间。三是个别贫困户虽然已脱贫，但因"救济式""输血式"扶贫方式致使部分农户不同程度地存在"你不扶我，我返贫"依赖思想，缺乏自力更生的信心。四是部分脱贫人口或因自身文化素质不高，或因思想保守，或缺乏就业技能等原因，对奔小康的信心不足。

（五）扶贫政策宣传存在盲区，农户对政策了解不充分

农户对精准扶贫、精准退出政策的了解情况在一定程度上反映其政策落实情况。调查显示，28.67%的脱贫户对贫困退出政策不了解和完全不了解，分析其因：一是这部分脱贫户认为退出贫困后，政府和帮扶人员就再不帮扶，不愿意脱贫，或因其他情况可能会再次陷入贫困。二是少部分贫困户因受"取消低保"等特殊的外加压力而脱贫，农户本身不知道脱贫退出后的扶贫政策。同时，2016年甘肃省实施贫困退出考核机制，并引入第三方进行评估，脱贫户对其第三方评估满意度达到92.33%；7.67%的农户对其持观望态度，其主要原因是部分贫困人口或脱贫户对其第三方评估不了解，依然认为是政府自查和评估行为，致使"瞒报"现象发生。此外，在访谈中发现，71.3%的脱贫户清楚脱贫时进行了民主评议、公示和征求意见等，28.7%脱贫户表示是不清楚。分析其原因主要是或农户自身不关注，或农户参与度较低，或民意被近邻代表。

四 精准扶贫背景下精准退出和稳定退出政策建议

针对精准扶贫和稳定脱贫调查中发现的问题，提出以下对策建议。

（一）进一步健全精准扶贫动态管理机制，着力解决精准识别"有进有出"问题

进一步健全精准识别动态管理机制，一是建议建立农户财产识别系统，农户根据自己实际情况提交家庭收入、支出情况、财产情况以及脱贫计划等材料，驻村干部或村委员会组织专家进行评估，逐户精准确定贫困户和贫困户脱贫。同时，为保证录入信息的真实有效，建议设立专项资金用于激励农户信息准确性，对农户提交的家庭信息真实、精准者予以奖励，并对录入者实行责任制，提高精准识别的准确性。二是建立农户参与退贫评议机制。让每个农户积极参与、讨论脱贫，把贫困家庭条件是否改善等意见，作为脱贫的参考依据。同时落实公示制度，对于隐瞒、造假的申报者的农户予以惩罚，真正体现公正公平原则。三是严格落实走访制度。建议制定定期走访制度，进一步对贫困和脱贫对象进行识别，将漏报者纳入贫困户，将达到脱贫条件者纳入脱贫户，形成贫困人口"有进有出"动态管理。四是健全精准退出和稳定退出动态机制。建议对脱贫户"扶贫政策不变"，通过跟踪监测脱贫情况，设定2~3年的观察期和巩固期，确保脱贫户精准退出和稳定脱贫。五是不断完善精准扶贫、精准脱贫责任体系。探索总结对收入、资产等信息的精准考评方法，确保精准脱贫，并严格实行精准扶贫和精准退出的各环节的责任制。

（二）建立农户收益动力机制，注重解决稳定增收难题

一是探索建立互助资金与合作社融合的股份合作机制。利用互助资金优势，探索"以互助资金折股、以地入股、以股入社、以股金入社、按股分红"等多样化的股份合作方式，发挥互助资金和合作社最大效益，并将贫困户和脱贫户的连片土地转移到股份合作社中，进行规模化、机械化、标准化经营，使贫困户和脱贫户有稳定收益来源。二是探索建立"农户（贫困户、脱贫户或社会精英等）+合作社+基地+企业"模式，鼓励农户参与利益链，稳定持续增收。一方面对于缺少劳力、老弱病残贫困户给予保底收

入；另一方面对于有一定劳动能力的贫困户和脱贫户可以加入合作社务工，取得一定收益；还可以释放一定的劳动力外出务工，增加收入。以此从根本上解决稳定脱贫难题，确保贫困户和脱贫户的持续稳定增收。三是建立脱贫激励政策。为确保贫困户精准脱贫和稳定脱贫，对已脱贫的贫困户，在扶贫攻坚期内扶贫政策不变，保证政策性收入不减，防止返贫风险。同时，建议对于提前达到脱贫标准的贫困户给予一定奖励，鼓励提前脱贫，以此不仅能够提高脱贫收益稳定性，而且提高农户的生产积极性。

（三）建立产业扶贫长效机制，增强贫困地区"造血"功能

一是加强产业扶贫的扶持力度，着力建设一批有潜力、效益好、稳定增收的特色产业，增强产业"造血"功能。探索建立政府、贫困户和脱贫户、企业（合作社）、科研机构等多方联动的产业扶贫项目平台，确保产业扶贫项目发展前景，以及产业扶贫项目落地发展能力。二是建立实施差异化产业扶持机制。根据地域、文化、环境等特点，实施不同的产业扶持政策。如在限制开发的特色农产品区，重点扶持特色农产品产业链发展；文化浓厚的地域，重点扶持文化融合产业；在环境较好的开发区，重点扶持旅游产业。三是稳步推进产业融合，建立产业融合发展机制。进一步挖掘农业空间价值，形成"农业生产 + 农产品加工（开发）+ 营销（直营店、观光农业、餐饮等）"产业一体化发展模式，拓展农民增收空间。四是探索建立种粮直补政策与产业扶贫衔接平台，将种粮直补对接生态产业，充分发挥粮食直补政策效益最大化。五是创新产业扶贫培育机制。建立现代职业农民教育培训长效机制，着力培育一批新型职业农民和农业经理人。同时，设立产业项目专项培训基金，对农户进行专业技能培训，提升农户技能的同时更好地发展产业。此外，建议建立扶贫贷款与新型农业主体产业发展融合机制。设立扶贫贷款专项账户，将扶贫贷款统一设立专项账户，把扶贫资金变为扶贫股份，鼓励致富能手、种养大户、农村精英等新型农业主体扶贫贷款，探索"扶贫资金变贫困户股份 + 贷款 + 新型农业主体"产业发展模式，不仅防止扶贫贷款"撒胡椒面"，发挥扶贫贷款

利用的最大效果，又能解决新型农业主体资金难题，带动贫困户、脱贫户持续稳定增收。

（四）建立人口能力提升机制，着力破解贫困主体内生动力不足问题

一是注重贫困人口和脱贫人口素质提升。进一步加大教育扶贫力度，逐步拓展义务教育范围和年限，防止因学致贫、因学返贫现象发生。二是建立健康扶贫长效机制，防止因病致贫、因病脱贫现象发生。三是建立农民教育培训奖励机制。设立农民教育培训奖励机制，引导和鼓励企业吸纳贫困户和脱贫户，并由企业邀请技术专家对贫困户和脱贫户开展技能培训，将培训效果作为奖励依据，以此在一定程度上减轻企业负担，又为企业培养技能人员，实现多效果效应。四是完善农户参与产业扶贫项目机制，充分调动贫困户和脱贫户积极参与产业扶贫项目、合作社，使贫困户和脱贫户充分发挥主体作用，增强其脱贫致富奔小康的信心和发展底气。五是利用乡村舞台，定期开展积极、健康、自力更生的农村文化活动，逐步引导贫困户和脱贫户摆脱陈旧和依赖思想，激发自身发展动力。六是创新扶贫开发中的兜底机制。一方面进一步提高政策性补助标准（如农村合作医疗补助、农村养老补助、五保户补助、危房改造等标准），同时逐步取消按户发放的政策性补贴，要采取鼓励、激发等形式，如扶贫贴息贷款可以置换成产业发展股份等方式，调动贫困人口和脱贫人口发展产业的积极性。另一方面创新低保政策，建议将有一定劳动力能力，且享受低保政策的农户转化为农村环卫工人，打破贫困户依赖低保思想，"反向"刺激贫困户和脱贫户自力更生和主动性。

（五）加大精准扶贫宣传力度，提高农户对扶贫政策知晓率

一是进一步加大精准扶贫政策宣传力度。一方面，加强扶贫干部、帮扶干部对精准扶贫政策培训，只有扶贫干部、帮扶干部熟悉掌握精准扶贫政策，才能更好地对农户进行宣传。另一方面，定期进村走访，宣传扶贫政

策，并着力宣传贫困退出的政策，减少农户的抵触情绪，清除农户抵触心理。二是强化典型示范的宣传。进一步完善信息简报，将精准扶贫工作典型经验、扶贫攻坚典型做法等大力宣传报道。三是建议制定领导干部定期走访制度。领导干部定期深入贫困户和脱贫户中，宣传精准扶贫、精准脱贫政策，让农户在了解扶贫政策的同时，明白脱贫后继续巩固成果政策，让农户对政策真正放心，对退出贫困放心，增强农户信任感。四是创新宣传方式。建议组建扶贫政策文艺宣讲队，将扶贫政策、脱贫政策以文艺演出的形式展示，不仅宣传了扶贫政策，还丰富了农户的精神"大餐"；同时，利用现代信息，通过手机短信、微信、QQ 等平台，将扶贫政策和脱贫政策发送到农户手中，提高农户对扶贫政策和脱贫政策的知晓率。

此外，建立健全第三方评估机制，确保精准扶贫、精准退出和稳定退出的实效性。一是政府通过购买社会服务方式，将精准退出和稳定退出评估委托给第三方专业评估机构。二是建立健全贫困户精准退出和稳定退出监测预警机制。建议由第三评估机构依据贫困程度、贫困人口、区域差异等特性，对其市、县、乡建立精准退出监测点，定期对监测点的贫困户和脱贫户进行评估，并依据监测结果将信息反馈于政府。三是不断完善科学合理的精准退出和稳定退出评估体系。建议委托于第三方评估机构，采取问卷调查、田野调查、暗访等多元方式，不断完善精准退出和稳定退出评估机构，真正地实现贫困户的精准退出和巩固扶贫效果。

权威报告·一手数据·特色资源

皮书数据库
ANNUAL REPORT(YEARBOOK) DATABASE

当代中国经济与社会发展高端智库平台

所获荣誉

- 2016年，入选"'十三五'国家重点电子出版物出版规划骨干工程"
- 2015年，荣获"搜索中国正能量 点赞2015""创新中国科技创新奖"
- 2013年，荣获"中国出版政府奖·网络出版物奖"提名奖
- 连续多年荣获中国数字出版博览会"数字出版·优秀品牌"奖

成为会员

通过网址www.pishu.com.cn或使用手机扫描二维码进入皮书数据库网站，进行手机号码验证或邮箱验证即可成为皮书数据库会员（建议通过手机号码快速验证注册）。

会员福利

- 使用手机号码首次注册的会员，账号自动充值100元体验金，可直接购买和查看数据库内容（仅限使用手机号码快速注册）。
- 已注册用户购书后可免费获赠100元皮书数据库充值卡。刮开充值卡涂层获取充值密码，登录并进入"会员中心"—"在线充值"—"充值卡充值"，充值成功后即可购买和查看数据库内容。

卡号：732983352294
密码：

数据库服务热线：400-008-6695
数据库服务QQ：2475522410
数据库服务邮箱：database@ssap.cn
图书销售热线：010-59367070/7028
图书服务QQ：1265056568
图书服务邮箱：duzhe@ssap.cn

S 基本子库
SUB DATABASE

中国社会发展数据库（下设 12 个子库）

全面整合国内外中国社会发展研究成果，汇聚独家统计数据、深度分析报告，涉及社会、人口、政治、教育、法律等 12 个领域，为了解中国社会发展动态、跟踪社会核心热点、分析社会发展趋势提供一站式资源搜索和数据分析与挖掘服务。

中国经济发展数据库（下设 12 个子库）

基于"皮书系列"中涉及中国经济发展的研究资料构建，内容涵盖宏观经济、农业经济、工业经济、产业经济等 12 个重点经济领域，为实时掌控经济运行态势、把握经济发展规律、洞察经济形势、进行经济决策提供参考和依据。

中国行业发展数据库（下设 17 个子库）

以中国国民经济行业分类为依据，覆盖金融业、旅游、医疗卫生、交通运输、能源矿产等 100 多个行业，跟踪分析国民经济相关行业市场运行状况和政策导向，汇集行业发展前沿资讯，为投资、从业及各种经济决策提供理论基础和实践指导。

中国区域发展数据库（下设 6 个子库）

对中国特定区域内的经济、社会、文化等领域现状与发展情况进行深度分析和预测，研究层级至县及县以下行政区，涉及地区、区域经济体、城市、农村等不同维度。为地方经济社会宏观态势研究、发展经验研究、案例分析提供数据服务。

中国文化传媒数据库（下设 18 个子库）

汇聚文化传媒领域专家观点、热点资讯，梳理国内外中国文化发展相关学术研究成果、一手统计数据，涵盖文化产业、新闻传播、电影娱乐、文学艺术、群众文化等 18 个重点研究领域。为文化传媒研究提供相关数据、研究报告和综合分析服务。

世界经济与国际关系数据库（下设 6 个子库）

立足"皮书系列"世界经济、国际关系相关学术资源，整合世界经济、国际政治、世界文化与科技、全球性问题、国际组织与国际法、区域研究 6 大领域研究成果，为世界经济与国际关系研究提供全方位数据分析，为决策和形势研判提供参考。

法律声明

　　"皮书系列"（含蓝皮书、绿皮书、黄皮书）之品牌由社会科学文献出版社最早使用并持续至今，现已被中国图书市场所熟知。"皮书系列"的相关商标已在中华人民共和国国家工商行政管理总局商标局注册，如 LOGO（🖋）、皮书、Pishu、经济蓝皮书、社会蓝皮书等。"皮书系列"图书的注册商标专用权及封面设计、版式设计的著作权均为社会科学文献出版社所有。未经社会科学文献出版社书面授权许可，任何使用与"皮书系列"图书注册商标、封面设计、版式设计相同或者近似的文字、图形或其组合的行为均系侵权行为。

　　经作者授权，本书的专有出版权及信息网络传播权等为社会科学文献出版社享有。未经社会科学文献出版社书面授权许可，任何就本书内容的复制、发行或以数字形式进行网络传播的行为均系侵权行为。

　　社会科学文献出版社将通过法律途径追究上述侵权行为的法律责任，维护自身合法权益。

　　欢迎社会各界人士对侵犯社会科学文献出版社上述权利的侵权行为进行举报。电话：010-59367121，电子邮箱：fawubu@ssap.cn。

社会科学文献出版社